KB039460

잠언을 통해 지혜를 얻으며
동시에 일본어 마스터하기

일본어로 잠언 따라쓰기

箴言なぞり書きを通して知恵を得る

箴言(しんげん)なぞり書き

보이스팩토리

✦ ✦ ✦

あなたがたの中で知恵の欠けている人がいれば、だれにでも惜しみなく
　　　　なか　ちえ　か　　　　ひと　　　　　　　　　　　　　　お
とがめだてしないでお与えになる神に願いなさい。そうすれば、与えられます。
　　　　　　　　あた　　　かみ　ねが　　　　　　　　　　　あた
(ヤコブの手紙 1:5)

너희 중에 누구든지 지혜가 부족하거든 모든 사람에게 후히 주시고 꾸짖지
아니하시는 하나님께 구하라 그리하면 주시리라
(야고보서 1 :5)

If any of you lacks wisdom, he should ask God,
who gives generously to all without finding fault, and it will be given to him.
(JAMES 1:5)

✦ ✦ ✦

모든 성경은 하나님의 감동으로 된 것으로 교훈과 책망과
바르게 함과 의로 교육하기에 유익하니 (디모데후서 3 :16)

◈ 「잠언」은 구약성서의 한 편으로서 속담, 격언의 모음 책입니다. 한자 箴(잠)
은 '바늘', '경계할', '훈계할'이라는 의미를 갖고 있습니다. 이처럼 「잠언」은
사람의 잘못을 바로잡는 교훈, 훈계의 모음집으로서 지혜를 찬양하는 담화,
솔로몬의 잠언, 지혜자의 격언 등이 기록되어있습니다.

◈ 일본어 잠언 따라쓰기를 시작함에 있어서 마음가짐
  1. 먼저 기도로 시작하고 말씀을 읽고 따라쓰기를 하십시요.
  2. 따라쓰기를 마친 후에는 말씀을 마음에 새기며 묵상을 하십시요.
  3. 특별히 감동이 있는 말씀은 밑줄을 쳐서 암송해봅시다.

◈ 일본어 성경 따라쓰기를 하면서 성취되는 것들
  1. 따라쓰기를 함으로서 히라가나와 일본어 한자를 배울 수가 있습니다.
  2. 일본어 잠언 따라쓰기를 통해서 성경 속의 지혜를 배우며 자연스레 일본
     어를 습득할 수 있습니다.
  3. 한글 발음표기 및 한자의 히라가나 표기가 되어있어서 일본어 본문을 읽
     고 따라 쓰기가 가능합니다.
  4. 그림자 처리된 본문 따라쓰기를 하면서 일본어 필체를 익힐 수 있습니다.
  5. 한문의 경우는 익숙해 질 때까지 먼저 백지에 연습을 하시고 본문에 따라
     쓰기를 하시면 깨끗한 필체로 쓸 수 있습니다.

ひらがな&カタカナ
히라가나 & 카타카나

청음 清音

あ	い	う	え	お	ア	イ	ウ	エ	オ
아 a	이 i	우 u	에 e	오 o	아 a	이 i	우 u	에 e	오 o
か	き	く	け	こ	カ	キ	ク	ケ	コ
카 ka	키 ki	쿠 ku	케 ke	코 ko	카 ka	키 ki	쿠 ku	케 ke	코 ko
さ	し	す	せ	そ	サ	シ	ス	セ	ソ
사 sa	시 si	스 su	세 se	소 so	사 sa	시 si	스 su	세 se	소 so
た	ち	つ	て	と	タ	チ	ツ	テ	ト
타 ta	치 chi	츠 chu	테 te	토 to	타 ta	치 chi	츠 chu	테 te	토 to
な	に	ぬ	ね	の	ナ	ニ	ヌ	ネ	ノ
나 na	니 ni	누 nu	네 ne	노 no	나 na	니 ni	누 nu	네 ne	노 no
は	ひ	ふ	へ	ほ	ハ	ヒ	フ	ヘ	ホ
하 ha	히 hi	후 hu	헤 he	호 ho	하 ha	히 hi	후 hu	헤 he	호 ho
ま	み	む	め	も	マ	ミ	ム	メ	モ
마 ma	미 mi	무 mu	메 me	모 mo	마 ma	미 mi	무 mu	메 me	모 mo
や		ゆ		よ	ヤ		ユ		ヨ
야 ya		유 yu		요 yo	야 ya		유 yu		요 yo
ら	り	る	れ	ろ	ラ	リ	ル	レ	ロ
라 ra	리 ri	루 ru	레 re	로 ro	라 ra	리 ri	루 ru	레 re	로 ro
わ		を		ん	ワ		ヲ		ン
와 wa		오 o		응 ng	와 wa		오 o		응 ng

が	ぎ	ぐ	げ	ご	ガ	ギ	グ	ゲ	ゴ
가 ga	기 gi	구 gu	게 ge	고 go	가 ga	기 gi	구 gu	게 ge	고 go
ざ	じ	ず	ぜ	ぞ	ザ	ジ	ズ	ゼ	ゾ
자 za	지 ji	즈 zu	제 ze	조 zo	자 za	지 ji	즈 zu	제 ze	조 zo
だ	ぢ	づ	で	ど	ダ	ヂ	ヅ	デ	ド
다 da	지 ji	즈 zu	데 de	도 do	다 da	지 ji	즈 zu	데 de	도 do
ば	び	ぶ	べ	ぼ	バ	ビ	ブ	ベ	ボ
바 ba	비 bi	부 bu	베 be	보 bo	바 ba	비 bi	부 bu	베 be	보 bo
ぱ	ぴ	ぷ	ぺ	ぽ	パ	ピ	プ	ペ	ポ
파 pa	피 pi	푸 pu	페 pe	포 po	파 pa	피 pi	푸 pu	페 pe	포 po

きゃ	きゅ	きょ	ぎゃ	ぎゅ	ぎょ
캬 kya	큐 kyu	쿄 kyo	갸 gya	규 gyu	교 gyo
しゃ	しゅ	しょ	じゃ	じゅ	じょ
샤 sya	슈 syu	쇼 syo	쟈 jya	쥬 jyu	죠 jyo
ちゃ	ちゅ	ちょ	にゃ	にゅ	にょ
챠 chya	츄 chyu	쵸 chyo	냐 nya	뉴 nyu	뇨 nyo
ひゃ	ひゅ	ひょ	びゃ	びゅ	びょ
햐 hya	휴 hyu	효 hyo	뱌 bya	뷰 byu	뵤 byo
ぴゃ	ぴゅ	ぴょ	みゃ	みゅ	みょ
퍄 pya	퓨 pyu	표 pyo	먀 mya	뮤 myu	묘 myo
りゃ	りゅ	りょ	つ (ex)よって(욧테/yotte)		
랴 rya	류 ryu	료 ryo	촉음 : 받침에 해당 함		

같은 모음이 중복되어 연이어서 나오는 경우 앞의 모음을 길게 발음합니다.

✦ 일본어 성경의 한국어 발음표기에서는 히라가나 표기 발음으로 기록하였습니다.

「ㅅ」발음 표기는 로마자 표기를 적용하였습니다.

인칭대명사

わたし	あなた	彼 /かれ	彼女/かのじょ	彼ら/かれら	誰/だれ
나/i watasi	너/you anata	그/he kare	그녀/her kanozyo	그들/them karera	누구/who dare

지시 대명사

これ	あれ	それ	どれ
이것/this kore	저것/that are	그것/that, it sore	어느 것/which dore

숫자

1	2	3	4	5
いち ichi	に ni	さん san	し si	ご go
6	**7**	**8**	**9**	**10**
ろく roku	しち sichi	はち hachi	く/きゅう ku/kyuu	じゅう zyuu
100	**300**	**600**	**3,000**	**10,000**
ひゃく hyaku	さんびゃく sanbyaku	ろっぴゃく rokpyaku	さんぜん sanzen	まん man

숫자 세기

ひとつ	ふたつ	みっつ	よっつ	いつつ
하나 one hitochu	둘 two hutachu	셋 three mitchu	넷 four yotchu	다섯 five ichuchu
むっつ	**ななつ**	**やっつ**	**ここのつ**	**とお**
여섯 six mutchu	일곱 seven nanachu	여덟 eight yatchu	아홉 nine kokonochu	열 ten too

사람 숫자

ひとり	ふたり	さんにん	よにん	ごにん
한명 hitori	두명 hutari	세명 sannin	네명 yonin	다섯명 gonin
ろくにん	**ななにん**	**はちにん**	**きゅうにん**	**じゅうにん**
여섯명 rokunin	일곱명 nananin	여덟명 hachinin	아홉명 kyuunin	열명 zyuunin

동사

行く 가다 go	作る 만들다 make	待つ 기다리다 wait	飲む 마시다 drink	呼ぶ 부르다 call
いく iku	つくる chukuru	まつ machu	のむ nomu	よぶ yobu
曲がる 돌다 turn	買う 사다 buy	食べる 먹다 eat	起きる 일어나다 get up	書く 쓰다 write
まがる magaru	かう kau	たべる taberu	おきる okiru	かく kaku
借りる 빌리다 borrow	見る 보다 look	死ぬ 죽다 dead	閉める 닫다 close	入れる 넣다 put in
かりる kariru	みる miru	しぬ sinu	しめる simeru	いれる ireru

형용사

おいしい 맛있는 delicious oisii	おおきい 큰 big ookii	ちいさい 작은 small chiisai	ながい 긴 long nagai	みじかい 짧은 short mizikai	たかい 높은 high takai
あつい 두꺼운 thick achui	あさい 얕은 shallow asai	きれい 예쁜 pretty kirei	すき 좋은 good suki	きらい 싫은 hateful kirai	つめたい 차가운 cold chumetai

조사

~は ~wa 주격조사	~が ~ga 주격조사	~を ~o 목적격 조사	~の ~no 소유격 조사	~も ~mo ~도	~と ~to ~와
~へ ~he ~로 (방향)	~に ~ni ~에	~まで ~made ~까지(완료점)	~から ~kara ~부터 (출발점)	~で ~de ~에서 ~로	~か ~ka 의문

국가 이름 (アイウエオ 순서)

アメリカ 미국 the United States	オーストリア 오스트리아 Austria	スイス 스위스 Switzerland	チュウゴク 중국 China	ブラジル 브라질 Brazil	マレーシア 말레이시아 Malaysia
イギリス 영국 the United Kingdom	オランダ 네덜란드 Netherlands	スウェーデン 스웨덴 Sweden	ドイツ 독일 Germany	フランス 프랑스 France	メキシコ 멕시코 Mexico
イスラエル 이스라엘 Israel	カナダ 캐나다 Canada	スペイン 스페인 Spain	ニホン 일본 Japan	ベトナム 베트남 Vietnam	モンゴル 몽골 Mongolia
インド 인도 India	カンコク 한국 Korea	タイ 태국 Thailand	ニュージーランド 뉴질랜드 New Zealand	ベルギー 벨기에 Belgium	ヨルダン 요르단 Jordan
オーストラリア 호주 Australia	ギリシャ 그리스 Greece	チェコ 체코 Czech Republic	ノルウェー 노르웨이 Norway	ポルトガル 포루투갈 Portugal	ロシア 러시아 Russia

あ	い	う	え	お
あ	い	う	え	お
아 a	이 i	우 u	에 e	오 o
か	き	く	け	こ
か	き	く	け	こ
카 ka	키 ki	쿠 ku	케 ke	코 ko
さ	し	す	せ	そ
さ	し	す	せ	そ
사 sa	시 si	수 su	세 se	소 so
た	ち	つ	て	と
た	ち	つ	て	と
타 ta	치 chi	츠 chu	테 te	토 to
な	に	ぬ	ね	の
な	に	ぬ	ね	の
나 na	니 ni	누 nu	네 ne	노 no

히라가나 연습하기

は	ひ	ふ	へ	ほ
は	ひ	ふ	へ	ほ
하 ha	히 hi	후 hu	헤 he	호 ho
ま	み	む	め	も
ま	み	む	め	も
마 ma	미 mi	무 mu	메 me	모 mo
や		ゆ		よ
や		ゆ		よ
야 ya		유 yu		요 yo
ら	り	る	れ	ろ
ら	り	る	れ	ろ
라 ra	리 ri	루 ru	레 re	로 ro
わ		を		ん
わ		を		ん
와 wa		오 o		응 ng

箴言1章 1節 ～ 33節

1 イスラエルの王、ダビデの子ソロモンの箴言。
이스라에르노 오우, 다비데노 코 소로몬노 신겐.
다윗의 아들 이스라엘 왕 솔로몬의 잠언이라

2 これは知恵と諭しをわきまえ／分別ある言葉を理解するため
코레와 치에또 사토시오 와키마에 훈베츠 아루 코토바오 리카이스루타메
이는 지혜와 훈계를 알게 하며 명철의 말씀을 깨닫게 하며

3 諭しを受け入れて／正義と裁きと公平に目覚めるため。
사토시오 우케이레떼 세이기토 사바키토 코우헤이니 메자메루타메.
지혜롭게, 공의롭게, 정의롭게, 정직하게 행할 일에 대하여 훈계를 받게 하며

4 未熟な者に熟慮を教え／若者に知識と慎重さを与えるため。
미주쿠나 모노니 쥬쿠료오 오시에 와카모노니 치시키또 신쵸사오 아타에루타메.
어리석은 자를 슬기롭게 하며 젊은 자에게 지식과 근신함을 주기 위한 것이니

5 これに聞き従えば、賢人もなお説得力を加え／聡明な人も指導力を増すであろう。
코레니 키키시타가에바, 켄진모 나오 셋토쿠료쿠오 쿠와에 소우메이나히토모 시도우료쿠오 마스데아로우.
지혜 있는 자는 듣고 학식이 더할 것이요 명철한 자는 지략을 얻을 것이라

1 イスラエルの王、ダビデの子ソ
ロモンの箴言。
しんげん

2 これは知恵と諭しをわきまえ／
ちえ　　さと
分別ある言葉を理解するため
ふんべつ　　ことば　　りかい

3 諭しを受け入れて／正義と裁き
さと　　う　い　　せいぎ　さば
と公平に目覚めるため。
こうへい　　めざ

4 未熟な者に熟慮を教え／若者に
みじゅく　もの　じゅくりょ　おし　　わかもの
知識と慎重さを与えるため。
ちしき　しんちょう　あた

5 これに聞き従えば、賢人もなお
き　したが　　けんじん
説得力を加え／聡明な人も指導
せっとくりょく　くわ　　そうめい　ひと　しどう
力を増すであろう。
りょく　ま

단어장	
箴言[しんげん]잠언	知恵[ちえ]지혜
諭し[さとし]타이름	分別[ふんべつ]분별
言葉[ことば]말	理解[りかい]이해
正義[せいぎ]정의	裁き[さばき]심판

6 また、格言、寓話／賢人ら
の言葉と謎を理解するた
め。
마타, 카쿠겐, 구우와 켄진라노
코토바토 나조오 리카이스루타
메.
잠언과 비유와 지혜 있는 자의
말과 그 오묘한 말을 깨달으리라

7 主を畏れることは知恵の初
め。無知な者は知恵をも諭
しをも侮る。
슈오 오소레루코토와 치에노 하
지메. 무치나 모노와 치에오모
사토시오모 아나도루.
여호와를 경외하는 것이 지식
의 근본이거늘 미련한 자는 지
혜와 훈계를 멸시하느니라

8 わが子よ、父の諭しに聞き
従え。母の教えをおろそか
にするな。
와가코요, 치치노 사토시니 키
키시타가에. 하하노 오시에오
오로소카니스루나.
내 아들아 네 아비의 훈계를 들
으며 네 어미의 법을 떠나지 말라

9 それらは頭に戴く優雅な
冠／首にかける飾りとな
る。
소레라와 아타마니 이타다쿠 유
우가나 칸무리 쿠비니 카케루
카자리토 나루.
이는 네 머리의 아름다운 관이
요 네 목의 금 사슬이니라

10 わが子よ／ならず者があな
たを誘惑しても／くみして
はならない。
와가코요 나라즈모노가 아나
타오 유우와쿠시테모 쿠미시
테와 나라나이.
내 아들아 악한 자가 너를 꾈
지라도 따르지 말라

6 また、格言、寓話／賢人らの言
　　かくげん　　ぐうわ　　けんじん　　こと
葉と謎を理解するため。
ば　なぞ　りかい

7 主を畏れることは知恵の初め。
　しゅ　おそ　　　　　　　ちえ　　はじ
無知な者は知恵をも諭しをも侮
むち　もの　　ちえ　　さと　　　　あなど
る。

8 わが子よ、父の諭しに聞き従
　　こ　　　ちち　さと　　　き　　したが
え。母の教えをおろそかにする
　　はは　おし
な。

9 それらは頭に戴く優雅な冠／
　　　　　あたま　いただ　ゆうが　　かんむり
首にかける飾りとなる。
くび　　　　かざ

10 わが子よ／ならず者があなたを
　　こ　　　　　　もの
誘惑しても／くみしてはならな
ゆうわく
い。

단어장

格言[かくげん]격언	寓話[ぐうわ]우화
畏れる[おそれる]경외	無知[むち]무지
侮る[あなどる]멸시	頭[あたま]머리
優雅[ゆうが]우아	冠[かんむり]관

11 彼らはこう言うだろう。
「一緒に来い。待ち伏せして、血を流してやろう。罪もない者をだれかれかまわず隠れて待ち
카레라와 코우 이우다로우. 잇쇼니 코이. 마치부세시테,치오 나가시테야로우. 츠미모나이 모노오 다레카레카마와즈 카쿠레테마치
그들이 네게 말하기를 우리와 함께 가자 우리가 가만히 엎드렸다가 사람의 피를 흘리자 죄 없는 자를 까닭 없이 숨어 기다리다가

12 陰府のように、生きながらひと呑みにし／丸呑みにして、墓穴に沈めてやろう。
요미노 요우니, 이키나가라 히토노미니시 마루노미니시테, 하카아나니 시즈메테야로우.
스올 같이 그들을 산 채로 삼키며 무덤에 내려가는 자들 같이 통으로 삼키자

13 金目の物は何ひとつ見落とさず／奪った物で家をいっぱいにしよう。
카네메노 모노와 나니히토츠 미오토사즈 우밧타모노데 이에오 잇빠이니시요우.
우리가 온갖 보화를 얻으며 빼앗은 것으로 우리 집을 채우리니

14 我々と運命を共にせよ。財布もひとつにしようではないか。」
와레와레토 운메이오 토모니세요. 사이후모 히토츠니 시요우 데와나이카.
너는 우리와 함께 제비를 뽑고 우리가 함께 전대 하나만 두자 할지라도

15 わが子よ／彼らの道を共に歩いてはならない。その道に足を踏み入れるな。
와가코요 카레라노 미치오 토모니 아루이테와 나라나이. 소노미치니 아시오 후미이레루나.
내 아들아 그들과 함께 길에 다니지 말라 네 발을 금하여 그 길을 밟지 말라

---

11 彼らはこう言うだろう。「一緒に来い。待ち伏せして、血を流してやろう。罪もない者をだれかれかまわず隠れて待ち

12 陰府のように、生きながらひと呑みにし／丸呑みにして、墓穴に沈めてやろう。

13 金目の物は何ひとつ見落とさず／奪った物で家をいっぱいにしよう。

14 我々と運命を共にせよ。財布もひとつにしようではないか。」

15 わが子よ／彼らの道を共に歩いてはならない。その道に足を踏み入れるな。

단어장

血[ち]피	流れ[ながれ]흐름
罪[つみ]죄	隠す[かくす]숨기다

16 彼らの足は悪事に向かって
走り／流血をたくらんで急
ぐ。
카레라노 아시와 아쿠지니 무
캇테 하시리 류우케츠오 타쿠
란데이소구.
대저 그 발은 악으로 달려가며
피를 흘리는 데 빠름이니라

17 翼あるものは見ている。網
を仕掛けるのは徒労だ。
츠바사 아루모노와 미테이루.
아미오 시카케루노와 토로우다.
새가 보는 데서 그물을 치면
헛일이겠거늘

18 待ち伏せて流すのは自分の
血。隠れて待っても、落と
すのは自分の命。
마치부세테 나가스노와 지분
노 치. 카쿠레테 맛테모, 오토
스노와 지분노 이노치.
그들이 가만히 엎드림은 자기
의 피를 흘릴 뿐이요 숨어 기
다림은 자기의 생명을 해할 뿐
이니

19 これが不当な利益を求める
者の末路。奪われるのは自
分の命だ。
코레가 후토우나 리에키오 모
토메루모노노 마츠로. 우바와
레루모노와 지분노 이노치다.
이익을 탐하는 모든 자의 길은
다 이러하여 자기의 생명을 잃
게 하느니라

20 知恵は巷に呼ばわり／広場
に声をあげる。
치에와 치마타니 요바와리 히
로바니 코에오 아게루.
지혜가 길거리에서 부르며 광
장에서 소리를 높이며

16 彼らの足は悪事に向かって走
り／流血をたくらんで急ぐ。
かれ　あし　あくじ　む　はし
りゅうけつ　いそ

17 翼あるものは見ている。網を仕
つばさ　み　あみ　し
掛けるのは徒労だ。
か　とろう

18 待ち伏せて流すのは自分の血。
ま　ぶ　なが　じぶん　ち
隠れて待っても、落とすのは自
かく　ま　お　じ
分の命。
ぶん　いのち

19 これが不当な利益を求める者の
ふとう　りえき　もと　もの
末路。奪われるのは自分の命
まつろ　うば　じぶん　いのち
だ。

20 知恵は巷に呼ばわり／広場に声
ちえ　ちまた　よ　ひろば　こえ
をあげる。

단어장

悪事[あくじ]나쁜 짓	流血[りゅうけつ]유혈
急ぐ[いそぐ]서두르다	翼[つばさ]날개
網[あみ]그물	自分[じぶん]자신
不当[ふとう]부당	利益[りえき]이익

21 雑踏の街角で呼びかけ／城門
の脇の通路で語りかける。
잣토우노 마치카도데 요비카
케 죠우몬노 와키노 츠우로데
카타리카케루.
시끄러운 길목에서 소리를 지
르며 성문 어귀와 성중에서 그
소리를 발하여 이르되

22 「いつまで／浅はかな者は浅
はかであることに愛着を
もち／不遜な者は不遜であ
ることを好み／愚か者は知
ることをいとうのか。
이츠마데 아사하카나 모노와
아사하카데아루 코토니 아이챠
쿠오 모치 후손나 모노와 후손
데아루코토오 코노미 오로카모
노와 시루코토오 이토우노카.
너희 어리석은 자들은 어리석
음을 좋아하며 거만한 자들은
거만을 기뻐하며 미련한 자들
은 지식을 미워하니 어느 때까
지 하겠느냐

23 立ち帰って、わたしの懲ら
しめを受け入れるなら／見
よ、わたしの霊をあなたた
ちに注ぎ／わたしの言葉を
示そう。
타치카엣테, 와타시노 코라시
메오 우케이레루나라 미요, 와
타시노 레이오 아나타타치니
소소기 와타시노 코토바오 시
메소우.
나의 책망을 듣고 돌이키라 보
라 내가 나의 영을 너희에게
부어 주며 내 말을 너희에게
보이리라

24 しかし、わたしが呼びかけ
ても拒み／手を伸べても意
に介せず
시카시, 와타시가 요비카케테
모 코바미 테오 노베테모 이니
카이세즈
내가 불렀으나 너희가 듣기 싫
어하였고 내가 손을 폈으나 돌
아보는 자가 없었고

25 わたしの勧めをことごとく
なおざりにし／懲らしめを
受け入れないなら
와타시노 스스메오 코토고토
쿠 나오자리니시 코라시메오
우케이레나이나라
도리어 나의 모든 교훈을 멸시
하며 나의 책망을 받지 아니하
였은즉

21 雑踏の街角で呼びかけ／城門の
ざっとう まちかど よ じょうもん
脇の通路で語りかける。
わき つうろ かた

22 「いつまで／浅はかな者は浅はか
あさ もの あさ
であることに愛着をもち／不遜な
あいちゃく ふそん
者は不遜であることを好み／愚
もの ふそん この おろ
か者は知ることをいとうのか。
もの し

23 立ち帰って、わたしの懲らしめ
た かえ こ
を受け入れるなら／見よ、わた
う い み
しの霊をあなたたちに注ぎ／わ
れい そそ
たしの言葉を示そう。
ことば しめ

24 しかし、わたしが呼びかけても
よ
拒み／手を伸べても意に介せず
こば て の い かい

25 わたしの勧めをことごとくなお
すす
ざりにし／懲らしめを受け入れ
こ う い
ないなら

단어장

雑踏[ざっとう]혼잡	不遜 [ふそん]불손
通路[つうろ]통로	愛着[あいちゃく]애착

26 あなたたちが災いに遭うとき、わたしは笑い／恐怖に襲われるとき、嘲笑うであろう。

아나타다치가 와자와이니 아우토키, 와타시와 와라이 오소레니 오소와레루토키,아자와라우데아로우.

너희가 재앙을 만날 때에 내가 웃을 것이며 너희에게 두려움이 임할 때에 내가 비웃으리라

27 恐怖が嵐のように襲い／災いがつむじ風のように起こり／苦難と苦悩があなたたちを襲うとき。」

쿄우후가 아라시노 요우니 오소이 와자와이가 츠무지카제노 요우니 오코리 쿠난또 쿠노우가 아나타다치오 오소우토키.

너희의 두려움이 광풍 같이 임하겠고 너희의 재앙이 폭풍 같이 이르겠고 너희에게 근심과 슬픔이 임하리니

28 そのときになって／彼らがわたしを呼んでもわたしは答えず／捜し求めても／わたしを見いだすことはできない。

소노토키니 낫테 카레라가 와타시오 욘데모 와타시와 코타에즈 사가시모토메테모 와타시오 미이다스코토와 데키나이.

그 때에 너희가 나를 부르리라 그래도 내가 대답하지 아니하겠고 부지런히 나를 찾으리라 그래도 나를 만나지 못하리니

29 彼らは知ることをいとい／主を畏れることを選ばず

카레라와 시루코토오 이토이 슈오 오소레루코토오 에라바즈

대저 너희가 지식을 미워하며 여호와 경외하기를 즐거워하지 아니하며

30 わたしの勧めに従わず／懲らしめをすべてないがしろにした。

와타시노 스스메니 시타가와즈 코라시메오 스베테 나이가시로니시타.

나의 교훈을 받지 아니하고 나의 모든 책망을 업신여겼음이니라

26 あなたたちが災いに遭うとき、わたしは笑い／恐怖に襲われるとき、嘲笑うであろう。

27 恐怖が嵐のように襲い／災いがつむじ風のように起こり／苦難と苦悩があなたたちを襲うとき。」

28 そのときになって／彼らがわたしを呼んでもわたしは答えず／捜し求めても／わたしを見いだすことはできない。

29 彼らは知ることをいとい／主を畏れることを選ばず

30 わたしの勧めに従わず／懲らしめをすべてないがしろにした。

단어장

災い[わざわい]재앙	苦悩[くのう]고뇌
恐怖[きょうふ]공포	苦難[くなん]고난

31 だから、自分たちの道が結んだ実を食べ／自分たちの意見に飽き足りるがよい。

다카라, 지분타치노 미치가 무슨다 미오 타베, 지분타치노 이켄니 아키타리루가요이.

그러므로 자기 행위의 열매를 먹으며 자기 꾀에 배부르리라

32 浅はかな者は座して死に至り／愚か者は無為の内に滅びる。

아사하카나 모노와 자시테 시니이타리 오로카모노와 무이노 우치니 호로비루.

어리석은 자의 퇴보는 자기를 죽이며 미련한 자의 안일은 자기를 멸망시키려니와

33 わたしに聞き従う人は確かな住まいを得／災難を恐れることなく平穏に暮らす。

와타시니 키키시타가우히토와 타시카나 스마이오 에 사이난오 오소레루코토나쿠 헤이온니 쿠라스.

오직 내 말을 듣는 자는 평안히 살며 재앙의 두려움이 없이 안전하리라

---

31 だから、自分たちの道が結んだ実を食べ／自分たちの意見に飽き足りるがよい。

32 浅はかな者は座して死に至り／愚か者は無為の内に滅びる。

33 わたしに聞き従う人は確かな住まいを得／災難を恐れることなく平穏に暮らす。

愛する者よ、あなたの魂が恵まれているように、
あなたがすべての面で恵まれ、
健康であるようにと祈っています。

사랑하는 자여 네 영혼이 잘됨 같이 네가 범사에 잘되고 강건하기를 내가 간구하노라

(요한3서 1:2)

恵まれる[めぐまれる]혜택받다　健康[けんこう]건강

단어장

自分[じぶん]자신	道「みち」길
意見[いけん]의견	浅はか[あさはか]천박함
滅びる[ほろびる]멸망하다	確かな[たしかな]확실한
災難 [さいなん]재난	平穏[へいおん]평온

箴言2章 1節 ～ 22節

1 わが子よ／わたしの言葉を
受け入れ、戒めを大切にし
て
와가코요　와타시노 코토바오
우케이레, 이마시메오 타이세츠
니시테
내 아들아 네가 만일 나의 말을
받으며 나의 계명을 네게 간직
하며

2 知恵に耳を傾け、英知に心
を向けるなら
치에니 미미오 카타무케, 에이
치니 코코로오 무케루나라
네 귀를 지혜에 기울이며 네 마
음을 명철에 두며

3 分別に呼びかけ、英知に向
かって声をあげるなら
훈베츠니 요비카케, 에이치니
무캇테 코에오 아게루나라
지식을 불러 구하며 명철을 얻
으려고 소리를 높이며

4 銀を求めるようにそれを尋
ね／宝物を求めるようにそ
れを捜すなら
긴오 모토메루요우니 소레오 타
즈네 타카라모노오 모토메루요
우니 소레오 사가스나라
은을 구하는 것 같이 그것을 구
하며 감추어진 보배를 찾는 것
같이 그것을 찾으면

5 あなたは主を畏れることを
悟り／神を知ることに到達
するであろう。
아나타와 슈오 오소레루코토오
사토리 카미오 시루코토니 토우
타츠스루데아로우.
여호와 경외하기를 깨달으며
하나님을 알게 되리니

1 わが子よ／わたしの言葉を受け
　 こ　　　　　　　　ことば　　う
入れ、戒めを大切にして
い　　いまし　　たいせつ

2 知恵に耳を傾け、英知に心を向
　 ちえ　みみ　かたむ　　えいち　こころ　む
けるなら

3 分別に呼びかけ、英知に向かっ
　 ふんべつ　よ　　　　　えいち　む
て声をあげるなら
　 こえ

4 銀を求めるようにそれを尋ね／
　 ぎん　もと　　　　　　　　　　たず
宝物を求めるようにそれを捜す
たからもの　もと　　　　　　　　　さが
なら

5 あなたは主を畏れることを悟
　　　　　　しゅ　おそ　　　　　　さと
り／神を知ることに到達するで
　 かみ　し　　　　　　とうたつ
あろう。

단어장

戒め[いましめ]훈계	大切[たいせつ]중요
傾く[かたむく]기울다	心[こころ]마음
銀[ぎん]은	求め[もとめ]요구
尋ね[たずね]질문	宝物[たからもの]보물

6 知恵を授けるのは主。主の
　口は知識と英知を与える。
　치에오 사즈케루노와 슈. 슈노
　쿠치와 치시키토 에이치오 아타
　에루.
　대저 여호와는 지혜를 주시며
　지식과 명철을 그 입에서 내심
　이며
7 主は正しい人のために力を
　を／完全な道を歩く人のた
　めに盾を備えて
　슈와 타다시이히토노타메니 치
　카라오 칸젠나 미치오 아루쿠
　히토노타메니 타테오 소나에테
　그는 정직한 자를 위하여 완전
　한 지혜를 예비하시며 행실이
　온전한 자에게 방패가 되시나
　니
8 裁きの道を守り／主の慈し
　みに生きる人の道を見守っ
　てくださる。
　사바키노 미치오 마모리 슈노
　이츠쿠시미니 이키루 히토노미
　치오 마못테쿠다사루.
　대저 그는 정의의 길을 보호하
　시며 그의 성도들의 길을 보전
　하려 하심이니라
9 また、あなたは悟るであろ
　う／正義と裁きと公平はす
　べて幸いに導く、と。
　마타, 아나타와 사토루데아로우
　세이기토 사바키토 코우헤이와
　스베테 사이와이니 미치비쿠,
　토.
　그런즉 네가 공의와 정의와 정
　직 곧 모든 선한 길을 깨달을
　것이라
10 知恵があなたの心を訪れ、
　知識が魂の喜びとなり
　치에가 아나타노 코코로오 오
　토즈레, 치시키가 타마시이노
　요로코비토나리
　곧 지혜가 네 마음에 들어가며
　지식이 네 영혼을 즐겁게 할
　것이요

6 知恵を授けるのは主。主の口は
　　ちえ　　さず　　　　　　しゅ　しゅ　くち
　知識と英知を与える。
　　ちしき　　えいち　あた

7 主は正しい人のために力を／完
　　しゅ　　ただ　　　ひと　　　　　　　ちから　　　かん
　全な道を歩く人のために盾を備
　　ぜん　みち　ある　　ひと　　　　　　　たて　そな
　えて

8 裁きの道を守り／主の慈しみに
　　さば　　　みち　まも　　　しゅ　いつく
　生きる人の道を見守ってくださ
　　い　　　　ひと　みち　みまも
　る。

9 また、あなたは悟るであろう／
　　　　　　　　　　さと
　正義と裁きと公平はすべて幸い
　　せいぎ　　さば　　こうへい　　　　　　さいわ
　に導く、と。
　　みちび

10 知恵があなたの心を訪れ、知識
　　ちえ　　　　　　　こころ　おとず　　　　ちしき
　が魂の喜びとなり
　　たましい　よろこ

단어장

知識[ちしき]지식	正しい[ただしい]바르다
完全[かんぜん]완전	備え[そなえ]대비
守り[まもり]수비	悟る[さとる]깨달음
公平[こうへい]공평	魂[たましい]영혼

11 慎重さがあなたを保ち、英知が守ってくれるので
신쵸우사가 아나타오 타모치, 에이치가 마못테쿠레루노데
근신이 너를 지키며 명철이 너를 보호하여

12 あなたは悪い道から救い出され／暴言をはく者を免れることができる。
아나타와 와루이미치카라 수쿠이다사레 보우겐오 하쿠모노오 마누가레루코토가데키루.
악한 자의 길과 패역을 말하는 자에게서 건져 내리라

13 彼らはまっすぐな道を捨て去り、闇の道を歩き
카레라와 맛스구나 미치오 스테사리 야미노 미치오 아루키
이 무리는 정직한 길을 떠나 어두운 길로 행하며

14 悪を働くことを楽しみとし／悪と暴言に小躍りする者。
아쿠오 하타라쿠코토오 타노시미토시 아쿠토 보우겐니 코오도리스루 모노.
행악하기를 기뻐하며 악인의 패역을 즐거워하나니

15 彼らの道筋は曲がり、通う道はくねっている。
카레라노 미치스지와 마가리, 카요우미치와 쿠넷테이루.
그 길은 구부러지고 그 행위는 패역하니라

---

11 慎重さがあなたを保ち、英知が守ってくれるので
しんちょう　　　　　　　　　たも　　えいち
まも

12 あなたは悪い道から救い出され／暴言をはく者を免れることができる。
わる　みち　　　すく　だ
ぼうげん　　　　　もの　まぬが

13 彼らはまっすぐな道を捨て去り、闇の道を歩き
かれ　　　　　　　　　みち　す　さ
やみ　みち　ある

14 悪を働くことを楽しみとし／悪と暴言に小躍りする者。
あく　はたら　　　　　たの　　　あく
ぼうげん　　こおど　　　　　もの

15 彼らの道筋は曲がり、通う道はくねっている。
かれ　　　みちすじ　ま　　　　かよ　みち

단어장

慎重[しんちょう]신중	保ち[たもち]유지
救い[すくい]구원	暴言 [ぼうげん]폭언
捨て[すて]버림	闇[やみ]어둠
働く[はたらく]일하다	小躍り[こおどり]덩실 춤

16 また、よその女、滑らかに
話す異邦の女をも／あなた
は免れることができる。
マタ、요소노온나、나메라카니
하나스 이호우노 온나오모 아
나타와 마누가레루 코토가데
키루.
지혜가 또 너를 음녀에게서,
말로 호리는 이방 계집에게서
구원하리니

17 若き日の伴侶を捨て／自分
の神との契約を忘れた女
を。
와카키히노 한료오 스테 지분
노 카미토노 케이야쿠오 와스
레타 온나오.
그는 젊은 시절의 짝을 버리며
그의 하나님의 언약을 잊어버
린 자라

18 彼女の家は死へ落ち込んで
行き／その道は死霊の国へ
向かっている。
카노죠노 이에와 시헤 오치콘
데 이키 소노미치와 시료우노
쿠니헤 무캇테이루.
그의 집은 사망으로, 그의 길
은 스올로 기울어졌나니

19 彼女のもとに行く者はだれ
も戻って来ない。命の道に
帰りつくことはできない。
카노죠노 모토니 이쿠모노와
다레모 모돗테 코나이.이노치
노 미치니 카에리츠쿠코토와
데키나이.
누구든지 그에게로 가는 자는
돌아오지 못하며 또 생명 길을
얻지 못하느니라

20 こうして／あなたは善人の
道を行き／神に従う人の道
を守ることができよう。
코우시테 아나타와 젠닌노 미
치오 이키 카미니 시타가우 히
토노 미치오 마모루코토가 데
키루.
지혜가 너를 선한 자의 길로
행하게 하며 또 의인의 길을
지키게 하리니

16 また、よその女、滑らかに話す
　　異邦の女をも／あなたは免れる
　　ことができる。

17 若き日の伴侶を捨て／自分の神
　　との契約を忘れた女を。

18 彼女の家は死へ落ち込んで行
　　き／その道は死霊の国へ向かっ
　　ている。

19 彼女のもとに行く者はだれも戻
　　って来ない。命の道に帰りつく
　　ことはできない。

20 こうして／あなたは善人の道を
　　行き／神に従う人の道を守るこ
　　とができよう。

단어장

滑らか[なめらか]매끈매끈한	若き[わかき]젊은
話す[はなす]말하다	伴侶[はんりょ]반려
異邦[いほう]이방	契約[けいやく]계약
免れる [まぬがれる]모면하다	忘れる[わすれる]까먹다

21 正しい人は地に住まいを
得／無垢な人はそこに永ら
える。
タ다시이 히토와 치니스마이오
에 무쿠나 히토와 소코니 나가
라에루.
대저 정직한 자는 땅에 거하며
완전한 자는 땅에 남아 있으리
라

22 神に逆らう者は地から断た
れ／欺く者はそこから引き
抜かれる。
카미니 사카라우모노와 치카라
타타레 아자무쿠 모노와 소코
카라 히키누카레루.
그러나 악인은 땅에서 끊어지
겠고 간사한 자는 땅에서 뽑히
리라

21 正しい人は地に住まいを得／無
ただ　　ひと　ち　　す　　　　えむ
垢な人はそこに永らえる。
く　　ひと　　　　　　なが

22 神に逆らう者は地から断たれ／
かみ　さか　もの　ち　　た
欺く者はそこから引き抜かれ
あざむ　もの　　　　　　　　ひ　ぬ
る。

主があなたを祝福し、あなたを守られるように。
しゅ　　　　しゅくふく　　　　　　　まも
主が御顔を向けてあなたを照らし／
しゅ　みかお　む　　　　　　て
あなたに恵みを与えられるように。
めぐ　　あた
主が御顔をあなたに向けて／
しゅ　みかお　　　　　　む
あなたに平安を賜るように。
へいあん　たまわ

여호와는 네게 복을 주시고 너를 지키시기를 원하며
여호와는 그의 얼굴을 네게 비추사
은혜 베푸시기를 원하며
여호와는 그 얼굴을 네게로 향하여 드사
평강 주시기를 원하노라 할지니라 하라
(민수기 6:24-26)

照らす[てらす]비추다　　　　賜る[たまわる]베풀다

단어장

得る[える]얻다　　　　　　断たれる[たたれる]끊기다
無垢[むく]깨끗한　　　　　欺く[あざむく]속이다
永らえる[ながらえる]오래살다　人[ひと]사람
神[かみ]신　　　　　　　　引き抜かれる[ひきぬかれる]뽑히다

箴言3章 1節 ～ 35節

1 わが子よ、わたしの教えを
　忘れるな。わたしの戒めを
　心に納めよ。

　와가코요, 와타시노 오시에오
　와스레루나. 와타시노 이마시메
　오 코코로니 오사메요.

　내 아들아 나의 법을 잊어버리
　지 말고 네 마음으로 나의 명령
　을 지키라

2 そうすれば、命の年月、生
　涯の日々は増し／平和が与
　えられるであろう。

　소우스레바, 이노치노 토시츠
　키, 쇼우가이노 히비와 마시 헤
　이와가 아타에라레루데아로우.

　그리하면 그것이 네가 장수하
　여 많은 해를 누리게 하며 평강
　을 더하게 하리라

3 慈しみとまことがあなたを
　離れないようにせよ。それ
　らを首に結び／心の中の板
　に書き記すがよい。

　이츠쿠시미토 마코토가 아나타
　오 하나레나이요우니세요. 소레
　라오 쿠비니무스비 코코로노 나
　카노 이타니 카키시루스가 요이.

　인자와 진리가 네게서 떠나지
　말게 하고 그것을 네 목에 매며
　네 마음판에 새기라

4 そうすれば、神と人の目に／
　好意を得、成功するであろ
　う。

　소우스레바, 카미토 히토노메니
　코우이오 에, 세이코우스루데아
　로우.

　그리하면 네가 하나님과 사람
　앞에서 은총과 귀중히 여김을
　받으리라

5 心を尽くして主に信頼し、
　自分の分別には頼らず

　코코로오 츠쿠시테 슈니 신라이
　시, 지분노 훈베츠니와 타요라즈

　너는 마음을 다하여 여호와를
　신뢰하고 네 명철을 의지하지
　말라

1 わが子よ、わたしの教えを忘れる
　　　こ　　　　　　　おし　　　わす
　な。わたしの戒めを心に納めよ。
　　　　　　　　　　いまし　　こころ　　おさ

2 そうすれば、命の年月、生涯の
　　　　　　　　いのち　としつき　　しょうがい
　日々は増し／平和が与えられる
　ひび　　ま　　　　へいおん　　あた
　であろう。

3 慈しみとまことがあなたを離れ
　いつく　　　　　　　　　　　　　　　はな
　ないようにせよ。それらを首に
　　　　　　　　　　　　　　　　　くび
　結び／心の中の板に書き記すが
　むす　　こころ　なか　いた　　か　　しる
　よい。

4 そうすれば、神と人の目に／好
　　　　　　　　かみ　ひと　め　　　こう
　意を得、成功するであろう。
　い　え　せいこう

5 心を尽くして主に信頼し、自分
　こころ　つ　　　　しゅ　しんらい　　じぶん
　の分別には頼らず
　　ふんべつ　　たよ

▶ 단어장

教える[おしえる]가르치다　　慈しみ[いつくしみ]자애
忘れる[わすれる]잊다　　　　記す[しるす]기록하다

6 常に主を覚えてあなたの道
を歩け。そうすれば／主は
あなたの道筋をまっすぐに
してください。

츠네니 슈오 오보에테 아나타노
미치오 아루케. 소우스레바 슈
와 아나타노 미치스지오 맛스구
니시테쿠다사루.

너는 범사에 그를 인정하라 그
리하면 네 길을 지도하시리라

7 自分自身を知恵ある者と見
るな。主を畏れ、悪を避け
よ。

지분지신오 치에아루모노토 미
루나. 슈오 오소레, 아쿠오 사케
요.

스스로 지혜롭게 여기지 말지
어다 여호와를 경외하며 악을
떠날지어다

8 そうすれば、あなたの筋肉
は柔軟になり／あなたの骨
は潤されるであろう。

소우스레바, 아나타노 킨니쿠와
쥬우난니 나리 아나타노 호네와
우루오사레루데아로우.

이것이 네 몸에 양약이 되어 네
골수를 윤택하게 하리라

9 それぞれの収穫物の初物を
ささげ／豊かに持っている
中からささげて主を敬え。

소레조레노 슈우카쿠부츠노 하
츠모노오 사사게 유타카니 못테
이루 나카카라 사사게테 슈오
우야마에.

네 재물과 네 소산물의 처음 익
은 열매로 여호와를 공경하라

10 そうすれば、主はあなたの
倉に穀物を満たし／搾り場
に新しい酒を溢れさせてく
ださる。

소우스레바, 슈와 아나타노 쿠
라니 코쿠부츠오 미타시 시보
리바니 아타라시이 사케오 아
후레사세테 쿠다사루.

그리하면 네 창고가 가득히 차
고 네 포도즙 틀에 새 포도즙
이 넘치리라

---

6 常に主を覚えてあなたの道を歩
け。そうすれば／主はあなたの
道筋をまっすぐにしてくださ
る。

7 自分自身を知恵ある者と見る
な。主を畏れ、悪を避けよ。

8 そうすれば、あなたの筋肉は柔
軟になり／あなたの骨は潤され
るであろう。

9 それぞれの収穫物の初物をささ
げ／豊かに持っている中からさ
さげて主を敬え。

10 そうすれば、主はあなたの倉に
穀物を満たし／搾り場に新しい
酒を溢れさせてくださる。

단어장

常に[つねに]항상　　　　　避け[さけ]피함
覚える[おぼえる]외우다　　柔軟[じゅうなん]유연

11 わが子よ、主の諭しを拒む
な。主の懲らしめを避ける
な。
와가코요, 슈노 사토시오 코바
무나. 슈노 코라시메오 사케루
나.
내 아들아 여호와의 징계를 경
히 여기지 말라 그 꾸지람을
싫어하지 말라

12 かわいい息子を懲らしめる
父のように／主は愛する者
を懲らしめられる。
가와이이 무스코오 코라시메
루 치치노요우니 슈와 아이스
루모노오 코라시메라레루.
대저 여호와께서 그 사랑하시
는 자를 징계하시기를 마치 아
비가 그 기뻐하는 아들을 징계
함 같이 하시느니라

13 いかに幸いなことか／知恵
に到達した人、英知を獲得
した人は。
이카니 사이와이나 코토카 치
에니 토우타츠시타 히토, 에이
치오 카쿠토쿠시타 히토와.
지혜를 얻은 자와 명철을 얻은
자는 복이 있나니

14 知恵によって得るものは／
銀によって得るものにまさ
り／彼女によって収穫する
ものは金にまさる。
치에니 욧테 에루모노와 긴니
욧테 에루모노니 마사리 카노
죠니욧테 슈우카쿠스루 모노
와 킨니 마사루.
이는 지혜를 얻는 것이 은을
얻는 것보다 낫고 그 이익이
정금보다 나음이니라

15 真珠よりも貴く／どのよう
な財宝も比べることはでき
ない。
신쥬요리모 토우토쿠 도노요
우나 자이호우모 쿠라베루 코
토와 데키나이.
지혜는 진주보다 귀하니 네가
사모하는 모든 것으로도 이에
비교할 수 없도다

11 わが子よ、主の諭しを拒むな。
主の懲らしめを避けるな。

12 かわいい息子を懲らしめる父の
ように／主は愛する者を懲らし
められる。

13 いかに幸いなことか／知恵に到
達した人、英知を獲得した人
は。

14 知恵によって得るものは／銀に
よって得るものにまさり／彼女
によって収穫するものは金にま
さる。

15 真珠よりも貴く／どのような財
宝も比べることはできない。

단어장

拒む[こばむ]거부하다　　獲得[かくとく]획득
息子[むすこ]아들　　　　収穫[しゅうかく]수확
愛[あい]사랑　　　　　　真珠[しんじゅ]진주
到達[とうたつ]도달　　　貴く[とうとく]귀하게

16 右の手には長寿を／左の手には富と名誉を持っている。

미기노 테니와 쵸우쥬오 히다리노 테니와 토미토 메이요오 못테이루.

그의 오른손에는 장수가 있고 그의 왼손에는 부귀가 있나니

17 彼女の道は喜ばしく／平和のうちにたどって行くことができる。

카노죠노 미치와 요로코바시쿠 헤이와노 우치니 타돗테 이쿠코토가 데키루.

그 길은 즐거운 길이요 그의 지름길은 다 평강이니라

18 彼女をとらえる人には、命の木となり／保つ人は幸いを得る。

카노죠오 토라에루 히토니와, 이노치노 키토나리 타모츠 히토와 사이와이오 에루.

지혜는 그 얻은 자에게 생명 나무라 지혜를 가진 자는 복되도다

19 主の知恵によって地の基は据えられ／主の英知によって天は設けられた。

슈노 치에니 욧테 치노 모토이와 스에라레 슈노 에이치니 욧테 텐와 모우케라레타.

여호와께서는 지혜로 땅에 터를 놓으셨으며 명철로 하늘을 견고히 세우셨고

20 主の知識によって深淵は分かたれ／雲は滴って露を置く。

슈노 치에니욧테 신엔와 와카타레 쿠모와 시타탓테 츠유오 오쿠.

그의 지식으로 깊은 바다를 갈라지게 하셨으며 공중에서 이슬이 내리게 하셨느니라

---

16 右の手には長寿を／左の手には
みぎ て　　　　　ちょうじゅ　ひだり て

富と名誉を持っている。
とみ　　めいよ　　も

17 彼女の道は喜ばしく／平和のう
かのじょ　みち　よろこ　　　　　　へいわ

ちにたどって行くことができ
い

る。

18 彼女をとらえる人には、命の木
かのじょ　　　　　　　ひと　　　　いのち　き

となり／保つ人は幸いを得る。
たも　ひと　さいわ　　え

19 主の知恵によって地の基は据え
しゅ　ちえ　　　　　　　ち　もとい　す

られ／主の英知によって天は設
しゅ　えいち　　　　　てん　もう

けられた。

20 主の知識によって深淵は分かた
しゅ　ちしき　　　　　　しんえん　わ

れ／雲は滴って露を置く。
くも　したた　つゆ　お

단어장

長寿 [ちょうじゅ]장수	天[てん]하늘
名誉[めいよ]명예	深淵[しんえん]심연
地[ち]땅	雲[くも]구름
基[もとい]근본	露[つゆ]이슬

21 わが子よ、力と慎重さを保って／見失うことのないようにせよ。

와가코요,치카라토 신쵸우사오 타못테 미우시나우 코토노 나이요우니세요.

내 아들아 완전한 지혜와 근신을 지키고 이것들이 네 눈 앞에서 떠나지 말게 하라

22 そうすれば、あなたは魂に命を得／首には優雅な飾りを得るであろう。

소우스레바, 아나타와 타마시이니 이노치오 에 쿠비니와 유우가나 카자리오 에루데아로우.

그리하면 그것이 네 영혼의 생명이 되며 네 목에 장식이 되리니

23 あなたは確かな道を行き／足はつまずくことがない。

아나타와 타시카나 미치오 이키 아시와 츠마즈쿠 코토가나이.

네가 네 길을 평안히 행하겠고 네 발이 거치지 아니하겠으며

24 横たわるとき、恐れることはなく／横たわれば、快い眠りが訪れる。

요코타와루 토키, 오소레루 코토와나쿠 요코타와레바, 코코로요이 네무리가 오토즈레루.

네가 누울 때에 두려워하지 아니하겠고 네가 누운즉 네 잠이 달리로다

25 突然襲う恐怖、神に逆らう者を見舞う破滅に／おびえてはならない。

토츠젠 오소우 쿄우후, 카미니 사카라우 모노오 미마우 하메츠니 오비에테와 나라나이.

너는 갑작스러운 두려움도 악인에게 닥치는 멸망도 두려워하지 말라

---

21 わが子よ、力と慎重さを保って／見失うことのないようにせよ。

22 そうすれば、あなたは魂に命を得／首には優雅な飾りを得るであろう。

23 あなたは確かな道を行き／足はつまずくことがない。

24 横たわるとき、恐れることはなく／横たわれば、快い眠りが訪れる。

25 突然襲う恐怖、神に逆らう者を見舞う破滅に／おびえてはならない。

단어장

慎重[しんちょう]신중	快い[こころよい]상쾌하다
見失う[みうしなう]잃다	眠り[ねむり]잠
飾り[かざり]장식	訪れる[おとずれる]방문하다
足[あし]발	突然[とつぜん]돌연

26 主があなたの傍らにいまし／足が罠にかからないように守ってくださる。
슈가 아나타노 카타와라니이마시 아시가 와나니 카카라나이요우니 마못테쿠다사루.
대저 여호와는 네가 의지할 이시니라 네 발을 지켜 걸리지 않게 하시리라

27 施すべき相手に善行を拒むな／あなたの手にその力があるなら。
호도코스베키 아이테니 센코우오 코바무나 아나타노 테니 소노치카라가 아루나라.
네 손이 선을 베풀 힘이 있거든 마땅히 받을 자에게 베풀기를 아끼지 말며

28 出直してくれ、明日あげよう、と友に言うな／あなたが今持っているなら。
데나오시테쿠레, 아스아게요우, 토 토모니이우나 아나타가 이마 못테이루나라.
네게 있거든 이웃에게 이르기를 갔다가 다시 오라 내일 주겠노라 하지 말며

29 友に対して悪意を耕すな／彼は安心してあなたのもとに住んでいるのだ。
토모니 타이시테 아쿠이오 타가야스나 카레와 안신시테 아나타노모토니 슨데이루노다.
네 이웃이 네 곁에서 평안히 살거든 그를 해하려고 꾀하지 말며

30 理由もなく他人と争うな／あなたに悪事をはたらいていないなら。
리유우모나쿠 타닌오 아라소우나 아나타니 아쿠지오 하타라이테 이나이나라.
사람이 네게 악을 행하지 아니하였거든 까닭 없이 더불어 다투지 말며

---

26 主があなたの傍らにいまし／足が罠にかからないように守ってくださる。
しゅ　かたわ　あし　わな　まも

27 施すべき相手に善行を拒むな／あなたの手にその力があるなら。
ほどこ　あいて　ぜんこう　こば　て　ちから

28 出直してくれ、明日あげよう、と友に言うな／あなたが今持っているなら。
でなお　あす　とも　い　いま　も

29 友に対して悪意を耕すな／彼は安心してあなたのもとに住んでいるのだ。
とも　たい　あくい　たがや　かれ　あんしん　す

30 理由もなく他人と争うな／あなたに悪事をはたらいていないなら。
りゅう　たにん　あらそ　あくじ

단어장

傍ら[かたわら]곁	明日[あす]내일
罠[わな]올가미	友[とも]친구

31 不法を行う者をうらやむ
　な、その道を選ぶな。
　후호우오 오코나우모노오 우
　라야무나, 소노미치오 에라부
　나.
　포학한 자를 부러워하지 말며
　그의 어떤 행위도 따르지 말라

32 主は曲がった者をいとい／
　まっすぐな人と交わってく
　ださる。
　슈와 마갓타모노오 이토이 맛
　스구나 히토토 마지왓테 쿠다
　사루.
　대저 패역한 자는 여호와께서
　미워하시나 정직한 자에게는
　그의 교통하심이 있으며

33 主に逆らう者の家には主の
　呪いが／主に従う人の住み
　かには祝福がある。
　슈니 사카라우 이에니와 슈노
　노로이가 슈니 시타가우히토
　노 스미카니와 슈쿠후쿠가 아
　루.
　악인의 집에는 여호와의 저주
　가 있거니와 의인의 집에는 복
　이 있느니라

34 主は不遜な者を嘲り／へり
　くだる人に恵みを賜る。
　슈와 후손나모노오 아자케리
　헤리쿠다루 히토니 메구미오
　타마와루.
　진실로 그는 거만한 자를 비웃
　으시며 겸손한 자에게 은혜를
　베푸시나니

35 知恵ある人は名誉を嗣業と
　して受け／愚か者は軽蔑を
　受ける。
　치에아루 히토와 메이요오 시
　교우토시테 우케 오로카모노
　와 케이베츠오 우케루.
　지혜로운 자는 영광을 기업으
　로 받거니와 미련한 자의 영달
　함은 수치가 되느니라

31 不法を行う者をうらやむな、そ
　　ふほう　おこな　もの
　の道を選ぶな。
　　みち　えら

32 主は曲がった者をいとい／まっ
　　しゅ　ま　　　もの
　すぐな人と交わってくださる。
　　　　ひと　まじ

33 主に逆らう者の家には主の呪い
　　しゅ　さか　もの　いえ　　しゅ　のろ
　が／主に従う人の住みかには
　　　しゅ　したが　ひと　す
　祝福がある。
　しゅくふく

34 主は不遜な者を嘲り／へりくだ
　　しゅ　ふそん　もの　あざけ
　る人に恵みを賜る。
　　ひと　めぐ　　たまわ

35 知恵ある人は名誉を嗣業として
　　ちえ　　　ひと　めいよ　　しぎょう
　受け／愚か者は軽蔑を受け
　う　　おろ　もの　けいべつ　う
　る。

단어장

曲がる[まがる]구부러진	呪い[のろい]저주
交わる[まじわる]섞이다	祝福[しゅくふく]축복
逆らう[さからう]거역하다	嘲り[あざけり]조롱
家[いえ]집	恵み[めぐみ]은혜

1 子らよ、父の諭しを聞け／
分別をわきまえるために、
耳を傾けよ。
코라요, 치치노 사토시오 키케
훈베츠오 와키마에루타메니, 미
미오 카타무케요.
아들들아 아비의 훈계를 들으
며 명철을 얻기에 주의하라

2 わたしは幸いを説いている
のだ。わたしの教えを捨て
てはならない。
와타시와 사이와이오 토이테이
루노다. 와타시노 오시에오 스
테테와 나라나이.
내가 선한 도리를 너희에게 전
하노니 내 법을 떠나지 말라

3 わたしも父にとっては息子
であり／母のもとでは、い
とけない独り子であった。
와타시모 치치니톳테와 무스코
데아리 하하노모토데와, 이토케
나리 히토리코데앗타.
나도 내 아버지에게 아들이었
으며 내 어머니 보기에 유약한
외아들이었노라

4 父はわたしに教えて言っ
た。「わたしの言葉をお前
の心に保ち／わたしの戒め
を守って、命を得よ。
치치와 와타시니 오시에테 잇
타. 와타시노코토바오 오마에노
코코로니 타모치 와타시노 이마
시메오 마못테, 이노치오 에요.
아버지가 내게 가르쳐 이르기를
내 말을 네 마음에 두라 내 명령
을 지키라 그리하면 살리라

5 わたしの口が言いきかせる
ことを／忘れるな、離れ去
るな。知恵を獲得せよ、分
別を獲得せよ。
와타시노 쿠치가 이이키카세루
코토오 와스레루나, 하나레사루
나. 치에오 카쿠토쿠세요, 훈베
츠오 카쿠토쿠세요.
지혜를 얻으며 명철을 얻으라
내 입의 말을 잊지 말며 어기지
말라

1 子らよ、父の諭しを聞け／分別を
こ　　　ちち　さと　き　　　ふんべつ
わきまえるために、耳を傾けよ。
みみ　かたむ

2 わたしは幸いを説いているの
さいわ　　と
だ。わたしの教えを捨ててはな
おし　　す
らない。

3 わたしも父にとっては息子であ
ちち　　　　　むすこ
り／母のもとでは、いとけない
はは
独り子であった。
ひと　こ

4 父はわたしに教えて言った。
ちち　　　　　おし　　い
「わたしの言葉をお前の心に保
ことば　　まえ　こころ　たも
ち／わたしの戒めを守って、命
いまし　　まも　　いのち
を得よ。
え

5 わたしのが言いきかせることを／
い
忘れるな、離れ去るな。知恵を
わす　　　　はな　さ　　　ちえ
獲得せよ、分別を獲得せよ。
かくとく　　ふんべつ　かくとく

6 知恵を捨てるな／彼女はあなたを見守ってくれる。分別を愛せよ／彼女はあなたを守ってくれる。

치에오 스테루나 카노죠와 아나타오 미마못테쿠레루. 훈베츠오 아이세요 카노죠와 아나타오 마못테쿠레루.

지혜를 버리지 말라 그가 너를 보호하리라 그를 사랑하라 그가 너를 지키리라

7 知恵を初めとして／知恵を獲得せよ。これまでに得たものすべてに代えても／分別を獲得せよ。

치에오하지메토시테 치에오 카쿠토쿠세요. 코레마데니 에타 모노 스베테니 카에테모 훈베츠오 카쿠토쿠세요.

지혜가 제일이니 지혜를 얻으라 네가 얻은 모든 것을 가지고 명철을 얻을지니라

8 知恵をふところに抱け／彼女はあなたを高めてくれる。分別を抱きしめよ／彼女はあなたに名誉を与えてくれる。

치에오 후토코로니 이다케 카노죠와 아나타오 타카메테쿠레루. 훈베츠오 다키시메요. 카노죠와 아나타니 메이요오 아타에테쿠레루.

그를 높이라 그리하면 그가 너를 높이 들리라 만일 그를 품으면 그가 너를 영화롭게 하리라

9 あなたの頭に優雅な冠を戴かせ／栄冠となってあなたを飾る。」

아나타노 아타마니 유우가나 칸무리오 이타다카세 에이칸토낫테 아나타오 카자루.

그가 아름다운 관을 네 머리에 두겠고 영화로운 면류관을 네게 주리라 하셨느니라

10 わが子よ、聞け、わたしの言うことを受け入れよ。そうすれば、命の年月は増す。

와가코요,키케, 와타시노 이우 코토오 우케이레요. 소우스레바, 이노치노 토시츠키와 마스.

내 아들아 들으라 내 말을 받으라 그리하면 네 생명의 해가 길리라

6 知恵を捨てるな／彼女はあなたを見守ってくれる。分別を愛せよ／彼女はあなたを守ってくれる。

7 知恵を初めとして／知恵を獲得せよ。これまでに得たものすべてに代えても／分別を獲得せよ。

8 知恵をふところに抱け／彼女はあなたを高めてくれる。分別を抱きしめよ／彼女はあなたに名誉を与えてくれる。

9 あなたの頭に優雅な冠を戴かせ／栄冠となってあなたを飾る。」

10 わが子よ、聞け、わたしの言うことを受け入れよ。そうすれば、命の年月は増す。

11 わたしはあなたに知恵の道
を教え／まっすぐな道にあ
なたを導いた。
와타시와 아나타니 치에노 미
치오 오시에 맛수구나 미치니
아나타오 미치비이타.
내가 지혜로운 길을 네게 가르
쳤으며 정직한 길로 너를 인도
하였은즉

12 歩いても、あなたの足取り
はたじろがず／走っても、
つまずくことはないであろ
う。
아루이테모, 아나타노 아시도
리와 타지로카즈 하싯테모, 츠
마즈쿠 코토와 나이데아로우.
다닐 때에 네 걸음이 곤고하지
아니하겠고 달려갈 때에 실족
하지 아니하리라

13 諭しをとらえて放してはな
らない。それを守れ、それ
はあなたの命だ。
사토시오 토라에테 하나시테
와나라나이. 소레오 마모레, 소
레와 아나타노 이노치다.
훈계를 굳게 잡아 놓치지 말고
지키라 이것이 네 생명이니라

14 神に逆らう者の道を歩く
な。悪事をはたらく者の道
を進むな。
카미니 사카라우모노노 미치
오 아루쿠나. 아쿠지오 하타라
쿠모노노 미치오 스스무나.
사악한 자의 길에 들어가지 말
며 악인의 길로 다니지 말지어
다

15 それを避けよ、その道を通
るな。そこからそれて、通
り過ぎよ。
소레오 사케요, 소노미치오 토
오루나. 소코카라 소레테, 토오
리스기요.
그의 길을 피하고 지나가지 말
며 돌이켜 떠나갈지어다

11 わたしはあなたに知恵の道を教
え／まっすぐな道にあなたを導
いた。

12 歩いても、あなたの足取りはた
じろがず／走っても、つまずく
ことはないであろう。

13 諭しをとらえて放してはならな
い。それを守れ、それはあなた
の命だ。

14 神に逆らう者の道を歩くな。悪
事をはたらく者の道を進むな。

15 それを避けよ、その道を通る
な。そこからそれて、通り過ぎ
よ。

단어장

見守る[みまもる]지켜보다	受け入れ[うけいれ]수용
初め[はじめ]처음	導く[みちびく]아끌다
抱く[いだく]품다	足取り[あしどり]발걸음
冠[かんむり]관	走る[はしる]달리다

16 彼らは悪事をはたらかずに
　は床に就かず／他人をつま
　ずかせなければ熟睡できな
　い。
　카레라와 아쿠지오 하타라카
　즈니와 토코니 츠카즈 타닌오
　츠마즈카세나케레바 쥬쿠스이
　데키나이.
　그들은 악을 행하지 못하면 자
　지 못하며 사람을 넘어뜨리지
　못하면 잠이 오지 아니하며
17 背信のパンを食べ、不法の
　酒を飲む。
　하이신노 팡오 타베, 후호우노
　사케오 노무.
　불의의 떡을 먹으며 강포의 술
　을 마심이니라
18 神に従う人の道は輝き出る
　光／ 進むほどに光は増
　し、真昼の輝きとなる。
　카미니 시타가우 히토노 미치
　와 카가야키데루 히카리 스스
　무호도니 히카리와 마시, 마히
　루노 카가야키토나루.
　의인의 길은 돋는 햇살 같아서
　크게 빛나 한낮의 광명에 이르
　거니와
19 神に逆らう者の道は闇に閉
　ざされ／何につまずいて
　も、知ることはない。
　카미니 사카라우모노노 미치
　와 야미니 토자사레 나니니 츠
　마즈이테모, 시루코토와 나이.
　악인의 길은 어둠 같아서 그가
　걸려 넘어져도 그것이 무엇인
　지 깨닫지 못하느니라
20 わが子よ、わたしの言葉に
　耳を傾けよ。わたしの言う
　ことに耳を向けよ。
　와가코요, 와타시노 코토바니
　미미오 카타무케요. 와타시노
　이우코토니 미미오 무케요.
　내 아들아 내 말에 주의하며
　내가 말하는 것에 네 귀를 기
　울이라

16 彼らは悪事をはたらかずには床
に就かず／他人をつまずかせな
ければ熟睡できない。
かれ　　　あくじ　　　　　　とこ
つ　　　　　たにん
じゅくすい

17 背信のパンを食べ、不法の酒を
飲む。
はいしん　　　た　　ふほう　さけ
の

18 神に従う人の道は輝き出る光／
進むほどに光は増し、真昼の輝
きとなる。
かみ　したが　ひと　みち　かがや　で　ひかり
すす　　　　　ひかり　ま　　まひる　かがや

19 神に逆らう者の道は闇に閉ざさ
れ／何につまずいても、知るこ
とはない。
かみ　さか　もの　みち　やみ　と
なに　　　　　　　　　　し

20 わが子よ、わたしの言葉に耳を
傾けよ。わたしの言うことに耳
を向けよ。
こ　　　　　ことば　みみ
かたむ　　　　　　　　　　い　　　みみ
む

단어장

他人[たにん]타인　　　　　光[ひかり]빛
熟睡[じゅくすい]숙면　　　進む[すすむ]나아가다
背信[はいしん]배신　　　　増す[ます]늘다
輝き[かがやき]반짝임　　　閉ざす[とざす]닫다

21 見失うことなく、心に納め
　て守れ。
　미우시나우 코토나쿠, 코코로
　니 오사메테 마모레.
　그것을 네 눈에서 떠나게 하지
　말며 네 마음 속에 지키라

22 それらに到達する者にとっ
　て、それは命となり／全身
　を健康にする。
　소레라니 토우타츠스루 모노
　니톳테, 소레와 이노치토나리
　젠신오 켄코우니스루.
　그것은 얻는 자에게 생명이 되
　며 그의 온 육체의 건강이 됨
　이니라

23 何を守るよりも、自分の心
　を守れ。そこに命の源があ
　る。
　나니오 마모루요리모, 지분노
　코코로오 마모레. 소코니 이노
　치노 미나모토가 아루.
　모든 지킬 만한 것 중에 더욱
　네 마음을 지키라 생명의 근원
　이 이에서 남이니라

24 曲がった言葉をあなたの口
　から退け／ひねくれた言葉
　を唇から遠ざけよ。
　마갓타 코토바오 아나타노 쿠
　치카라 시리조케 히네쿠레타
　코토바오 쿠치비루카라 토오
　자케요.
　구부러진 말을 네 입에서 버리
　며 비뚤어진 말을 네 입술에서
　멀리 하라

25 目をまっすぐ前に注げ。あ
　なたに対しているものに／
　まなざしを正しく向けよ。
　메오 맛스구 마에니 소소게. 아
　나타니 타이시테 이루모노니
　마나자시오 타다시쿠 무케요.
　네 눈은 바로 보며 네 눈꺼풀
　은 네 앞을 곧게 살펴

21 見失うことなく、心に納めて守
　れ。
　　　みうしな　　　　　　　こころ　　　おさ　　　まも

22 それらに到達する者にとって、
　それは命となり／全身を健康に
　する。
　　　　　とうたつ　　　　もの
　　　　いのち　　　　　　　ぜんしん　　　けんこう

23 何を守るよりも、自分の心を守
　れ。そこに命の源がある。
　　なに　　まも　　　　　　　　　　じぶん　　こころ　　まも
　　　　　　　　　　いのち　　みなもと

24 曲がった言葉をあなたの口から
　退け／ひねくれた言葉を唇から
　遠ざけよ。
　　ま　　　　ことば　　　　　　　　　くち
　　さ　　　　　　　　　　　　　ことば　　くちびる
　　とお

25 目をまっすぐ前に注げ。あなた
　に対しているものに／まなざし
　を正しく向けよ。
　　め　　　　　　まえ　そそ
　　たい
　　ただ　　　む

단어장

心[こころ]마음	命 [いのち]생명
納める[おさめる]넣다	唇[くちびる]입술
到達[とうたつ]도달	全身[ぜんしん]전신
健康[けんこう]건강	注ぐ[そそぐ]쏟다

26 どう足を進めるかをよく計るなら／あなたの道は常に確かなものとなろう。
도우 아시오 스스메루카오 요쿠 하카루나라 아나타노 미치와 츠네니 타시카나 모노토나로우.
네 발이 행할 길을 평탄하게 하며 네 모든 길을 든든히 하라

27 右にも左にも偏ってはならない。悪から足を避けよ。
미기니모 히다리니모 카타욧테와 나라나이. 아쿠카라 아시오 사케요.
좌로나 우로나 치우치지 말고 네 발을 악에서 떠나게 하라

26 どう足を進めるかをよく計るなら／あなたの道は常に確かなものとなろう。

27 右にも左にも偏ってはならない。悪から足を避けよ。

いつも喜んでいなさい。
絶えず祈りなさい。
どんなことにも感謝しなさい。
これこそ、キリスト・イエスにおいて、
神があなたがたに望んでおられることです。

항상 기뻐하라 쉬지 말고 기도하라
범사에 감사하라 이것이 그리스도 예수 안에서
너희를 향하신 하나님의 뜻이니라
(데살로니가전서 5:16-18)

絶えず[たえず]끊임없이   感謝[かんしゃ]감사

단어장

進[すすむ]나아가다	左[ひだり]왼쪽
計る[はかる]헤아리다	偏り[かたより]치우침
常に[つねに]항상	遠ざける[とおざける]멀리하다
右[みぎ]오른쪽	悪[あく]악

箴言5章 1節 ～ 23節

1 わが子よ、わたしの知恵に耳を傾け／わたしの英知に耳を向けよ。
와가코요, 와타시노 치에니 미미오 카타무케, 와타시노 에이치니 미미오 무케요.
내 아들아 내 지혜에 주의하며 내 명철에 네 귀를 기울여서

2 そうすれば、あなたは唇に慎みを守り／知識を保つことができる。
소우스레바, 아나타와 쿠치비루니 츠츠시미오 마모리 치시키오 타모츠코토가 데키루.
근신을 지키며 네 입술로 지식을 지키도록 하라

3 よその女の唇は蜜を滴らせ／その口は油よりも滑らかだ。
요소노 온나노 쿠치비루와 미츠오 시타타라세 소노쿠치와 아부라요리모 나메라카다.
대저 음녀의 입술은 꿀을 떨어뜨리며 그의 입은 기름보다 미끄러우나

4 だがやがて、苦よもぎよりも苦くなり／両刃の剣のように鋭くなる。
다가 야가테, 니가요모기요리모 니가쿠나리 모로하노 츠루기노 요우니 스루도쿠나루.
나중은 쑥 같이 쓰고 두 날 가진 칼 같이 날카로우며

5 彼女の足は死へ下って行き／一歩一歩と、陰府に達する。
카노죠노 아시와 시헤 쿠닷테이키 잇뽀잇뽀토, 요미니 탓스루.
그의 발은 사지로 내려가며 그의 걸음은 스올로 나아가나니

---

1 わが子よ、わたしの知恵に耳を傾け／わたしの英知に耳を向けよ。

2 そうすれば、あなたは唇に慎みを守り／知識を保つことができる。

3 よその女の唇は蜜を滴らせ／その口は油よりも滑らかだ。

4 だがやがて、苦よもぎよりも苦くなり／両刃の剣のように鋭くなる。

5 彼女の足は死へ下って行き／一歩一歩と、陰府に達する。

단어장

慎む[つつしむ]조심하다	苦い[にがい]쓰다
油[あぶら]기름	剣[つるぎ]검

6

6 人生の道のりを計ろうともせず／自分の道から外れても、知ることもない。

진세이노 미치노리오 하카로우 토모세즈 지분노 미치카라 하즈레테모, 시루코토모나이.

그는 생명의 평탄한 길을 찾지 못하며 자기 길이 든든하지 못하여도 그것을 깨닫지 못하느니라

7 それゆえ、子らよ、わたしに聞き従え。わたしの口の言葉からそれてはならない。

소레유에,코라요, 와타시니 키키시타가에. 와타시노 쿠치노 코토바카라 소레테와 나라나이.

그런즉 아들들아 나에게 들으며 내 입의 말을 버리지 말고

8 あなたの道を彼女から遠ざけよ。その門口に近寄るな。

아나타노 미치오 카노죠카라 토오자케요. 소노 카도구치니 치카요루나.

네 길을 그에게서 멀리 하라 그의 집 문에도 가까이 가지 말라

9 あなたの栄えを他人に／長寿を残酷なものに渡してはならない。

아나타노 사카에오 타닌니 쵸우쥬오 잔코쿠나 모노니 와타시테와 나라나이.

두렵건대 네 존영이 남에게 잃어 버리게 되며 네 수한이 잔인한 자에게 빼앗기게 될까 하노라

10 よその者があなたの力に飽き足りることを許すな。異邦人の家を／あなたが労した実りで満たしてはならない。

요소노 모노가 아나타노 치카라니 아키타리루 코토오 유루스나. 이호우진노 이에오 아나타가 로우시타 미노리데 미타시테와 나라나이.

두렵건대 타인이 네 재물로 충족하게 되며 네 수고한 것이 외인의 집에 있게 될까 하노라

---

6 人生の道のりを計ろうともせず／自分の道から外れても、知ることもない。

7 それゆえ、子らよ、わたしに聞き従え。わたしの口の言葉からそれてはならない。

8 あなたの道を彼女から遠ざけよ。その門口に近寄るな。

9 あなたの栄えを他人に／長寿を残酷なものに渡してはならない。

10 よその者があなたの力に飽き足りることを許すな。異邦人の家を／あなたが労した実りで満たしてはならない。

단어장

外れ[はずれ]빗나감　　　近寄る[ちかよる]다가가다
遠ざける [とおざける]멀리하다　栄え[さかえ]번영

잠언 5장 1절~10절　35

11 さもなければ後になって／肉も筋も消耗し、あなたは呻き

사모나케레바 아토니낫테 니
쿠모 스지모 쇼우모우시, 아나
타와 우메키

두렵건대 마지막에 이르러 네
몸, 네 육체가 쇠약할 때에 네
가 한탄하여

12 言わなければならない。「どうして、わたしの心は諭しを憎み／懲らしめをないがしろにしたのだろうか。

이와나께레바나라나이 도우시
테, 와타시노 코코로와 사토시
오 니쿠미 코라시메오 나이가
시로니 시타노다로우카.

말하기를 내가 어찌하여 훈계
를 싫어하며 내 마음이 꾸지람
을 가벼이 여기고

13 教えてくれる人の声に聞き従わず／導いてくれる人の声に耳を向けなかった。

오시에테 쿠레루 히토노 코에
니 키키 시타가와즈 미치비이
테 쿠레루 히토노 코에니 미미
오 무케나캇타.

내 선생의 목소리를 청종하지
아니하며 나를 가르치는 이에
게 귀를 기울이지 아니하였던
고

14 会衆の中でも、共同体の中でも／わたしは最悪の者になりそうだ。」

카이슈우노 나카데모, 쿄우도
우타이노 나카데모 와타시와
사이아쿠노 모노니 나리소우
다.

많은 무리들이 모인 중에서 큰
악에 빠지게 되었노라 하게 될
까 염려하노라

15 あなた自身の井戸から水を汲み／あなた自身の泉から湧く水を飲め。

아나타 지신노 이도카라 미즈
오 쿠미 아나타 지신노 이즈미
카라 와쿠 미즈오 노메.

너는 네 우물에서 물을 마시며
네 샘에서 흐르는 물을 마시라

---

11 さもなければ後になって／肉も
筋も消耗し、あなたは呻き
　あと　　　　　　　にく
　すじ　しょうもう　　　うめ

12 言わなければならない。「どう
　い
して、わたしの心は諭しを憎
　　　　　　　こころ　さと　　　　にく
み／懲らしめをないがしろにし
　こ
たのだろうか。

13 教えてくれる人の声に聞き従わ
　おし　　　　　　ひと　こえ　き　したが
ず／導いてくれる人の声に耳を
　　みちび　　　　　　ひと　こえ　みみ
向けなかった。
　む

14 会衆の中でも、共同体の中で
　かいしゅう　なか　　　　きょうどうたい　　なか
も／わたしは最悪の者になりそ
　　　　　　　　さいあく　もの
うだ。」

15 あなた自身の井戸から水を汲
　　　　じしん　いど　　みず　く
み／あなた自身の泉から湧く水
　　　じしん　いずみ　わ　みず
を飲め。
　の

단어장

後[あと]후	筋[すじ]힘줄
肉[にく]살	消耗[しょうもう]소모

16 その源は溢れ出て／広場に
　幾筋もの流れができるであ
　ろう。
　소노 미나모토와 아후레 데테
　히로바니 이쿠스지모노 나가
　레가 데키루데아로우.
　어찌하여 네 샘물을 집 밖으로
　넘치게 하며 네 도랑물을 거리
　로 흘러가게 하겠느냐

17 その水をあなただけのもの
　にせよ。あなたのもとにい
　るよその者に渡すな。
　소노 미즈오 아나타다케노 모
　노니세요. 아나타노 모토니 이
　루 요소노모노니 와타스나.
　그 물이 네게만 있게 하고 타
　인과 더불어 그것을 나누지 말
　라

18 あなたの水の源は祝福され
　よ。若いときからの妻に喜
　びを抱け。
　아나타노 미즈노 미나모토와
　슈쿠후쿠사레요. 와카이토키
　카라노 츠마니 요로코비오 이
　다케.
　네 샘으로 복되게 하라 네가 젊
　어서 취한 아내를 즐거워하라

19 彼女は愛情深い雌鹿、優雅
　なかもしか。いつまでもそ
　の乳房によって満ち足り／
　常にその愛に酔うがよい。
　카노죠와 아이죠우부카이 메
　시카,유우가나 카모시카. 이츠
　마데모 소노치부사니욧테 미
　치타리 츠네니 소노아이니 요
　우가요이.
　그는 사랑스러운 암사슴 같고
　아름다운 암노루 같으니 너는
　그의 품을 항상 족하게 여기며
　그의 사랑을 항상 연모하라

20 わが子よ／どうしてよその
　女に酔うことがあろう／異
　邦の女の胸を抱くことがあ
　ろう。
　와가코요 도우시테 요소노 온
　나니 요우코토가 아로우 이호
　우노 온나노 무네오 다쿠코토
　가 아로우.
　내 아들아 어찌하여 음녀를 연
　모하겠으며 어찌하여 이방 계
　집의 가슴을 안겠느냐

16 その源は溢れ出て／広場に幾筋
　　みなもと　あふ　で　　　　ひろば　いくすじ
もの流れができるであろう。
　　なが

17 その水をあなただけのものにせ
　　みず
よ。あなたのもとにいるよその
者に渡すな。
もの　わた

18 あなたの水の源は祝福されよ。
　　　　みず　みなもと　しゅくふく
若いときからの妻に喜びを抱
わか　　　　　　　　つま　よろこ　　　いだ
け。

19 彼女は愛情深い雌鹿、優雅なか
　かのじょ　あいじょうぶか　めしか　ゆうが
もしか。いつまでもその乳房に
　　　　　　　　　　　　　ちぶさ
よって満ち足り／常にその愛に
　　　み　た　　つね　　　　あい
酔うがよい。
よ

20 わが子よ／どうしてよその女に
　　こ　　　　　　　　　おんな
酔うことがあろう／異邦の女の
よ　　　　　　　　いほう　おんな
胸を抱くことがあろう。
むね　だ

| 広場[ひろば]광장 | 妻[つま]아내 |
| 渡す[わたす]건네다 | 喜び[よろこび]기쁨 |

21 人の歩む道は主の御目の前にある。その道を主はすべて計っておられる。

히토노 아유무미치와 슈노 온메노 마에니 아루. 소노 미치오 슈와 스베테 하캇테 오라레루.

대저 사람의 길은 여호와의 눈앞에 있나니 그가 그 사람의 모든 길을 평탄하게 하시느니라

22 主に逆らう者は自分の悪の罠にかかり／自分の罪の綱が彼を捕える。

슈니 사카라우모노와 지분노 아쿠오 와나니카카리 지분노 츠미노 츠나가 카레오 토라에루.

악인은 자기의 악에 걸리며 그 죄의 줄에 매이나니

23 諭しを受け入れることもなく／重なる愚行に狂ったまま、死ぬであろう。

사토시오 우케이레루 코토모 나쿠 카사나루 구코우니 쿠룻타마마, 시누데아로우.

그는 훈계를 받지 아니함으로 말미암아 죽겠고 심히 미련함으로 말미암아 혼미하게 되느니라

---

21 人の歩む道は主の御目の前にある。その道を主はすべて計っておられる。

ひと　あゆ　みち　しゅ　おんめ　まえ
みち　しゅ　はか

22 主に逆らう者は自分の悪の罠にかかり／自分の罪の綱が彼を捕える。

しゅ　さか　もの　じぶん　あく　わな
じぶん　つみ　つな　かれ　とら

23 諭しを受け入れることもなく／重なる愚行に狂ったまま、死ぬであろう。

さと　う　い
かさ　ぐこう　くる　し

主に自らをゆだねよ／
しゅ　みずか
主はあなたの心の願いをかなえてくださる。
しゅ　こころ　ねが

또 여호와를 기뻐하라
그가 네 마음의 소원을 네게 이루어 주시리로다

(시편 37:4)

心[こころ]마음　　　　願い[ねがい]소원

단어장

広場[ひろば]광장	抱く[いだく]껴안다
渡す[わたす]건네다	胸[むね]가슴
妻[つま]아내	乳房[ちぶさ]유방
喜び[よろこび]기쁨	捕える[とらえる]붙잡다

1 わが子よ、もし友人の保証
人となって／他国の者に手
を打って誓い
와가코요, 모시 유우진노 호쇼
우닌토 낫테 타코쿠노 모노니
테오 웃테 치카이
내 아들아 네가 만일 이웃을 위
하여 담보하며 타인을 위하여
보증하였으면

2 あなたの口の言葉によって罠
に陥り／あなたの口の言葉に
よって罠にかかったなら
아나타노 쿠치노 코토바니욧테
와나니 오치이리 아나타노 쿠치
노 코토바니 욧테 와나니 카캇
타나라
네 입의 말로 네가 얽혔으며 네
입의 말로 인하여 잡히게 되었
느니라

3 わが子よ、そのときにはこ
うして自分を救え。命は友
人の手中にあるのだから／
行って足を踏みならし、友
人を責め立てよ。
와가코요, 소노토키니와 코우시
테 지분오 스쿠에. 이노치와 유
우진노 테츄우니 아루노다카라
잇테 아시오 후미나라시, 유우
진오 세메타테요.
내 아들아 네가 네 이웃의 손에
빠졌은즉 이같이 하라 너는 곧
가서 겸손히 네 이웃에게 간구
하여 스스로 구원하되

4 あなたの目に眠りを与え
ず／まぶたにまどろむこと
を許すな。
아나타노 메니 네무리오 아타에
즈 마부타니 마도로무 코토오
유루스나.
네 눈을 잠들게 하지 말며 눈꺼
풀을 감기게 하지 말고

5 狩人の罠を逃れるかもしか
のように／鳥のように、自
分を救い出せ。
카류우도노 와나오 노가레루 카
모시카노 요우니 토리노요우니.
지분오 스쿠이다세.
노루가 사냥꾼의 손에서 벗어
나는 것 같이, 새가 그물 치는
자의 손에서 벗어나는 것 같이
스스로 구원하라

1 わが子よ、もし友人の保証人と
こ　　　　　　ゆうじん　　ほしょうにん
なって／他国の者に手を打って
たこく　もの　て　う
誓い
ちか

2 あなたの口の言葉によって罠に
くち　ことば　　　　　わな
陥り／あなたの口の言葉によっ
おちい　　　　　くち　ことば
て罠にかかったなら
わな

3 わが子よ、そのときにはこうし
こ
て自分を救え。命は友人の手中
じぶん　すく　いのち　ゆうじん　しゅちゅう
にあるのだから／行って足を踏
い　　あし　ふ
みならし、友人を責め立てよ。
ゆうじん　せ　た

4 あなたの目に眠りを与えず／ま
め　ねむ　あた
ぶたにまどろむことを許すな。
ゆる

5 狩人の罠を逃れるかもしかのよ
かりゅうど　わな　のが
うに／鳥のように、自分を救い
とり　　　　　じぶん　すく
出せ。
だ

6 怠け者よ、蟻のところに行って見よ。その道を見て、知恵を得よ。

나마케모노요, 아리노토코로니 잇테미요우, 소노미치오 미테, 치에오 에요.

게으른 자여 개미에게 가서 그가 하는 것을 보고 지혜를 얻으라

7 蟻には首領もなく、指揮官も支配者もないが

아리니와 슈료우모나쿠, 시키칸모 시하이샤모 나이가

개미는 두령도 없고 감독자도 없고 통치자도 없으되

8 夏の間にパンを備え、刈り入れ時に食糧を集める。

나츠노 아이다니 팡오 소나에, 카리이레도키니 쇼쿠료우오 아츠메루.

먹을 것을 여름 동안에 예비하며 추수 때에 양식을 모으느니라

9 怠け者よ、いつまで横になっているのか。いつ、眠りから起き上がるのか。

나마케모노요, 이츠마데 요코니 낫테이루노카. 이츠,네무리카라 오키아가루노카.

게으른 자여 네가 어느 때까지 누워 있겠느냐 네가 어느 때에 잠이 깨어 일어나겠느냐

10 しばらく眠り、しばらくまどろみ／しばらく手をこまぬいて、また横になる。

시바라쿠 네무리,시바라쿠 마도로미 시바라쿠 테오 코마누이테, 마타 요코니나루.

좀더 자자, 좀더 졸자, 손을 모으고 좀더 누워 있자 하면

---

6 怠け者よ、蟻のところに行って見よ。その道を見て、知恵を得よ。

7 蟻には首領もなく、指揮官も支配者もないが

8 夏の間にパンを備え、刈り入れ時に食糧を集める。

9 怠け者よ、いつまで横になっているのか。いつ、眠りから起き上がるのか。

10 しばらく眠り、しばらくまどろみ／しばらく手をこまぬいて、また横になる。

단어장

怠け者[なまけもの]게으름뱅이	支配者[しはいしゃ]지배자
蟻[あり]개미	夏[なつ]여름
首領[しゅりょう]수령	備え[そなえ]준비
指揮官 [しきかん]지휘관	食糧[しょくりょう]식량

11 貧乏は盗賊のように／欠乏
は盾を持つ者のように襲
う。
빈보우와 토우조쿠노 요우니
빈보우와 타테오 모츠모노노
요우니 오소우.
네 빈궁이 강도 같이 오며 네
곤핍이 군사 같이 이르리라

12 ならず者、悪を行う者、
曲がったことを言い歩く者
나라즈모노,아쿠오 오코나우
모노, 마갓타코토오 이이아루
쿠 모노
불량하고 악한 자는 구부러진
말을 하고 다니며

13 目くばせし、足で合図し、
指さす者
메쿠바세시,아시데 아이즈시,
유비사스모노
눈짓을 하며 발로 뜻을 보이며
손가락질을 하며

14 心に暴言を隠し、悪を耕
し／絶えずいさかいを起こ
させる者
코코로니 보우겐오 카쿠시,아
쿠오 타가야시 타에즈 이사카
이오 오코사세루모노
그의 마음에 패역을 품으며 항
상 악을 꾀하여 다툼을 일으키
는 자라

15 このような者には、突然、
災いが襲いかかり／たちま
ち痛手を負うが、彼を癒す
者はない。
고노요우나 모노니와, 토츠젠,
와자와이가 오소이카카리 타
치마치 이타데오 오우가, 카레
오 이야스 모노와 나이.
그러므로 그의 재앙이 갑자기
내려 당장에 멸망하여 살릴 길
이 없으리라

11 貧乏は盗賊のように／欠乏は盾
びんぼう　　　とうぞく　　　　　　　　　　びんぼう　　たて
を持つ者のように襲う。
も　　もの　　　　　　おそ

12 ならず者、悪を行う者、　曲が
もの　　あく　おこな　もの　　ま
ったことを言い歩く者
い　ある　　もの

13 目くばせし、足で合図し、指さ
め　　　　　　あし　　あいず　　　　ゆび
す者
もの

14 心に暴言を隠し、悪を耕し／
こころ　ぼうげん　かく　　あく　たがや
絶えずいさかいを起こさせる者
た　　　　　　　　　　　お　　　　　もの

15 このような者には、突然、災い
もの　　　　とつぜん　わざわ
が襲いかかり／たちまち痛手を
おそ　　　　　　　　　　　　　いたで
負うが、彼を癒す者はない。
お　　　　かれ　いや　もの

16 主の憎まれるものが六つあ
る。心からいとわれるもの
が七つある。
　슈노 니쿠마레루 모노가 뭇츠
아루. 코코로카라 이토와레루
모노가 나나츠 아루.
　여호와께서 미워하시는 것 곧
그의 마음에 싫어하시는 것이
예닐곱 가지이니

17 驕り高ぶる目、うそをつく
舌／罪もない人の血を流す
手
　오고리 타카부루 메, 우소오츠
쿠 시타 츠미모나이 히토노 치
오 나가스 테
　곧 교만한 눈과 거짓된 혀와
무죄한 자의 피를 흘리는 손과

18 悪だくみを耕す心、悪事へ
と急いで走る足
　아쿠다쿠미오 타가야스 코코
로, 아쿠지헤토 이소이데 하시
루 아시
　악한 계교를 꾀하는 마음과 빨
리 악으로 달려가는 발과

19 欺いて発言する者、うそを
つく証人／兄弟の間にいさ
かいを起こさせる者。
　아자무이테 하츠겐수루 모노,
우소오 츠크 쇼우닌 쿄우다이
노 아이다니 이사카이오 오코
세루모노.
　거짓을 말하는 망령된 증인과
및 형제 사이를 이간하는 자이
니라

20 わが子よ、父の戒めを守
れ。母の教えをおろそかに
するな。
　와가코요, 치치노 이마시메오
마모레. 하하노 오시에오 오로
소카니 스루나.
　내 아들아 네 아비의 명령을
지키며 네 어미의 법을 떠나지
말고

16 主の憎まれるものが六つある。
しゅ　にく　　　　　　　　　　　むっ

心からいとわれるものが七つあ
こころ　　　　　　　　　　　　　　なな

る。

17 驕り高ぶる目、うそをつく舌／
おご　たか　め　　　　　　　　　　した

罪もない人の血を流す手
つみ　　　　　ひと　ち　なが　て

18 悪だくみを耕す心、　悪事へと
あく　　　　　たがや　こころ　　　あくじ

急いで走る足
いそ　　　はし　あし

19 欺いて発言する者、うそをつく
あざむ　はつげん　　　もの

証人／兄弟の間にいさかいを起
しょうにん　きょうだい　あいだ　　　　　　　お

こさせる者。
もの

20 わが子よ、父の戒めを守れ。母
こ　　　ちち　いまし　まも　　　はは

の教えをおろそかにするな。
おし

단어장

憎む[にくむ]미워하다	急ぐ[いそぐ]서두르다
驕り[おごり]교만함	欺く[あざむく]속이다
高ぶる[たかぶる]높아지다	発言[はつげん]발언
目[め]눈	証人[しょうにん]증인

21 それをいつもあなたの心に
結びつけ／首に巻きつけ
よ。

소레오 이츠모 아나타노 코코
로니 무스비츠케 쿠비니 마키
츠케요.

그것을 항상 네 마음에 새기며
네 목에 매라

22 それはあなたの歩みを導
き／あなたが横たわるとき
見守り／目覚めればあなた
に話しかける。

소레와 아나타노 아유미오 미
치비키 아나타가 요코타와루
토 미마모리 메자메레바 아나
타니 하나시카케루.

그것이 네가 다닐 때에 너를
인도하며 네가 잘 때에 너를
보호하며 네가 깰 때에 너와
더불어 말하리니

23 戒めは灯、教えは光。懲ら
しめや諭しは命の道。

이마시메와 토모시비, 오시에
와 히카리. 코라시메야 사토시
와 이노치노 미치.

대저 명령은 등불이요 법은 빛
이요 훈계의 책망은 곧 생명의
길이라

24 それはあなたを悪い女か
ら／ 異邦の女の滑らかな
舌から守ってくれる。

소레와 아나타오 와루이 온나
카라 이호우노 온나노 나메라
카나 시타카라 마못테쿠레루.

이것이 너를 지켜 악한 여인에
게, 이방 여인의 혀로 호리는
말에 빠지지 않게 하리라

25 彼女の美しさを心に慕う
な。そのまなざしのとりこ
になるな。

카노죠노 우츠쿠시사오 코코
로니 시타우나. 소노 마나자시
노 토리코니 나루나.

네 마음에 그의 아름다움을 탐
하지 말며 그 눈꺼풀에 홀리지
말라

21 それをいつもあなたの心に結び
つけ／首に巻きつけよ。

22 それはあなたの歩みを導き／あ
なたが横たわるとき見守り／目
覚めればあなたに話しかける。

23 戒めは灯、教えは光。懲らしめ
や諭しは命の道。

24 それはあなたを悪い女から／
異邦の女の滑らかな舌から守っ
てくれる。

25 彼女の美しさを心に慕うな。そ
のまなざしのとりこになるな。

단어장

結び[むすび]묶음	光[ひかり]빛
首[くび]목	目覚める[めざめる]눈을 뜨다
巻く[まく]감다	美しい[うつくしい]아름답다
灯[ともしび]등불	慕う[したう]사모하다

26 遊女への支払いは一塊のパン程度だが／人妻は貴い命を要求する。

유우죠헤노 시하라이와 히토카타마리노 팡 테이도다가 히토츠마와 토우토이 이노치오 요우큐우스루.

음녀로 말미암아 사람이 한 조각 떡만 남게 됨이며 음란한 여인은 귀한 생명을 사냥함이니라

27 火をふところにかきこんで／衣を焼かれない者があろうか。

히오 후토코로니 카키콘데 코로모오 야카레나이 모노가 아로우카.

사람이 불을 품에 품고서야 어찌 그의 옷이 타지 아니하겠으며

28 炭火の上を歩いて／足にやけどをしない者があろうか。

스미비노 우에오 아루이테 아시니 야케도오 시나이모노가 아로우카.

사람이 숯불을 밟고서야 어찌 그의 발이 데지 아니하겠느냐

29 友人の妻と通じる者も同様。彼女に触れれば、罰せられずには済まない。

유우진노 츠마토 츠우지루 모노모 도우요우. 카노죠니 후레레바, 밧세라레즈니와 스마나이.

남의 아내와 통간하는 자도 이와 같을 것이라 그를 만지는 자마다 벌을 면하지 못하리라

30 飢えを満たそうとして盗みを働いた者を／だれも侮りはすまいが

우에오 미타소우토시테 누스미오 하타라이타 모노오 다레모 아나도리와스마이가

도둑이 만일 주릴 때에 배를 채우려고 도둑질하면 사람이 그를 멸시하지는 아니하려니와

---

26 遊女への支払いは一塊のパン程度だが／人妻は貴い命を要求する。
ゆうじょ　しはら　ひとかたまり　てい　ど　ひとづま　とうと　いのち　ようきゅう

27 火をふところにかきこんで／衣を焼かれない者があろうか。
ひ　ころも　や　もの

28 炭火の上を歩いて／足にやけどをしない者があろうか。
すみび　うえ　ある　あし　もの

29 友人の妻と通じる者も同様。彼女に触れれば、罰せられずには済まない。
ゆうじん　つま　つう　もの　どうよう　かの　じょ　ふ　ばっ　す

30 飢えを満たそうとして盗みを働いた者を／だれも侮りはすまいが
う　み　ぬす　はたら　もの　あなど

支払い[しはらい]지불	炭火[すみび]숯불
塊[かたまり]덩어리	同様[どうよう]마찬가지
程度[ていど]정도	飢える[うえる]굶주리다
要求[ようきゅう]요구	満た[みたす]채우다

31 それでもつかまれば、七倍
の償いをし／家財の一切を
それにあてなければならな
い。

소레데모 츠카마레바, 나나바
이노 츠구나이오 시 카자이노
잇사이오 소레니 아테나케레
바나라나이.

들키면 칠 배를 갚아야 하리니
심지어 자기 집에 있는 것을
다 내주게 되리라

32 人妻と密通する者は意志力
のない男。身の破滅を求め
る者。

히토츠마토 밋츠우수루모노와
이시료쿠가 나이 오토코. 미노
하메츠오 모토메루 모노.

여인과 간음하는 자는 무지한
자라 이것을 행하는 자는 자기
의 영혼을 망하게 하며

33 疫病と軽蔑に遭い、恥は決
してそそがれない。

에키뵤우토 케이베츠니아이,
하지와 켓시테 소소가레나이.

상함과 능욕을 받고 부끄러움
을 씻을 수 없게 되나니

34 夫は嫉妬と怒りにかられ／
ある日、彼に報復して容赦
せず

옷토와 싯토토 이카리니 카라
레 아루히, 카레니 호우후쿠시
테 요우샤세즈

남편이 투기로 분노하여 원수
갚는 날에 용서하지 아니하고

35 どのような償いをも受け入
れず／どれほど贈り物を積
んでも受け取りはすまい。

도노요우나 츠구나이오모 우
케이레즈 도레호도 오쿠리모
노오 츤데모 우케토리와 스마
이.

어떤 보상도 받지 아니하며 많
은 선물을 줄지라도 듣지 아니
하리라

---

31 それでもつかまれば、七倍の償
いをし／家財の一切をそれにあ
てなければならない。

32 人妻と密通する者は意志力のな
い男。身の破滅を求める者。

33 疫病と軽蔑に遭い、恥は決して
そそがれない。

34 夫は嫉妬と怒りにかられ／ある
日、彼に報復して容赦せず

35 どのような償いをも受け入れ
ず／どれほど贈り物を積んでも
受け取りはすまい。

단어장

償い[つぐない]보상	男[おとこ]남자
家財[かざい]가재	破滅[はめつ]파멸
一切[いっさい]일체	疫病[えきびょう]역병
人妻[ひとづま]유부녀	恥[はじ]부끄러움

箴言7章 1節 ～ 27節

1 わが子よ、わたしの言うことを守り／戒めを心に納めよ。

와가코요, 와타시노 이우코토오 마모리 이마시메오 코코로니 오사메요.

내 아들아 내 말을 지키며 내 계명을 간직하라

2 戒めを守って、命を得よ。わたしの教えを瞳のように守れ。

이마시메오 마못테, 이노치오에요. 와타시노 오시에오 히토미노요우니 마모레.

내 계명을 지켜 살며 내 법을 네 눈동자처럼 지키라

3 それをあなたの指に結び、心の中の板に書き記せ。

소레오 아나타노 유비니 무스비, 코코로노 나카노 이타니 카키 시루세.

이것을 네 손가락에 매며 이것을 네 마음판에 새기라

4 知恵に「あなたはわたしの姉妹」と言い／分別に「わたしの友」と呼びかけよ。

치에니 아나타와 와타시노 시마이 토 이이 훈베츠니 와타시노 토모 토 요비카케요.

지혜에게 너는 내 누이라 하며 명철에게 너는 내 친족이라 하라

5 それはあなたをよその女から／滑らかに話す異邦の女から守ってくれる。

소레와 아나타오 요소노 온나카라 나메라카니 하나스 이호우노 온나카라 마못테쿠레루.

그리하면 이것이 너를 지켜서 음녀에게, 말로 호리는 이방 여인에게 빠지지 않게 하리라

---

1 わが子よ、わたしの言うことを
こ　　　　　　　　い
守り／戒めを心に納めよ。
まも　　　いまし　　こころ　　おさ

2 戒めを守って、命を得よ。わた
いまし　　まも　　　いのち　え
しの教えを瞳のように守れ。
おし　　ひとみ　　　　　まも

3 それをあなたの指に結び、心の
ゆび　むす　　こころ
中の板に書き記せ。
なか　いた　か　しる

4 知恵に「あなたはわたしの姉
ちえ　　　　　　　　　　　し
妹」と言い／分別に「わたしの
まい　　い　　ふんべつ
友」と呼びかけよ。
とも　　　よ

5 それはあなたをよその女から／
おんな
滑らかに話す異邦の女から守っ
なめ　　　はな　いほう　おんな　　まも
てくれる。

단어장

守り[まもり]수비	記す[しるす]기록하다
戒め[いましめ]훈계	姉妹[しまい]자매
瞳[ひとみ]눈동자	友[とも]친구
指[ゆび]손가락	呼び[よび] 부름

6 わたしが家の窓から／格子
　を通して外を眺めていると
　와타시노 이에노 마도카라 코우
　시오 토오시테 소토오 나가메테
　이루토
　내가 내 집 들창으로, 살창으로
　내다 보다가

7 浅はかな者らが見えたが、
　中に一人／意志の弱そうな
　若者がいるのに気づいた。
　아사하카나 모노라가 미에타가,
　나카니 히토리 이시노 요와소우
　나 와카모노가 이루노니 키즈이
　타.
　어리석은 자 중에, 젊은이 가운
　데에 한 지혜 없는 자를 보았노
　라

8 通りを過ぎ、女の家の角に
　来ると／そちらに向かって
　歩いて行った。
　토오리스기, 온나노 이에노 카
　도니 쿠루토 소치라니 무캇테
　아루이테 잇타.
　그가 거리를 지나 음녀의 골목
　모퉁이로 가까이 하여 그의 집
　쪽으로 가는데

9 日暮れ時の薄闇の中を、夜
　半の闇に向かって。
　히구레도키노 우스야미노 나카
　오, 야한노 야미니 무캇테.
　저물 때, 황혼 때, 깊은 밤 흑
　암 중에라

10 見よ、女が彼を迎える。遊
　女になりきった、本心を見
　せない女。
　미요,온나가 카레오무카에루.
　유우죠니 나리킷타, 혼신오 미
　세나이온나.
　그 때에 기생의 옷을 입은 간
　교한 여인이 그를 맞으니

---

6 わたしが家の窓から／格子を通して外を眺めていると

いえ　まど　こうし　とお　そと　なが

7 浅はかな者らが見えたが、中に一人／意志の弱そうな若者がいるのに気づいた。

あさ　もの　み　なか　ひとり　いし　よわ　わかもの　き

8 通りを過ぎ、女の家の角に来ると／そちらに向かって歩いて行った。

とお　す　おんな　いえ　かど　く　む　ある　い

9 日暮れ時の薄闇の中を、夜半の闇に向かって。

ひぐ　どき　うすやみ　なか　やはん　やみ　む

10 見よ、女が彼を迎える。遊女になりきった、本心を見せない女。

み　おんな　かれ　むか　ゆうじょ　ほんしん　み　おんな

단어장

窓[まど]창문	時[とき]시각
眺め[ながめ]조망	薄闇[うすやみ]어스름
若者[わかもの]젊은이	迎える[むかえる]맞이하다
日暮れ[ひぐれ]해질녘	本心[ほんしん]본마음

11 騒々しく、わがままで／自分の家に足の落ち着くことがない。

소우조우시쿠, 와가마마데 지분노이에니 아시노 오치츠쿠 코토가나이.

이 여인은 떠들며 완악하며 그의 발이 집에 머물지 아니하여

12 街に出たり、広場に行ったり／あちこちの角で待ち構えている。

마치니 데타리, 히로바니 잇타리 아치코치노 카도데 마치츠카마에테루.

어떤 때에는 거리, 어떤 때에는 광장 또 모퉁이마다 서서 사람을 기다리는 자라

13 彼女は若者をつかまえると接吻し／厚かましくも、こう言った。

카노죠와 와카모노오 츠카마에루토 셋뿐시 아츠카마시쿠모, 코우잇타.

그 여인이 그를 붙잡고 그에게 입맞추며 부끄러움을 모르는 얼굴로 그에게 말하되

14 「和解の献げ物をする義務があったのですが／今日は満願の供え物も済ませました。

와카이노 사사게모노오 스루 기무가 앗타노데스가 쿄우와 만간노 소나에모노모 스마세마시타.

내가 화목제를 드려 서원한 것을 오늘 갚았노라

15 それで、お迎えに出たのです。あなたのお顔を捜し求めて、やっと会えました。

소레데, 오무카에니 데타노데스. 아나타노 오카오오 사가시 모토메테, 얏토 아에마시타.

이러므로 내가 너를 맞으려고 나와 네 얼굴을 찾다가 너를 만났도다

11 騒々しく、わがままで／自分の
そうぞう　　　　　　　　　　　じぶん
家に足の落ち着くことがない。
いえ　あし　お　つ

12 街に出たり、広場に行ったり／
まち　で　　　ひろば　い
あちこちの角で待ち構えてい
かど　ま　かま
る。

13 彼女は若者をつかまえると接吻
かのじょ　わかもの　　　　　　せっぷん
し／厚かましくも、こう言っ
あつ　　　　　　　　い
た。

14 「和解の献げ物をする義務があ
わかい　ささ　もの　　　ぎむ
ったのですが／今日は満願の供
きょう　　まんがん　そな
え物も済ませました。
もの　す

15 それで、お迎えに出たのです。
むか　　で
あなたのお顔を捜し求めて、や
かお　さが　もと
っと会えました。
あ

단어장

騒々しく[そうぞうしく]시끄럽게하다	供え物[そなえもの]제물
接吻[せっぷん]키스	済ませる[すませる]끝내다
和解[わかい]화해	迎え[むかえ]마중
義務[ぎむ]의무	顔[かお]얼굴

16 寝床には敷物を敷きました／エジプトの色糸で織った布を。

네도코니와 시키모노오 시키마시타 에지뿌토노 이로이토데 옷타 누노오.

내 침상에는 요와 애굽의 무늬 있는 이불을 폈고

17 床にはミルラの香りをまきました／アロエやシナモンも。

토코니와 미르라노 카오리오 마키마시타 아로에야 시나몬모.

몰약과 침향과 계피를 뿌렸노라

18 さあ、愛し合って楽しみ／朝まで愛を交わして満ち足りましょう。

사아, 아이시앗테 타노시미 아사마데 아이오 카와시테 미치타리마쇼우.

오라 우리가 아침까지 흡족하게 서로 사랑하며 사랑함으로 희락하자

19 夫は家にいないのです、遠くへ旅立ちました。

옷토와 이에니 이나이노데스, 토오쿠헤 타비다치마시타.

남편은 집을 떠나 먼 길을 갔는데

20 手に銀貨の袋を持って行きましたから／満月になるまでは帰らないでしょう。」

테니 긴카노 후쿠로오 못테 이키마시타카라 만게츠니 나루마데와 카에라나이데쇼우.

은 주머니를 가졌은즉 보름 날에나 집에 돌아오리라 하여

---

16 寝床(ねどこ)には敷物(しきもの)を敷(し)きました／エジプトの色糸(いろいと)で織(お)った布(ぬの)を。

17 床(とこ)にはミルラの香(かお)りをまきました／アロエやシナモンも。

18 さあ、愛(あい)し合(あ)って楽(たの)しみ／朝(あさ)まで愛(あい)を交(か)わして満(み)ち足(た)りましょう。

19 夫(おっと)は家(いえ)にいないのです、遠(とお)くへ旅立(たびだ)ちました。

20 手(て)に銀貨(ぎんか)の袋(ふくろ)を持(も)って行(い)きましたから／満月(まんげつ)になるまでは帰(かえ)らないでしょう。」

단어장

香り[かおり]향기	旅立ち[たびだち]여행을 떠남
楽しみ[たのしみ]즐거움	銀貨[ぎんか]은화
朝[あさ]아침	袋[ふくろ]주머니
遠く[とおく]멀리	帰る[かえる]돌아가다

21 彼女に説き伏せられ、滑らかな唇に惑わされて
カ노죠니 토키 후세라레, 나메라카나 쿠치비루니 마도와사레테
여러 가지 고운 말로 유혹하며 입술의 호리는 말로 꾀므로

22 たちまち、彼は女に従った。まるで、屠り場に行く雄牛だ。足に輪をつけられ、無知な者への教訓となって。
타치마치, 카레와 온나니 시타갓타. 마루데, 호후리바니 이쿠 오우시다. 아시니 와나오 츠케라레, 무치나 모노헤노 쿄우쿤토 낫테.
젊은이가 곧 그를 따랐으니 소가 도수장으로 가는 것 같고 미련한 자가 벌을 받으려고 쇠사슬에 매이러 가는 것과 같도다

23 やがて、矢が肝臓を貫くであろう。彼は罠にかかる鳥よりもたやすく／自分の欲望の罠にかかったことを知らない。
야가테, 야가 칸죠우오 츠라누 쿠데아로우. 카레와 와나니 카카루 토리요리모 타야스쿠 지분노 요쿠보우오 와나니 카캇타 코토오 시라나이.
필경은 화살이 그 간을 뚫게 되리라 새가 빨리 그물로 들어가되 그의 생명을 잃어버릴 줄을 알지 못함과 같으니라

24 それゆえ、子らよ、わたしに聞き従い／わたしの口の言葉に耳を傾けよ。
소레유에, 코라요, 와타시니 키키시타가이 와타시노 쿠치노 코토바니 미미오 카타무케요.
이제 아들들아 내 말을 듣고 내 입의 말에 주의하라

25 あなたの心を彼女への道に通わすな。彼女の道に迷い込むな。
아나타노 코코로오 카노죠헤노 미치니 카요와스나. 카노죠노 미치니 마요이 코무나.
네 마음이 음녀의 길로 치우치지 말며 그 길에 미혹되지 말지어다

---

21 彼女に説き伏せられ、滑らかな唇に惑わされて

22 たちまち、彼は女に従った。まるで、屠り場に行く雄牛だ。足に輪をつけられ、無知な者への教訓となって。

23 やがて、矢が肝臓を貫くであろう。彼は罠にかかる鳥よりもたやすく／自分の欲望の罠にかかったことを知らない。

24 それゆえ、子らよ、わたしに聞き従い／わたしの口の言葉に耳を傾けよ。

25 あなたの心を彼女への道に通わすな。彼女の道に迷い込むな。

단어장

惑わす[まどわす]현혹시키다	無知[むち]무지
輪[わな]고리	教訓[きょうくん]교훈

26 彼女は数多くの男を傷つけ倒し／殺された男の数はおびただしい。

カ노죠와 카즈오오쿠노 오토코오 키즈츠케 타오시 코로사레타 오토코노 카즈와 오비타다시이.

대저 그가 많은 사람을 상하여 엎드러지게 하였나니 그에게 죽은 자가 허다하니라

27 彼女の家は陰府への道、死の部屋へ下る。

카노죠노 이에와 요미헤노 미치, 시노 헤야헤 쿠다루.

그의 집은 스올의 길이라 사망의 방으로 내려가느니라

---

26 彼女は数多くの男を傷つけ倒
し／殺された男の数はおびただ
しい。

27 彼女の家は陰府への道、死の部
屋へ下る。

恐れることはない、
わたしはあなたと共にいる神。
たじろぐな、わたしはあなたの神。
勢いを与えてあなたを助け／
わたしの救いの右の手であなたを支える。

두려워하지 말라 내가 너와 함께 함이라 놀라지 말라
나는 네 하나님이 됨이라 내가 너를 굳세게 하리라
참으로 너를 도와 주리라
참으로 나의 의로운 오른손으로 너를 붙들리라
(이사야 41:10)

恐れる[おそれる]두려워하다　勢い[いきおい]기세,힘,기운

단어장

矢[や]화살	傷[きず]상처
肝臓[かんぞう]간장	倒す[たおす]넘어뜨리다
貫く[つらぬく]관통하다	殺す[ころす]죽이다
欲望[よくぼう]욕망	部屋[へや]방

箴言8章 1節 ～ 36節

1 知恵が呼びかけ／英知が声をあげているではないか。
치에가 요비카케 에이치가 코에오 아게테 이루데와나이카.
지혜가 부르지 아니하느냐 명철이 소리를 높이지 아니하느냐

2 高い所に登り、道のほとり、四つ角に立ち
타카이 토코로니 노보리,미치노 호토리,욧츠카도니 타치
그가 길 가의 높은 곳과 네거리에 서며

3 城門の傍ら、町の入り口／城門の通路で呼ばわっている。
죠우몬노 카타와라,마치노 이리구치 죠우몬노 추우로데 요바왓테이루.
성문 곁과 문 어귀와 여러 출입하는 문에서 불러 이르되

4 「人よ／あなたたちに向かってわたしは呼びかける。人の子らに向かってわたしは声をあげる。
히토요 아나타타치니 무캇테 와타시와 요비카케루. 히토노코라니 무캇테 와타시와 코에오 아게루.
사람들아 내가 너희를 부르며 내가 인자들에게 소리를 높이노라

5 浅はかな者は熟慮することを覚え／愚か者は反省することを覚えよ。
아사하카나 모노와 쥬쿠료우 수루코토오 오보에 오로카모노와 한세이 스루코토오 오보에요.
어리석은 자들아 너희는 명철할지니라 미련한 자들아 너희는 마음이 밝을지니라

---

1 知恵が呼びかけ／英知が声をあげているではないか。
ちえ　よ　　えいち　こえ

2 高い所に登り、道のほとり、四つ角に立ち
たか　ところ　のぼ　みち　よ　かど　た

3 城門の傍ら、町の入り口／城門の通路で呼ばわっている。
じょうもん　かたわ　まち　い　ぐち　じょうもん　つうろ　よ

4 「人よ／あなたたちに向かってわたしは呼びかける。人の子らに向かってわたしは声をあげる。
ひと　む　よ　ひと　こ　む　こえ

5 浅はかな者は熟慮することを覚え／愚か者は反省することを覚えよ。
あさ　もの　じゅくりょ　おぼ　おろ　もの　はんせい　おぼ

단어장

呼び[よび]부름	浅はか[あさはか]천박함
高い[たかい]높다	熟慮[じゅくりょ]숙려
登リ[のぼり]오름	愚か[おろか]어리석음
通路[つうろ]통로	反省[はんせい]반성

6 聞け、わたしは指導者として語る。わたしは唇を開き、公平について述べ
キケ、ワタシワ シドウシャトシテ カタル. ワタシワ クチビルオ ヒラキ、コウヘイニ ツイテノベ
너희는 들을지어다 내가 가장 선한 것을 말하리라 내 입술을 열어 정직을 내리라

7 わたしの口はまことを唱える。わたしの唇は背信を忌むべきこととし
ワタシノ クチワ マコトオ ウタエル. ワタシノ クチビルワ ハイシンオ イムベキ コトトシ
내 입은 진리를 말하며 내 입술은 악을 미워하느니라

8 わたしの口の言葉はすべて正しく／よこしまなことも曲がったことも含んでいない。
ワタシノ クチノ コトバワ スベテ タダシク ヨコシマナコトオ マガッタコトモ フクンデイナイ.
내 입의 말은 다 의로운즉 그 가운데에 굽은 것과 패역한 것이 없나니

9 理解力のある人には／それがすべて正しいと分かる。知識に到達した人には／それがすべてまっすぐであると分かる。
リカイリョクノ アルヒトニワ ソレガ スベテ タダシイト ワカル. チシキオ トウタツシタ ヒトニ ソレガ スベテ マッスグデ アルト ワカル.
이는 다 총명 있는 자가 밝히 아는 바요 지식 얻은 자가 정직하게 여기는 바니라

10 銀よりもむしろ、わたしの諭しを受け入れ／精選された金よりも、知識を受け入れよ。
ギンヨリモ ムシロ、ワタシノ サトシオ ウケイレ セイセン サレタ キンヨリモ、チシキオ ウケイレヨ.
너희가 은을 받지 말고 나의 훈계를 받으며 정금보다 지식을 얻으라

6 聞け、わたしは指導者として語る。わたしは唇を開き、公平について述べ

7 わたしの口はまことを唱える。わたしの唇は背信を忌むべきこととし

8 わたしの口の言葉はすべて正しく／よこしまなことも曲がったことも含んでいない。

9 理解力のある人には／それがすべて正しいと分かる。知識に到達した人には／それがすべてまっすぐであると分かる。

10 銀よりもむしろ、わたしの諭しを受け入れ／精選された金よりも、知識を受け入れよ。

11 知恵は真珠にまさり／どの
ような財宝も比べることは
できない。
치에와 신쥬니 마사리 도노요
나 자이호우모 쿠라베루코토
와 데키나이.
대저 지혜는 진주보다 나으므
로 원하는 모든 것을 이에 비
교할 수 없음이니라

12 わたしは知恵。熟慮と共に
住まい／知識と慎重さを備
えている。
와타시와 치에. 쥬쿠료토 토모
니 스마이 치시키토 신쵸우사
오 소나에테이루.
나 지혜는 명철로 주소를 삼으
며 지식과 근신을 찾아 얻나니

13 主を畏れることは、悪を憎
むこと。傲慢、驕り、悪の
道／暴言をはく口を、わた
しは憎む。
슈오 오소레루코토와, 아쿠오
니쿠무코토. 고우만, 오고리,
아쿠노미치 보우겐오하쿠 쿠
치오, 와타시와 니쿠무.
여호와를 경외하는 것은 악을
미워하는 것이라 나는 교만과
거만과 악한 행실과 패역한 입
을 미워하느니라

14 わたしは勧告し、成功させ
る。わたしは見分ける力で
あり、威力をもつ。
와타시와 칸코쿠시,세이코우
사세루. 와타시와 미와케루 치
카라데아리, 이료쿠오 모츠.
내게는 계략과 참 지식이 있으
며 나는 명철이라 내게 능력이
있으므로

15 わたしによって王は君臨
し／支配者は正しい掟を定
める。
와타시니 욧테 오우와 쿤린시
시하이샤와 타다시이 오키테
오 사다메루.
나로 말미암아 왕들이 치리하
며 방백들이 공의를 세우며

11 知恵は真珠にまさり／どのよう
   ちえ　　しんじゅ
な財宝も比べることはできな
　ざいほう　　くら
い。

12 わたしは知恵。熟慮と共に住ま
　　　　　ちえ　じゅくりょ　とも　す
い／知識と慎重さを備えてい
　　ちしき　　しんちょう　　そな
る。

13 主を畏れることは、悪を憎むこ
　しゅ　おそ　　　　　　あく　にく
と。傲慢、驕り、悪の道／暴言
　　ごうまん　おご　　あく　みち　ぼうげん
をはく口を、わたしは憎む。
　　　くち　　　　　　　　にく

14 わたしは勧告し、成功させる。
　　　　　かんこく　　せいこう
わたしは見分ける力であり、威
　　　　みわ　　　ちから　　　　い
力をもつ。
りょく

15 わたしによって王は君臨し／支
　　　　　　　おう　くんりん　　し
配者は正しい掟を定める。
はいしゃ　ただ　　おきて　さだ

단어장

財宝[ざいほう]재보	成功[せいこう]성공
比べる[くらべる]비교하다	威力[いりょく]위력
畏れる[おそれる]두려워하다	君臨[くんりん]군림
勧告[かんこく]권고	掟[おきて]법칙

16 君侯、自由人、正しい裁き
　を行う人は皆／わたしによ
　って治める。
　쿤코우, 지유우진, 타다시이 사
　바키오 오코나우히토와 미나
　와타시니욧테 오사메루.
　나로 말미암아 재상과 존귀한
　자 곧 모든 의로운 재판관들이
　다스리느니라

17 わたしを愛する人をわたし
　も愛し／わたしを捜し求め
　る人はわたしを見いだす。
　와타시오 아이수루히토오 와
　타시모 아이시 와타시오 사가
　시 모토메루히토와 와타시오
　미이다스.
　나를 사랑하는 자들이 나의 사
　랑을 입으며 나를 간절히 찾는
　자가 나를 만날 것이니라

18 わたしのもとには富と名誉
　があり／すぐれた財産と慈
　善もある。
　와타시노 모토니와 토미토 메
　이요가 아리 수구레타 자이산
　토 지젠모아루.
　부귀가 내게 있고 장구한 재물
　과 공의도 그러하니라

19 わたしの与える実りは／ど
　のような金、純金にもまさ
　り／わたしのもたらす収穫
　は／精選された銀にまさ
　る。
　와타시노 아타에루 미노리와
　도노요우나 킨,쥰킨니모 마사
　리 와타시노 모타라스 슈우카
　쿠와 세이센사레타 긴니 마사
　루.
　내 열매는 금이나 정금보다 나
　으며 내 소득은 순은보다 나으
　니라

20 慈善の道をわたしは歩き／
　正義の道をわたしは進む。
　지젠노 미치오 와타시와 아루
　키 세이기노 미치오 와타시와
　스스무.
　나는 정의로운 길로 행하며 공
　의로운 길 가운데로 다니나니

---

16 君侯、自由人、正しい裁きを行う人は皆／わたしによって治める。

17 わたしを愛する人をわたしも愛し／わたしを捜し求める人はわたしを見いだす。

18 わたしのもとには富と名誉があり／すぐれた財産と慈善もある。

19 わたしの与える実りは／どのような金、純金にもまさり／わたしのもたらす収穫は／精選された銀にまさる。

20 慈善の道をわたしは歩き／正義の道をわたしは進む。

단어장

慈善[じぜん]자선	実リ[みのり]열매
与える[あたえる]주다	純金[じゅんきん]순금

21 わたしを愛する人は嗣業を
得る。わたしは彼らの倉を
満たす。
와타시오 아이스루히토와 시
교우오 에루. 와타시와 카레라
노 쿠라오미타스.
이는 나를 사랑하는 자가 재물
을 얻어서 그 곳간에 채우게
하려 함이니라

22 主は、その道の初めにわた
しを造られた。いにしえの
御業になお、先立って。
슈와, 소노미치노 하지메니 와
타시오 츠쿠라레타. 이니시에
노 미와자니 나오, 사키닷테.
여호와께서 그 조화의 시작 곧
태초에 일하시기 전에 나를 가
지셨으며

23 永遠の昔、わたしは祝別さ
れていた。太初、大地に先
立って。
에이엔노 무카시,와타시와 슈
쿠베츠사레테이타. 타이쇼,타
이치니 사키닷테.
만세 전부터, 태초부터, 땅이
생기기 전부터 내가 세움을 받
았나니

24 わたしは生み出されてい
た／深淵も水のみなぎる源
も、まだ存在しないとき。
와타시와 우미다사레테이타
신엔모 미즈모 미나기루 미나
모토모, 마다 손자이시나이토
키.
아직 바다가 생기지 아니하였
고 큰 샘들이 있기 전에 내가
이미 났으며

25 山々の基も据えられてはお
らず、丘もなかったが／わ
たしは生み出されていた。
야마야마노 모토이모 스에라
레테와 오라즈, 오카모 나캇타
가 와타시와 우미다사레테이
타.
산이 세워지기 전에, 언덕이
생기기 전에 내가 이미 났으니

---

21 わたしを愛する人は嗣業を得
る。わたしは彼らの倉を満た
す。
あい　　　ひと　　しぎょう　　え
かれ　　　くら　　みた

22 主は、その道の初めにわたしを
造られた。いにしえの御業にな
お、先立って。
しゅ　　　　　　みち　　はじ
つく　　　　　　　　　みわざ
さきだ

23 永遠の昔、わたしは祝別されて
いた。太初、大地に先立って。
えいえん　　むかし　　　　　　しゅくべつ
たいしょ　　だいち　　さきだ

24 わたしは生み出されていた／深
淵も水のみなぎる源も、まだ存
在しないとき。
う　だ　　　　　　しん
えん　みず　　　　　　みなもと　　　　そん
ざい

25 山々の基も据えられてはおら
やまやま　もとい　す
ず、丘もなかったが／わたしは
おか
生み出されていた。
う　だ

타어장

収穫[しゅうかく]수확	永遠[えいえん]영원
精選[せいせん]정선	昔[むかし]옛날
満たす[みたす]채우다	大地[だいち]대지
造られる[つくられる]만들어지다	存在[そんざい]존재

26 大地も野も、地上の最初の
塵も／まだ造られていなか
った。
타이치모 노모, 치죠우노 사이
쇼노 치리모 마다 츠쿠라레테
이나캇타.
하나님이 아직 땅도, 들도, 세
상 진토의 근원도 짓지 아니하
셨을 때에라

27 わたしはそこにいた／主が
天をその位置に備え／深淵
の面に輪を描いて境界とさ
れたとき
와타시와 소코니이타 슈가 텐
오 소노이치니 소나에 신엔노
오모테니 와오 에가이테 쿄우
카이토 사레타토키
그가 하늘을 지으시며 궁창을
해면에 두르실 때에 내가 거기
있었고

28 主が上から雲に力をもた
せ／深淵の源に勢いを与え
られたとき
슈가 우에카라 쿠모니 치카라
오 모타세 신엔노 미나모토니
이키오이오 아타에라레타토키
그가 위로 구름 하늘을 견고하
게 하시며 바다의 샘들을 힘
있게 하시며

29 この原始の海に境界を定
め／水が岸を越えないよう
にし／大地の基を定められ
たとき。
코노 겐시노 우미니 쿄우카이
오 사다메 미즈가 키시오 코에
나이요우니 다이치노 모토이
오 사다메라레타토키.
바다의 한계를 정하여 물이 명
령을 거스르지 못하게 하시며
또 땅의 기초를 정하실 때에

30 御もとにあって、わたしは
巧みな者となり／日々、主
を楽しませる者となって／
絶えず主の御前で楽を奏し
미모토니 앗테, 와타시와 타쿠
미나 모노토나리 히비, 슈오 타
노시마세루 모노토낫테 타에즈
슈노미마에데 가쿠오 소우시
내가 그 곁에 있어서 창조자가
되어 날마다 그의 기뻐하신 바
가 되었으며 항상 그 앞에서
즐거워하였으며

26 大地も野も、地上の最初の塵
も／まだ造られていなかった。

27 わたしはそこにいた／主が天を
その位置に備え／深淵の面に輪
を描いて境界とされたとき

28 主が上から雲に力をもたせ／深
淵の源に勢いを与えられたとき

29 この原始の海に境界を定め／水
が岸を越えないようにし／大地
の基を定められたとき。

30 御もとにあって、わたしは巧み
な者となり／日々、主を楽しま
せる者となって／絶えず主の御
前で楽を奏し

> **단어장**

造る[つくる]만들다	海[うみ]바다
境界[きょうかい]경계	定め[さだめ]정함
勢い[いきおい]기세	巧み[たくみ]교묘함
原始[げんし]원시	絶えず[たえず]끊임없이

31 主の造られたこの地上の人々と共に楽を奏し／人の子らと共に楽しむ。

슈노 츠쿠라레타 코노치죠우노 히토비토토 토모니 가쿠오소우시 히토노 코라토 타노시무.

사람이 거처할 땅에서 즐거워하며 인자들을 기뻐하였느니라

32 さて、子らよ、わたしに聞き従え。わたしの道を守る者は、いかに幸いなことか。

사테,코라요,와타시니 키키시타가에. 와타시노 미치오 마모루모노와, 이카니 사이와이나 코토카.

아들들아 이제 내게 들으라 내 도를 지키는 자가 복이 있느니라

33 諭しに聞き従って知恵を得よ。なおざりにしてはならない。

사토시니 키키시타갓테 치에오 에요. 나오자리니시테와 나라나이.

훈계를 들어서 지혜를 얻으라 그것을 버리지 말라

34 わたしに聞き従う者、日々、わたしの扉をうかがい／戸口の柱を見守る者は、いかに幸いなことか。

와타시니 키키시타가우 모노, 히비,와타시노 토비라오 우카가이 토구치노 하시라오 미마모루 모노와 이카니 사이와이나코토카.

누구든지 내게 들으며 날마다 내 문 곁에서 기다리며 문설주 옆에서 기다리는 자는 복이 있나니

35 わたしを見いだす者は命を見いだし／主に喜び迎えていただくことができる。

와타시오 미이다스모노와 이노치오 미이다시 슈니 요로코비 무카에테 이타다쿠코토가 데키루.

대저 나를 얻는 자는 생명을 얻고 여호와께 은총을 얻을 것임이니라

---

31 主の造られたこの地上の人々と
　　しゅ　つく　　　　　　　ちじょう　ひとびと
共に楽を奏し／人の子らと共に
とも　がく　そう　　ひと　こ　　とも
楽しむ。
たの

32 さて、子らよ、わたしに聞き従
　　　　こ　　　　　　　　　き　したが
え。わたしの道を守る者は、い
　　　　　　みち　まも　もの
かに幸いなことか。
　　さいわ

33 諭しに聞き従って知恵を得よ。
　　さと　　き　したが　　ちえ　え
なおざりにしてはならない。

34 わたしに聞き従う者、日々、わ
　　　　　　き　したが　もの　ひび
たしの扉をうかがい／戸口の柱
　　　とびら　　　　　　とぐち　はしら
を見守る者は、いかに幸いなこ
　みまも　もの　　　　　　さいわ
とか。

35 わたしを見いだす者は命を見い
　　　　　み　　　もの　いのち　み
だし／主に喜び迎えていただく
　　　しゅ　よろこ　むか
ことができる。

단어장

地上[ちじょう]지상　　　楽しむ[たのしむ]즐기다

人々[ひとびと]사람들　　扉[とびら]문짝

36 わたしを見失う者は魂をそ
こなう。わたしを憎む者は
死を愛する者。」

와타시오 미우시나우모노와
타마시이오 소코나우. 와타시
오 니쿠무모노와 시오 아이스
루모노.

그러나 나를 잃는 자는 자기의
영혼을 해하는 자라 나를 미워
하는 자는 사망을 사랑하느니
라

36 わたしを見失う者は魂をそこな
う。わたしを憎む者は死を愛す
る者。」

主は羊飼い、わたしには何も欠けることがない。

主はわたしを青草の原に休ませ

憩いの水のほとりに伴い

魂を生き返らせてくださる。

主は御名にふさわしく／わたしを正しい道に導かれる。

여호와는 나의 목자시니 내게 부족함이 없으리로다
그가 나를 푸른 풀밭에 누이시며
쉴 만한 물 가로 인도하시는도다
내 영혼을 소생시키시고 자기 이름을 위하여
의의 길로 인도하시는도다

(시편 23:1~3)

羊飼い[ひつじかい]양치기, 목동　憩い[いこい]휴식

단어장

柱[はしら]기둥	迎える[むかえる]맞이하다
聞く[きく]듣다	見失う[みうしなう]잃다
命[いのち]생명	憎む[にくむ]미워하다
喜び[よろこび]기쁨	死[し]죽음

箴言9章 1節 ～ 18節

1 知恵は家を建て、七本の柱
を刻んで立てた。
치에와 이에오타테, 나나혼노
하시라오 키잔데 타테타.
지혜가 그의 집을 짓고 일곱 기
둥을 다듬고

2 獣を屠り、酒を調合し、食
卓を整え
케모노오 호후리,사케오 쵸우고
우시, 쇼쿠타쿠오 토토노에
짐승을 잡으며 포도주를 혼합
하여 상을 갖추고

3 はしためを町の高い所に遣
わして／呼びかけさせた。
하시타메오 마치노 타카이토코
로니 츠카와시테 요비카케사세
타.
자기의 여종을 보내어 성중 높
은 곳에서 불러 이르기를

4 「浅はかな者はだれでも立
ち寄るがよい。」意志の弱
い者にはこう言った。
아사하카나 모노와 다레데모 타
치요루가요이. 이시노 요와이모
노니와 코우 잇타.
어리석은 자는 이리로 돌이키
라 또 지혜 없는 자에게 이르기
를

5 「わたしのパンを食べ／わ
たしが調合した酒を飲むが
よい
와타시노 팡오 타베 와타시노
쵸우고우시타 사케오 노무가요
이
너는 와서 내 식물을 먹으며 내
혼합한 포도주를 마시고

1 知恵は家を建て、七本の柱を刻
ちえ　いえ　た　　　ななほん　はしら　きざ
んで立てた。
た

2 獣を屠り、酒を調合し、食卓を
けもの　ほふ　　さけ　ちょうごう　　しょくたく
整え
ととの

3 はしためを町の高い所に遣わし
まち　たか　ところ　つか
て／呼びかけさせた。
よ

4 「浅はかな者はだれでも立ち寄る
あさ　　　もの　　　　　　た　よ
がよい。」意志の弱い者にはこ
いし　よわ　もの
う言った。
い

5 「わたしのパンを食べ／わたしが
た
調合した酒を飲むがよい
ちょうごう　　さけ　の

단어장

刻む[きざむ]새기다	食卓[しょくたく]식탁
獣[けもの]짐승	整え[ととのえ]다듬음
酒[さけ]술	意志[いし]의지
調合[ちょうごう]조합	飲む[のむ]마시다

6 浅はかさを捨て、命を得る
ために／分別の道を進むた
めに。」
아사하카사오 스테, 이노치오
에루타메니 훈베츠노 미치오 스
스무타메니.
어리석음을 버리고 생명을 얻
으라 명철의 길을 행하라 하느
니라

7 不遜な者を諭しても侮られ
るだけだ。神に逆らう者を
戒めても自分が傷を負うだ
けだ。
후손나모노오 사토시테모 아나
도라라레루 다케다. 카미니 사카
라우모노오 이마시메테모 지분
가 키즈오 오우다케다.
거만한 자를 징계하는 자는 도
리어 능욕을 받고 악인을 책망
하는 자는 도리어 흠이 잡히느
니라

8 不遜な者を叱るな、彼はあ
なたを憎むであろう。知恵
ある人を叱れ、彼はあなた
を愛するであろう。
후손나 모노오 시카루나, 카레
와 아나타오 니쿠무데아로우.
치에아루히토오 시카레,카레와
아나타오 아이스루데아로우.
거만한 자를 책망하지 말라 그
가 너를 미워할까 두려우니라
지혜 있는 자를 책망하라 그가
너를 사랑하리라

9 知恵ある人に与えれば、彼
は知恵を増す。神に従う人
に知恵を与えれば、彼は説
得力を増す。
치에아루 히토니 아타에레바,
카레와 치에오 마스. 카미니 시
타가우 히토니 치에오 아타에레
바, 카레와 셋토쿠료쿠오 마스.
지혜 있는 자에게 교훈을 더하
라 그가 더욱 지혜로워질 것이
요 의로운 사람을 가르치라 그
의 학식이 더하리라

10 主を畏れることは知恵の初
め／聖なる方を知ることは
分別の初め。
슈오 오소레루코토와 치에노
하지메 세이나루 카타오 시루
코토와 훈베츠노 하지메.
여호와를 경외하는 것이 지혜
의 근본이요 거룩하신 자를 아
는 것이 명철이니라

6 浅はかさを捨て、命を得るため
に／分別の道を進むために。」

7 不遜な者を諭しても侮られるだ
けだ。神に逆らう者を戒めても
自分が傷を負うだけだ。

8 不遜な者を叱るな、彼はあなた
を憎むであろう。知恵ある人を
叱れ、彼はあなたを愛するであ
ろう。

9 知恵ある人に与えれば、彼は知
恵を増す。神に従う人に知恵を
与えれば、彼は説得力を増す。

10 主を畏れることは知恵の初
め／聖なる方を知ることは分
別の初め。

단어장

侮る[あなどる]업신여기다　　叱る[しかる]꾸짖다
逆らう[さからう]거스르다　　増す[ます]늘다

11 わたしによって、あなたの命の日々も／その年月も増す。

와타시니 욧테.아나타노 이노치노 히비모 소노토시츠키모 마스.

나 지혜로 말미암아 네 날이 많아질 것이요 네 생명의 해가 네게 더하리라

12 あなたに知恵があるなら、それはあなたのもの。不遜であるなら、その咎は独りで負うのだ。

아나타니 치에가 아루나라, 소레와 아나타노모노. 후손데 아루나라, 소노 토가와 히토리데 오우노다.

네가 만일 지혜로우면 그 지혜가 네게 유익할 것이나 네가 만일 거만하면 너 홀로 해를 당하리라

13 愚かさという女がいる。騒々しい女だ。浅はかさともいう。何ひとつ知らない。

오로카사토이우 온나가이루. 소우조우시이 온나. 아사하카사토모 이우. 나니히토츠 시라나이.

미련한 여인이 떠들며 어리석어서 아무것도 알지 못하고

14 自分の家の門口に座り込んだり／町の高い所に席を構えたりして

지분노 이에노 카도구치니 스와리콘다리 마치노 타카이토 코로니 세키오 카마에타리시테

자기 집 문에 앉으며 성읍 높은 곳에 있는 자리에 앉아서

15 道行く人に呼びかける／自分の道をまっすぐ急ぐ人々に。

미치유쿠히토니 요비카케루 지분노 미치오 맛수구 이소구 히토비토니.

자기 길을 바로 가는 행인들을 불러 이르되

---

11 わたしによって、あなたの命（いのち）の日々（ひび）も／その年月（としつき）も増（ま）す。

12 あなたに知恵（ちえ）があるなら、それはあなたのもの。不遜（ふそん）であるなら、その咎（とが）は独（ひと）りで負（お）うのだ。

13 愚（おろ）かさという女（おんな）がいる。騒々（そうぞう）しい女（おんな）だ。浅（あさ）はかさともいう。何（なに）ひとつ知（し）らない。

14 自分（じぶん）の家（いえ）の門口（かどぐち）に座（すわ）り込（こ）んだり／町（まち）の高（たか）い所（ところ）に席（せき）を構（かま）えたりして

15 道行（みちゆ）く人（ひと）に呼（よ）びかける／自分（じぶん）の道（みち）をまっすぐ急（いそ）ぐ人々（ひとびと）に。

단어장

咎め[とがめ]책망	座リ[すわり]앉다
不遜[ふそん]불손	席[せき]자리
年月[としつき]세월	構え[かまえ]자세
愚か[おろか]어리석음	急ぐ[いそぐ]서두르다

16 「浅はかな者はだれでも立ち寄るがよい。」意志の弱い者にはこう言う。
아사하카나 모노와 다레데모 타치요루가요이. 이시노 요와이모노니와 코우이우.
어리석은 자는 이리로 돌이키라 또 지혜 없는 자에게 이르기를

17 「盗んだ水は甘く／隠れて食べるパンはうまいものだ。」
누슨다 미즈와 아마쿠 카쿠레테 타베루 팡와 우마이모노다.
도둑질한 물이 달고 몰래 먹는 떡이 맛이 있다 하는도다

18 そこに死霊がいることを知る者はない。彼女に招かれた者は深い陰府に落ちる。
소코니 시료우가 이루코토오 시루모노와 나이. 카노죠니 마네카레타 모노와 후카이 요미니 오치루.
오직 그 어리석은 자는 죽은 자들이 거기 있는 것과 그의 객들이 스올 깊은 곳에 있는 것을 알지 못하느니라

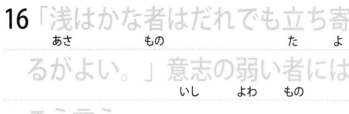

16 「浅はかな者はだれでも立ち寄るがよい。」意志の弱い者にはこう言う。

17 「盗んだ水は甘く／隠れて食べるパンはうまいものだ。」

18 そこに死霊がいることを知る者はない。彼女に招かれた者は深い陰府に落ちる。

その人は流れのほとりに植えられた木。
ときが巡り来れば実を結び／
葉もしおれることがない。
その人のすることはすべて、繁栄をもたらす。

그는 시냇가에 심은 나무가 철을 따라 열매를 맺으며
그 잎사귀가 마르지 아니함 같으니
그가 하는 모든 일이 다 형통하리로다
(시편 1:3)

植える[うえる]심다　　　繁栄[はんえい]번영

단어장

立ち寄る[たちよる]들르다　　　甘い[あまい]달콤하다
食べる[たべる]먹다　　　隠れ[かくれ]은신
盗む[ぬすむ]훔치다　　　死霊[しりょう]사령
水[みず]물　　　落ちる[おちる]떨어지다

1 ソロモンの格言集。知恵ある子は父の喜び、愚かな子は母の嘆き。
소로몬노 카쿠겐슈우. 치에아루 코와 치치노 요로코비, 오로카나 코와 하하노 나게키.
솔로몬의 잠언이라 지혜로운 아들은 아비를 기쁘게 하거니와 미련한 아들은 어미의 근심이니라

2 不正による富は頼りにならない。慈善は死から救う。
후세이니요루 토미와 타요리니 나라나이. 지젠와 시카라 스쿠우.
불의의 재물은 무익하여도 공의는 죽음에서 건지느니라

3 主は従う人を飢えさせられることはない。逆らう者の欲望は退けられる。
슈와 시타가우 히토오 우에사세라레루 코토와나이. 사카라우 모노노 요쿠보우오 사케라레루.
여호와께서 의인의 영혼은 주리지 않게 하시나 악인의 소욕은 물리치시느니라

4 手のひらに欺きがあれば貧乏になる。勤勉な人の手は富をもたらす。
테노히라니 아자무키가 아레바 빈보우니 나루. 킨벤나 히토노 테와 토미오 모타라스.
손을 게으르게 놀리는 자는 가난하게 되고 손이 부지런한 자는 부하게 되느니라

5 夏のうちに集めるのは成功をもたらす子。刈り入れ時に眠るのは恥をもたらす子。
나츠노 우치니 아츠메루노와 세이코우오 모타라스코. 카리이레 도키니 네무루노와 하지오 모타라스코.
여름에 거두는 자는 지혜로운 아들이나 추수 때에 자는 자는 부끄러움을 끼치는 아들이니라

1 ソロモンの格言集。知恵ある子は父の喜び、愚かな子は母の嘆き。

2 不正による富は頼りにならない。慈善は死から救う。

3 主は従う人を飢えさせられることはない。逆らう者の欲望は退けられる。

4 手のひらに欺きがあれば貧乏になる。勤勉な人の手は富をもたらす。

5 夏のうちに集めるのは成功をもたらす子。刈り入れ時に眠るのは恥をもたらす子。

6 神に従う人は頭に祝福を受ける。神に逆らう者は口に不法を隠す。

カミニ 시타가우 히토와 아타마니 슈쿠후쿠오 우케루. 카미니 사카라우모노와 쿠치니 후호우오 카쿠스.

의인의 머리에는 복이 임하나 악인의 입은 독을 머금었느니라

7 神に従う人の名は祝福され／神に逆らう者の名は朽ちる。

카미니 시타가우 히토노 나와 슈쿠후쿠사레 카미니 사카라우 모노노 나와 쿠치루.

의인을 기념할 때에는 칭찬하거니와 악인의 이름은 썩게 되느니라

8 知恵ある心は戒めを受け入れ／無知な唇は滅びに落とされる。

치에아루 코코로와 이마시메오 우케이레 무치나 쿠치비루와 호로비니 오토사레루.

마음이 지혜로운 자는 계명을 받거니와 입이 미련한 자는 멸망하리라

9 完全な道を歩む人は安らかに歩む。道を曲げれば知られずには済まない。

칸젠나 미치오 아유무 히토와 야스라카니 아유무. 미치오 마게레바 시라레즈니와 스마나이.

바른 길로 행하는 자는 걸음이 평안하려니와 굽은 길로 행하는 자는 드러나리라

10 嘲りのまなざしは人を苦しめる。無知な唇は滅びに落とされる。

아자케리노 마나자시와 히토오 쿠루시메루. 무치나 쿠치비루와 호로비니 오토사레루.

눈짓하는 자는 근심을 끼치고 입이 미련한 자는 멸망하느니라

6 神に従う人は頭に祝福を受ける。神に逆らう者は口に不法を隠す。
かみ したが ひと あたま しゅくふく う
かみ さか もの くち ふほう
かく

7 神に従う人の名は祝福され／神に逆らう者の名は朽ちる。
かみ したが ひと な しゅくふく かみ
さか もの な く

8 知恵ある心は戒めを受け入れ／無知な唇は滅びに落とされる。
ちえ こころ いまし う い
むち くちびる ほろ お

9 完全な道を歩む人は安らかに歩む。道を曲げれば知られずには済まない。
かんぜん みち あゆ ひと やす あゆ
みち ま し
す

10 嘲りのまなざしは人を苦しめる。無知な唇は滅びに落とされる。
あざけ ひと くる
むち くちびる ほろ お

단어장

格言[かくげん]격언	安らか[やすらか]편안
嘆き[なげき]탄식	歩む[あゆむ]걷다
勤勉[きんべん]근면	苦しい[くるしい]괴롭다
集め[あつめ]모음	滅びる[ほろびる]멸망하다

11 神に従う人の口は命の源／
神に逆らう者の口は不法を
隠す。
カミニ 시타가우히토노 쿠치
와 이노치노 미나모토 카미니
사카라우모노노 쿠치와 후호
우오 카쿠스.
의인의 입은 생명의 샘이라도
악인의 입은 독을 머금었느니
라

12 憎しみはいさかいを引き起
こす。愛はすべての罪を覆
う。
니쿠시미와 이사카이오 히키
오코스. 아이와 스베테노 츠미
오 오오우.
미움은 다툼을 일으켜도 사랑
은 모든 허물을 가리느니라

13 聡明な唇には知恵がある。
意志の弱い者の背には杖。
소우메이나 쿠치비루니와 치
에가 아루. 이시노 요와이 모노
노 세니와 츠에.
명철한 자의 입술에는 지혜가
있어도 지혜 없는 자의 등을
위하여는 채찍이 있느니라

14 知恵ある人は知識を隠す。
無知な者の口には破滅が近
い。
치에아루 히토와 치시키오 카
쿠스. 무치나모노노 쿠치니와
하메츠가 치카이.
지혜로운 자는 지식을 간직하
거니와 미련한 자의 입은 멸망
에 가까우니라

15 金持ちの財産は彼の砦／弱
い人の貧乏は破滅。
카네모치노 자이산와 카레노
토리데 요와이 히토노 빈보우
와 하메츠.
부자의 재물은 그의 견고한 성
이요 가난한 자의 궁핍은 그의
멸망이니라

---

11 神に従う人の口は命の源／　神
に逆らう者の口は不法を隠
す。

12 憎しみはいさかいを引き起こ
す。愛はすべての罪を覆う。

13 聡明な唇には知恵がある。意
志の弱い者の背には杖。

14 知恵ある人は知識を隠す。無
知な者の口には破滅が近い。

15 金持ちの財産は彼の砦／弱い
人の貧乏は破滅。

단어장

罪[つみ]죄	金持ち[かねもち]부자
聡明[そうめい]총명	砦[とりで]보루
破滅[はめつ]파멸	弱い[よわい]약하다
近い[ちかい]가깝다	貧乏[びんぼう]가난

16 神に従う人の収入は生活を
支えるため／神に逆らう者
の稼ぎは罪のため。

카미니 시타가우 히토노 슈우
뉴우와 세이카츠오 사사에루
타메 카미니 사카라우모노노
카세기와 츠미노타메.

의인의 수고는 생명에 이르고
악인의 소득은 죄에 이르느니
라

17 諭しを守る人は命の道を歩
み／懲らしめを捨てる者は
踏み誤る。

사토시오 마모루 히토와 이노
치노 미치오 아유미 코라시메
오 스테루모노와 후미아야마
루.

훈계를 지키는 자는 생명 길로
행하여도 징계를 버리는 자는
그릇 가느니라

18 うそを言う唇は憎しみを隠
している。愚か者は悪口を
言う。

우소오 이우 쿠치비루와 니쿠
시미오 카쿠시테이루. 오로카
나 모노와 와루쿠치오 이우.

미움을 감추는 자는 거짓된 입
술을 가진 자요 중상하는 자는
미련한 자이니라

19 口数が多ければ罪は避けえ
ない。唇を制すれば成功す
る。

쿠치카즈가 오오케레바 츠미
와 사케에나이. 쿠치비루오 세
이스레바 세이코우스루.

말이 많으면 허물을 면하기 어
려우나 그 입술을 제어하는 자
는 지혜가 있느니라

20 神に従う人の舌は精選され
た銀。神に逆らう者の心は
無に等しい。

카미니 시타가우히토노 시타
와 세이신사레타 긴. 카미니
사카라우모노노 코코로와 무
니 히토시이.

의인의 혀는 순은과 같거니와
악인의 마음은 가치가 적으니
라

16 神に従う人の収入は生活を支
かみ　したが　ひと　しゅうにゅう　せいかつ　ささ
えるため／神に逆らう者の稼
かみ　さか　もの　かせ
ぎは罪のため。
つみ

17 諭しを守る人は命の道を歩
さと　まも　ひと　いのち　みち　あゆ
み／懲らしめを捨てる者は踏
こ　す　もの　ふ
み誤る。
あやま

18 うそを言う唇は憎しみを隠し
い　くちびる　にく　かく
ている。愚か者は悪口を言
おろ　もの　わるくち　い
う。

19 口数が多ければ罪は避けえな
くちかず　おお　つみ　さ
い。唇を制すれば成功する。
くちびる　せい　せいこう

20 神に従う人の舌は精選された
かみ　したが　ひと　した　せいせん
銀。神に逆らう者の心は無に
ぎん　かみ　さか　もの　こころ　む
等しい。
ひと

従う[したがう]따르다　　逆らう[さからう]거역하다
収入[しゅうにゅう]수입　　誤る[あやまる]그르치다
生活[せいかつ]생활　　　稼ぎ[かせぎ]벌이
支える[ささえる]지탱하다　罪[つみ]죄

21 神に従う人の唇は多くの人
を養う。無知な者は意志が
弱くて死ぬ。
カミニ 시타가우히토노 쿠치
비루와 오오쿠노 히토오 야시
나우. 무치나모노와 이시가 요
와쿠테 시누.
의인의 입술은 여러 사람을 교
육하나 미련한 자는 지식이 없
어 죽느니라

22 人間を豊かにするのは主の
祝福である。人間が苦労し
ても何も加えることはでき
ない。
닌겐오 유타카니스루노와 슈
노 슈쿠후쿠데아루. 닌겐가 쿠
로우시테모 나니모 쿠와에루
코토와 데키나이.
여호와께서 주시는 복은 사람
을 부하게 하고 근심을 겸하여
주지 아니하시느니라

23 愚か者は悪だくみを楽し
み／英知ある人は知恵を楽
しむ。
오로카모노와 와루다쿠미오
타노시미 에이치아루 히토와
치에오 타노시무.
미련한 자는 행악으로 낙을 삼
는 것 같이 명철한 자는 지혜
로 낙을 삼느니라

24 神に逆らう者は危惧する事
に襲われる。神に従う人の
願いはかなえられる。
카미니 사카라우모노와 키구
스루코토니 오소와레루. 카미
니 시타가우히토노 네가이와
카나에라레루.
악인에게는 그의 두려워하는
것이 임하거니와 의인은 그 원
하는 것이 이루어지느니라

25 神に逆らう者はつむじ風の
過ぎるように消える。神に
従う人はとこしえの礎。
카미니 사카라우모노와 츠무
지카제노 스기루요우니 키에
루. 카미니 시타가우 히토와 토
코시에노 이시즈에.
회오리바람이 지나가면 악인
은 없어져도 의인은 영원한 기
초 같으니라

21 神に従う人の唇は多くの人を養う。無知な者は意志が弱くて死ぬ。

かみ　したが　ひと　くちびる　おお　ひと　やしな　むち　もの　いし　よわ　し

22 人間を豊かにするのは主の祝福である。人間が苦労しても何も加えることはできない。

にんげん　ゆた　しゅ　しゅく　ふく　にんげん　くろう　なに　くわ

23 愚か者は悪だくみを楽しみ／英知ある人は知恵を楽しむ。

おろ　もの　あく　たの　えいち　ひと　ちえ　たの

24 神に逆らう者は危惧する事に襲われる。神に従う人の願いはかなえられる。

かみ　さか　もの　きぐ　こと　おそ　かみ　したが　ひと　ねが

25 神に逆らう者はつむじ風の過ぎるように消える。神に従う人はとこしえの礎。

かみ　さか　もの　かぜ　す　き　かみ　したが　ひと　いしずえ

단어장

養う[やしなう]기르다	願い[ねがい]소원
意志[いし]의지	風[かぜ]바람
豊か[ゆたか]풍부	過ぎ[すぎ]지나침
襲う[おそう]습격하다	礎[いしずえ]주춧돌

26 歯に酢、目に煙、主人に怠惰な召し使い。

하니 스, 메니 케무리, 슈진니 타이다나 메시츠카이.

게으른 자는 그 부리는 사람에게 마치 이에 식초 같고 눈에 연기 같으니라

27 主を畏れれば長寿を得る。主に逆らう者の人生は短い。

슈오 오소레레바 쵸우쥬오 에루. 슈니 사카라우모노노 진세이와 미지카이.

여호와를 경외하면 장수하느니라 그러나 악인의 수명은 짧아지느니라

28 神に従う人は待ち望んで喜びを得る。神に逆らう者は期待しても裏切られる。

카미니 시타가우 히토와 마치노존데 요로코비오 에루. 카미니 사카라우모노와 키타이시테모 우라기라레루.

의인의 소망은 즐거움을 이루어도 악인의 소망은 끊어지느니라

29 主の道は、無垢な人の力／悪を行う者にとっては滅亡。

슈노 미치와, 무쿠나 히토노 치카라 아쿠오 오코나우모노니 톳테와 메츠보우.

여호와의 도가 정직한 자에게는 산성이요 행악하는 자에게는 멸망이니라

30 神に従う人はとこしえに揺らぐことなく／神に逆らう者は地に住まいを得ない。

카미니 시타가우히토와 토코시에니 유라구코토나쿠 카미니 사카라우모노와 치니 스마이오 에나이.

의인은 영영히 이동되지 아니하여도 악인은 땅에 거하지 못하게 되느니라

---

26 歯(は)に酢(す)、目(め)に煙(けむり)、主人(しゅじん)に怠惰(たいだ)な召し使(めしつか)い。

27 主(しゅ)を畏(おそ)れれば長寿(ちょうじゅ)を得(え)る。主(しゅ)に逆(さか)らう者(もの)の人生(じんせい)は短(みじか)い。

28 神(かみ)に従(したが)う人(ひと)は待(ま)ち望(のぞ)んで喜(よろこ)びを得(え)る。神(かみ)に逆(さか)らう者(もの)は期待(きたい)しても裏切(うらぎ)られる。

29 主(しゅ)の道(みち)は、無垢(むく)な人(ひと)の力(ちから)／悪(あく)を行(おこな)う者(もの)にとっては滅亡(めつぼう)。

30 神(かみ)に従(したが)う人(ひと)はとこしえに揺(ゆ)らぐことなく／神(かみ)に逆(さか)らう者(もの)は地(ち)に住(す)まいを得(え)ない。

단어장

歯[は]이빨	召し使い[めしつかい]하인
酢[す]식초	長寿[ちょうじゅ]장수
煙 [けむり]연기	人生[じんせい]인생
怠惰[たいだ]나태함	短い[みじかい]짧다

31 神に従う人の口は知恵を生
み／暴言をはく舌は断たれ
る。
カミニ 시타가우 히토노 쿠치
와 치에오 우미 보우겐오 하쿠
시타와 타타레루.
의인의 입은 지혜를 내어도 패
역한 혀는 베임을 당할 것이니
라

32 神に従う人の唇は好意に親
しみ／神に逆らう者の口は
暴言に親しむ。
카미니 시타가우히토노 쿠치
비루와 코우이니 시타시미 카
미니 사카라우모노노 쿠치와
보우겐니 시타시무.
의인의 입술은 기쁘게 할 것을
알거늘 악인의 입은 패역을 말
하느니라

---

31 神に従う人の口は知恵を生
かみ　　　したが　　ひと　　くち　　　ちえ　　　う
み／暴言をはく舌は断たれ
　　　ぼうげん　　　　　した　　た
る。

32 神に従う人の唇は好意に親し
かみ　　　したが　　ひと　　くちびる　　こうい　　　した
み／神に逆らう者の口は暴言
　　　かみ　　さか　　　もの　　くち　　ぼうげん
に親しむ。
　　した

あなたが呼べば主は答え／あなたが叫べば
　　　　　よ　　　しゅ　こた　　　　　　　　　さけ
「わたしはここにいる」と言われる。
　　　　　　　　　　　　　　い

軛を負わすこと、指をさすこと／
くびき　お　　　　　　　　ゆび
呪いの言葉をはくことを／あなたの中から取り去るなら
のろ　　ことば　　　　　　　　　　　なか　　　と　　さ

네가 부를 때에는 나 여호와가 응답하겠고
네가 부르짖을 때에는 내가 여기 있다 하리라
만일 네가 너희 중에서 멍에와 손가락질과
허망한 말을 제하여 버리고
(이사야 58:9)

呼ぶ[よぶ]부르다　　　　　　　答える[こたえる]대답하다

단어장

期待[きたい]기대	生み[うみ]낳다
裏切る[うらぎる]배신하다	断たれる[たたれる]끊기다
滅亡[めつぼう]멸망	好意[こうい]호의
揺らぐ[ゆらぐ]흔들리다	親しみ[したしみ]친밀함

箴言11章 1節 ～ 31節

1 偽りの天秤を主はいとい／十
全なおもり石を喜ばれる。
이츠와리노 텐빙오 슈와 이토이
쥬우젠나 오모리이시오 요로코
바레루.
속이는 저울은 여호와께서 미
워하시나 공평한 추는 그가 기
뻐하시느니라

2 高慢には軽蔑が伴い／謙遜
には知恵が伴う。
코우만니와 케이베츠가 토모나
이 켄손니와 치에가 토모나우.
교만이 오면 욕도 오거니와 겸
손한 자에게는 지혜가 있느니라

3 正しい人は自分の無垢に導
かれ／裏切り者は自分の暴
力に滅ぼされる。
타다시이 히토와 지분노 무치니
미치비카레 우라기리모노와 지
분노 보우료쿠니 호로보사레루.
정직한 자의 성실은 자기를 인
도하거니와 사악한 자의 패역
은 자기를 망하게 하느니라

4 怒りの日には、富は頼りに
ならない。慈善は死から救
う。
이카리노 히니와, 토미와 타요
리니 나라나이. 지젠와 시카라
스쿠우.
재물은 진노하시는 날에 무익
하나 공의는 죽음에서 건지느
니라

5 無垢な人の慈善は、彼の道
をまっすぐにする。神に逆
らう者は、逆らいの罪によ
って倒される。
무쿠나 히토노 지젠와, 카레노
미치오 맛스구니스루. 카미니
사카라우모노와, 사카라이노 츠
미니욧테 타오사레루.
완전한 자의 공의는 자기의 길
을 곧게 하려니와 악한 자는 자
기의 악으로 말미암아 넘어지
리라

1 偽りの天秤を主はいとい／十全
　いつわ　　てんびん　しゅ　　　　　　　　じゅうぜん
なおもり石を喜ばれる。
　　　　いし　よろこ

2 高慢には軽蔑が伴い／謙遜には
　こうまん　　けいべつ　ともな　　けんそん
知恵が伴う。
　ちえ　ともな

3 正しい人は自分の無垢に導か
　ただ　　ひと　じしん　　むく　　みちび
れ／裏切り者は自分の暴力に滅
　　うらぎ　もの　じぶん　ぼうりょく　ほろ
ぼされる。

4 怒りの日には、富は頼りになら
　いか　　ひ　　　とみ　たよ
ない。慈善は死から救う。
　　　じぜん　し　　すく

5 無垢な人の慈善は、彼の道をま
　むく　　ひと　じぜん　　かれ　みち
っすぐにする。神に逆らう者
　　　　　　　かみ　さか　　もの
は、逆らいの罪によって倒され
　　さか　　　つみ　　　　たお
る。

단어장

偽り[いつわり]거짓　　　軽蔑[けいべつ]경멸
天秤[てんびん]천칭　　　謙遜[けんそん]겸손

6 正しい人は慈善によって自分を救い／裏切り者は自分の欲望の罠にかかる。

타다시이 히토와 지젠니욧테 지분오 스쿠이 우라기리모노와 지분노 요쿠보우노 와나니 카카루.

정직한 자의 공의는 자기를 건지려니와 사악한 자는 자기의 악에 잡히리라

7 神に逆らう者は力に望みをかけ、期待しても／死ねばそれも失われる。

카미니 사카라우모노와 치카라니 노조미오 카케, 키타이시테모 시네바 소레모 우시나와레루.

악인은 죽을 때에 그 소망이 끊어지나니 불의의 소망이 없어지느니라

8 神に従う人は苦難に陥っても助け出され／神に逆らう者が代わってそこに落とされる。

카미니 시타가우 히토와 쿠난니 오치잇테모 타스케다사레 카미니 사카라우모노가 카왓테 소코니 오토사레루.

의인은 환난에서 구원을 얻으나 악인은 자기의 길로 가느니라

9 神を無視する者は口先で友人を破滅に落とす。神に従う人は知識によって助け出される。

카미오 무시스루 모노와 쿠치사키데 유우진오 하메츠니 오토스. 카미니 시타가우 히토와 치시키니욧테 타스케다사레루.

악인은 입으로 그의 이웃을 망하게 하여도 의인은 그의 지식으로 말미암아 구원을 얻느니라

10 神に従う人が幸いを得れば町は喜び／神に逆らう者が滅びれば歓声をあげる。

카미니 시타가우히토가 사이와이오 에레바 마치와 요로코비 카미니 사카라우모노가 호로비레바 칸세이오 아게루.

의인이 형통하면 성읍이 즐거워하고 악인이 패망하면 기뻐 외치느니라

6
正しい人は慈善によって自分を
（ただ　ひと　じぜん　　　じぶん）
救い／裏切り者は自分の欲望の
（すく　うらぎ　もの　じぶん　よくぼう）
罠にかかる。
（わな）

7
神に逆らう者は力に望みをか
（かみ　さか　もの　ちから　のぞ）
け、期待しても／死ねばそれも
（きたい　　　　し）
失われる。
（うしな）

8
神に従う人は苦難に陥っても助
（かみ　したが　ひと　くなん　おちい　　たす）
け出され／神に逆らう者が代わ
（だ　　　　かみ　さか　もの　か）
ってそこに落とされる。
（お）

9
神を無視する者は口先で友人を
（かみ　むし　もの　くちさき　ゆうじん）
破滅に落とす。神に従う人は知
（はめつ　お　　　　かみ　したが　ひと　ち）
識によって助け出される。
（しき　　　たす　だ）

10
神に従う人が幸いを得れば町
（かみ　したが　ひと　さいわ　え　まち）
は喜び／神に逆らう者が滅び
（よろこ　かみ　さか　もの　ほろ）
れば歓声をあげる。
（かんせい）

단어장

救い[すくい]구원	無視[むし]무시
期待[きたい]기대	歓声[かんせい]환성

11 正しい人の祝福によって町
は興り／神に逆らう者の口
によって町は滅びる。
　타다시이 히토노 슈쿠후쿠니
　욧테 마치와 오코리 카미니 사
　카라우모노노 쿠치니욧테 마
　치와 호로비루.
　성읍은 정직한 자의 축복으로
　인하여 진흥하고 악한 자의 입
　으로 말미암아 무너지느니라

12 心ない者は友人を侮る。英
知ある人は沈黙を守る。
　코코로나이 모노와 유우진오
　아나도루 에이치아루 히토와
　친모쿠오 마모루.
　지혜 없는 자는 그의 이웃을
　멸시하나 명철한 자는 잠잠하
　느니라

13 悪口を言い歩く者は秘密を
もらす。誠実な人は事を秘
めておく。
　와루쿠치오 이이아루쿠 모노와
　히미츠오 모라스. 세이지츠나
　히토와 코토오 히소메테 오쿠.
　두루 다니며 한담하는 자는
　남의 비밀을 누설하나 마음이
　신실한 자는 그런 것을 숨기
　느니라

14 指導しなければ民は滅びる
が／参議が多ければ救われ
る。
　시도우시나케레바 타미와 호
　로비루가 산기가 오오케레바
　스쿠와레루.
　지략이 없으면 백성이 망하여
　도 지략이 많으면 평안을 누리
　느니라

15 他国の者の保証人となれば
災難がふりかかる。手を打
って誓うことを嫌えば安全
だ。
　타코쿠노 모노노 호쇼우닌토
　나레바 사이난가 후리카카루.
　테오 웃테 치카우코토오 키라
　에바 안젠다.
　타인을 위하여 보증이 되는
　자는 손해를 당하여도 보증이
　되기를 싫어하는 자는 평안하
　니라

11 正しい人の祝福によって町は
　　　ただ　　　　ひと　　しゅくふく　　　　　　まち
興り／神に逆らう者の口によ
　　おこ　　　　かみ　さか　　　もの　　くち
って町は滅びる。
　　　　まち　　ほろ

12 心ない者は友人を侮る。英知
　　こころ　　　もの　　ゆうじん　あなど　　　　えいち
ある人は沈黙を守る。
　　　　ひと　　ちんもく　まも

13 悪口を言い歩く者は秘密をも
　　わるくち　　い　　ある　　もの　　　ひみつ
らす。誠実な人は事を秘めて
　　　　　　せいじつ　　ひと　　こと　ひそ
おく。

14 指導しなければ民は滅びる
　　しどう　　　　　　　　　たみ　　ほろ
が／参議が多ければ救われ
　　　さんぎ　　おお　　　　　すく
る。

15 他国の者の保証人となれば災
　　たこく　　もの　　ほしょうにん　　　　　　さい
難がふりかかる。手を打って
なん　　　　　　　　　て　う
誓うことを嫌えば安全だ。
ちか　　　　　　きら　　　あんぜん

16 美しい女は名誉をわがもの
   とし／強い男は富をわがも
   のとする。
   우츠쿠시이 온나와 메이요오
   와가모노토시 츠요이 오토코
   와 토미오 와가모노토스루.
   유덕한 여자는 존영을 얻고 근
   면한 남자는 재물을 얻느니라

17 慈しみ深い人は自分の魂を
   益し／残酷な者は自分の身
   に煩いを得る。
   이츠쿠시미 후카이 히토와 지
   분노 타마시이오 에키시 잔코
   쿠나 모노와 지분노 미니 와자
   와이오 에루.
   인자한 자는 자기의 영혼을 이
   롭게 하고 잔인한 자는 자기의
   몸을 해롭게 하느니라

18 神に逆らう者の得る収入は
   欺き。慈善を蒔く人の収穫
   は真実。
   카미니 사카라우모노노 에루
   슈우뉴우와 아자무키 지젠오
   마쿠 히토노 슈우카쿠와 신지
   츠.
   악인의 삯은 허무하되 공의를
   뿌린 자의 상은 확실하니라

19 慈善は命への確かな道。悪
   を追求する者は死に至る。
   지젠와 이노치헤노 타시카나
   미치. 아쿠오 츠이큐우 스루모
   노와 시니 이타루.
   공의를 굳게 지키는 자는 생명
   에 이르고 악을 따르는 자는
   사망에 이르느니라

20 心の曲がった者を主はいと
   い／完全な道を歩む人を喜
   ばれる。
   코코로노 마갓타 모노오 슈와
   이토이 칸젠나 미치오 아유무
   히토오 요로코바레루.
   마음이 굽은 자는 여호와께 미
   움을 받아도 행위가 온전한 자
   는 그의 기뻐하심을 받느니라

16
美しい女は名誉をわがものと
し／強い男は富をわがものと
する。
うつく　　　おんな　　めいよ
つよ　　おとこ　　とみ

17
慈しみ深い人は自分の魂を益
し／残酷な者は自分の身に煩
いを得る。
いつく　　　ふか　ひと　　じぶん　　たましい　えき
ざんこく　　もの　　じぶん　　み　　わずら
え

18
神に逆らう者の得る収入は欺
き。慈善を蒔く人の収穫は真
実。
かみ　さか　　もの　え　　しゅうにゅう　あざむ
じぜん　ま　　ひと　　しゅうかく　　しん
じつ

19
慈善は命への確かな道。悪を
追求する者は死に至る。
じぜん　　いのち　　たし　　みち　あく
ついきゅう　　もの　し　いた

20
心の曲がった者を主はいと
い／完全な道を歩む人を喜ば
れる。
こころ　ま　　　　　もの　　しゅ
かんぜん　　みち　　あゆ　ひと　よろこ

단어장

残酷[ざんこく]잔혹	慈善[じぜん]자선
煩い[わずらい]번거롭	真実[しんじつ]진실
収入[しゅうにゅう]수입	追求[ついきゅう]추구
欺き[あざむき]속임수	喜び[よろこび]기쁨

21 悪人は何代経ようとも罰を
　逃れえず／神に従う人の子
　孫は免れる。
　　아쿠닌와 난다이 헤요우토모
　　바츠오 노가레즈 카미니 시타
　　가우히토노 시손와 마누가레
　　루.
　　악인은 피차 손을 잡을지라도
　　벌을 면하지 못할 것이나 의인
　　의 자손은 구원을 얻으리라
22 豚が鼻に金の輪を飾ってい
　る。美しい女に知性が欠け
　ている。
　　부타가 하나니 킨노 와오 카잣
　　테이루. 우츠쿠시이 온나니 치
　　세이가 카케테이루.
　　아름다운 여인이 삼가지 아니
　　하는 것은 마치 돼지 코에 금
　　고리 같으니라
23 神に従う人の望みは常に良
　い。神に逆らう者の期待は
　怒りに終る。
　　카미니 시타가우 히토노 노조
　　미와 츠네니 요이. 카미니 사카
　　라우모노노 키타이와 오코리
　　니 오와루.
　　의인의 소원은 오직 선하나 악
　　인의 소망은 진노를 이루느니
　　라
24 散らしてなお、加えられる
　人もあり／締めすぎて欠乏
　する者もある。
　　치라시테 나오, 쿠와에라레루
　　히토모 아리 시메스기테 케츠
　　보우스루모노모 아루.
　　흩어 구제하여도 더욱 부하게
　　되는 일이 있나니 과도히 아껴
　　도 가난하게 될 뿐이니라
25 気前のよい人は自分も太
　り／他を潤す人は自分も潤
　う。
　　키마에노 요이히토와 지분모
　　후토리 타오 우루오스히토와
　　지분모 우루오우.
　　구제를 좋아하는 자는 풍족하
　　여질 것이요 남을 윤택하게 하
　　는 자는 자기도 윤택하여지리
　　라

21 悪人は何代経ようとも罰を逃
　　あくにん　　なんだい　へ　　　　　　　ばつ　のが
　れえず／神に従う人の子孫は
　　　　　かみ　したが　ひと　　しそん
　免れる。
　まぬが

22 豚が鼻に金の輪を飾ってい
　　ぶた　はな　きん　わ　　かざ
　る。美しい女に知性が欠けて
　　　　うつく　　　おんな　ちせい　　か
　いる。

23 神に従う人の望みは常に良
　　かみ　したが　ひと　のぞ　　　つね　　よ
　い。神に逆らう者の期待は怒
　　　　かみ　さか　　もの　きたい　いか
　りに終る。
　　　おわ

24 散らしてなお、加えられる人
　　ち　　　　　　　　くわ　　　　　ひと
　もあり／締めすぎて欠乏する
　　　　　　　し　　　　　けつぼう
　者もある。
　もの

25 気前のよい人は自分も太り／
　　きまえ　　　　ひと　じぶん　ふと
　他を潤す人は自分も潤う。
　た　うるお　ひと　じぶん　うるお

단어장

免れる[まぬがれる]모면하다　　散らす[ちらす]흩뜨리다
豚[ぶた]돼지　　　　　　　　　　加える[くわえる]더하다
鼻[はな]코　　　　　　　　　　締め[しめ]끝맺음
知性[ちせい]지성　　　　　　　太り[ふとり]살찐

26 穀物を売り惜しむ者は民の
呪いを買い／供する人の頭
上には祝福が与えられる。
コクモツオ 우리 오시무 모노
와 타미노 노로이오 카이 쿄우
스루히토노 즈죠우니와 슈쿠
후쿠가 아타에라레루.
곡식을 내놓지 아니하는 자는
백성에게 저주를 받을 것이나
파는 자는 그의 머리에 복이
임하리라

27 善を捜し求める人は好意を
尋ね求める人。悪を求める
者には悪が訪れる。
젠오 사가시모토메루 히토와
코우이오 타즈네 모토메루히
토. 아쿠오 모토메루모노니와
아쿠가 오토즈레루.
선을 간절히 구하는 자는 은총
을 얻으려니와 악을 더듬어 찾
는 자에게는 악이 임하리라

28 富に依存する者は倒れる。
神に従う人は木の葉のよう
に茂る。
토미니 이존스루모노와 타오
레루. 카미니 시타가우히토와
키노하노요우니 시게루.
자기의 재물을 의지하는 자는
패망하려니와 의인은 푸른 잎
사귀 같아서 번성하리라

29 家に煩いをもたらす者は風
を嗣業とする者。愚か者は
知恵ある人の奴隷となる。
이에니 와즈라이오 모타라스
모노와 카제오 시교우토스루
모노. 오로카모노와 치에아루
히토노 도레이토나루.
자기 집을 해롭게 하는 자의
소득은 바람이라 미련한 자는
마음이 지혜로운 자의 종이 되
리라

30 神に従う人の結ぶ実は命の
木となる。知恵ある人は多
くの魂をとらえる。
카미니 시타가우히토노 무스
비미와 이노치노 키토나루. 치
에아루히토와 오오쿠노 타마
시이오 토라에루.
의인의 열매는 생명 나무라 지
혜로운 자는 사람을 얻느니라

26 穀物を売り惜しむ者は民の呪
こくもつ　う　お　もの　たみ　の ろ
いを買い／供する人の頭上に
か　　きょう　ひと　ずじょう
は祝福が与えられる。
しゅくふく　あた

27 善を捜し求める人は好意を尋
ぜん　さが　もと　　　ひと　こうい　たず
ね求める人。　悪を求める者に
もと　　　ひと　　　あく　もと　　　もの
は悪が訪れる。
あく　おとず

28 富に依存する者は倒れる。神
とみ　いぞん　　もの　たお　　　　かみ
に従う人は木の葉のように茂
したが　ひと　き　は　　　　　　しげ
る。

29 家に煩いをもたらす者は風を
いえ　わずら　　　　　　もの　かぜ
嗣業とする者。愚か者は知恵
しぎょう　　　もの　おろ　もの　ちえ
ある人の奴隷となる。
ひと　どれい

30 神に従う人の結ぶ実は命の木
かみ　したが　ひと　むす　み　いのち　き
となる。知恵ある人は多くの
ちえ　　　ひと　おお
魂をとらえる。
たましい

타어장

穀物[こくもつ]곡물	頭上[ずじょう]머리 위
呪い[のろい]저주	訪れる[おとずれる]방문하다

31 神に従う人がこの地上で報
われるというなら／神に逆
らう者、罪を犯す者が／報
いを受けるのは当然だ。
カミニ 시타가우히토가 코노
치죠우데 무쿠와레루토 이우
나라 카미니 사카라우모노, 츠
미오 오카스모노가 무쿠이오
아즈케루노와 토우젠다.
보라 의인이라도 이 세상에서
보응을 받겠거든 하물며 악인
과 죄인이리요

31 神に従う人がこの地上で報わ
かみ　　したが　ひと　　　　　　　　ちじょう　　むく
れるというなら／神に逆らう
かみ　さか
者、罪を犯す者が／報いを受
もの　つみ　おか　もの　　　　むく　　う
けるのは当然だ。
とうぜん

彼が刺し貫かれたのは／
かれ　さ　つらぬ
わたしたちの背きのためであり／
そむ
彼が打ち砕かれたのは／
かれ　う　くだ
わたしたちの咎のためであった。
とが
彼の受けた懲らしめによって／
かれ　う　こ
わたしたちに平和が与えられ／
へいわ　あた
彼の受けた傷によって、わたしたちはいやされた。
かれ　う　きず

그가 찔림은 우리의 허물 때문이요
그가 상함은 우리의 죄악 때문이라
그가 징계를 받으므로 우리는 평화를 누리고
그가 채찍에 맞으므로 우리는 나음을 받았도다
(이사야 53:5)

砕かれる[くだかれる]부서지다　咎[とが]허물

단어장

依存[いぞん]의존	奴隷[どれい]노예
倒れる[たおれる]넘어지다	犯す[おかす]범하다
葉[は]잎	報う[むくう]보답하다
愚か[おろか]어리석음	当然[とうぜん]당연

箴言12章 1節 ～ 28節

1 諭しを愛する人は知識を愛する。懲らしめを憎む者は愚かだ。
サトシオ 아이스루히토와 치시키오 아이스루. 코라시메오 니쿠무모노와 오로카다.
훈계를 좋아하는 자는 지식을 좋아하거니와 징계를 싫어하는 자는 짐승과 같으니라

2 善人は主に喜び迎えられる。悪だくみをする者は罪ありとされる。
젠닌와 슈니 요로코비 무카에라레루. 아쿠다쿠미오 스루모노와 츠미아리토사레루.
선인은 여호와께 은총을 받으려니와 악을 꾀하는 자는 정죄하심을 받으리라

3 神に逆らえば、固く立つことはできない。神に従う人の根は揺らぐことがない。
카미니 사카라에바,카타쿠타츠코토와 데키나이.카미니 시타가우히토노 네와 유라구 코토가나이.
사람이 악으로서 굳게 서지 못하거니와 의인의 뿌리는 움직이지 아니하느니라

4 有能な妻は夫の冠。恥をもたらす妻は夫の骨の腐れ。
유우노우나 츠마와 옷토노 칸무리.하지오모타라스 츠마와 옷토노 호네노 쿠사레.
어진 여인은 그 지아비의 면류관이나 욕을 끼치는 여인은 그 지아비의 뼈가 썩음 같게 하느니라

5 神に従う人の計らいは正義。神に逆らう者の指図は、裏切り。
카미니 시타가우히토노 하카라이와 세이기 카미니 사카라우모노노 사시즈와,우라기리.
의인의 생각은 정직하여도 악인의 도모는 속임이니라

1 諭しを愛する人は知識を愛する。懲らしめを憎む者は愚かだ。

2 善人は主に喜び迎えられる。悪だくみをする者は罪ありとされる。

3 神に逆らえば、固く立つことはできない。神に従う人の根は揺らぐことがない。

4 有能な妻は夫の冠。／恥をもたらす妻は夫の骨の腐れ。

5 神に従う人の計らいは正義。神に逆らう者の指図は、裏切り。

단어장

有能[ゆうのう]유능 指図[さしず]지시
腐れ[くされ]썩음 裏切り[うらぎり]배신

6 神に逆らう者の言葉は待ち伏せて流血を犯す。正しい人の口は自分を救う。

카미니 사카라우모노노 코토바와 마치부세테 류우케츠오 오카스.타다시이 히토노 쿠치와 지분오스쿠우.

악인의 말은 사람을 엿보아 피를 흘리자 하는 것이거니와 정직한 자의 입은 사람을 구원하느니라

7 神に逆らう者は覆って滅びる。神に従う人の家は耐える。

카미니 사카라우모노와 쿠츠가엣테 호로비루. 카미니시타가우 히토노 이에와 타에루.

악인은 엎드러져서 소멸되려니와 의인의 집은 서 있으리라

8 人は見識のゆえに賞賛される。心がいじけている者は侮られる。

히토와 켄시키노유에니 쇼우산사레루.코코로가 이지케테이루모노와 아나도라레루.

사람은 그 지혜대로 칭찬을 받으려니와 마음이 굽은 자는 멸시를 받으리라

9 軽蔑されていても僕を持っている方が／尊敬されていてパンを欠くよりよい。

케이베츠사레테이테모 시모베오 못테이루 호우가 손케이사레테이테 팡오 카쿠요리 요이.

비천히 여김을 받을지라도 종을 부리는 자는 스스로 높은 체하고도 음식이 핍절한 자보다 나으니라

10 神に従う人は家畜の求めるものすら知っている。神に逆らう者は同情すら残酷だ。

카미니 시타가우히토와 카치쿠노 모토메루모노스라 싯테이루. 카미니 사카라우모노와 도우죠우스라 잔코쿠다.

의인은 자기의 가축의 생명을 돌보나 악인의 긍휼은 잔인이니라

---

6 神に逆らう者の言葉は待ち伏せて流血を犯す。正しい人の口は自分を救う。

7 神に逆らう者は覆って滅びる。神に従う人の家は耐える。

8 人は見識のゆえに賞賛される。心がいじけている者は侮られる。

9 軽蔑されていても僕を持っている方が／尊敬されていてパンを欠くよりよい。

10 神に従う人は家畜の求めるものすら知っている。神に逆らう者は同情すら残酷だ。

단어장

流血[りゅうけつ]유혈	軽蔑[けいべつ]경멸
覆る[くつがえる]뒤집다	尊敬[そんけい]존경
耐える[たえる]견디다	家畜[かちく]가축
見識[けんしき]견식	同情[どうじょう]동정

11 自分の土地を耕す人はパン
に飽き足りる。意志の弱い
者は空を追う。

지분노 토치오 타가야스 히토
와 팡니 아키타리루.이시노요
와이 모노와 쿠우오 오우.

자기의 토지를 경작하는 자는 먹
을 것이 많거니와 방탕한 것을
따르는 자는 지혜가 없느니라

12 神に逆らう貪欲は、悪人ら
を捕える網となる。神に従
う人の根は実りを与える。

카미니 사카라우 돈요쿠와, 아
쿠닌라오 토라에루 아미토나
루. 카미니 시타가우 히토노 네
와 미노리오 아타에루.

악인은 불의의 이익을 탐하나
의인은 그 뿌리로 말미암아 결
실하느니라

13 悪人は唇の罪の罠にかか
る。神に従う人は苦難から
逃れ出る。

아쿠닌와 쿠치비루노 츠미노 와
나니 카카루. 카미니 시타가우
히토와 쿠난카라 노가레 데루.

악인은 입술의 허물로 말미암
아 그물에 걸려도 의인은 환난
에서 벗어나느니라

14 口の言葉が結ぶ実によっ
て／人は良いものに飽き足
りる。人は手の働きに応じ
て報いられる。

쿠치노 코토바가 무스비미니
욧테 히토와 요이모노니 아키
타리루. 히토와 테노 하타라키
니 오우지테 무쿠이라레루.

사람은 입의 열매로 말미암아
복록에 족하며 그 손이 행하는
대로 자기가 받느니라

15 無知な者は自分の道を正し
いと見なす。知恵ある人は
勧めに聞き従う。

무치나 모노와 지분노 미치오
타다시이토 미나스 치에아루 히
토와 스스메니 키키 시타가우.

미련한 자는 자기 행위를 바른
줄로 여기나 지혜로운 자는 권
고를 듣느니라

11 自分の土地を耕す人はパンに
飽き足りる。意志の弱い者は
空を追う。

12 神に逆らう貪欲は、悪人らを
捕える網となる。神に従う人
の根は実りを与える。

13 悪人は唇の罪の罠にかかる。
神に従う人は苦難から逃れ出
る。

14 口の言葉が結ぶ実によって／
人は良いものに飽き足りる。
人は手の働きに応じて報いら
れる。

15 無知な者は自分の道を正しい
と見なす。知恵ある人は勧め
に聞き従う。

16 無知な者は怒ってたちまち
　　知れ渡る。思慮深い人は、
　　軽蔑されても隠している。
　　무치나 모노와 이캇테 타치마
　　치 시레와타루. 시료부카이 히
　　토와, 케이베츠사레테모 카쿠
　　시테이루.
　　미련한 자는 당장 분노를 나타
　　내거니와 슬기로운 자는 수욕
　　을 참느니라

17 忠実に発言する人は正しい
　　ことを述べ／うそをつく証
　　人は裏切る。
　　츄우지츠니 하츠겐스루 히토
　　와 타다시이 코토오 노베, 우소
　　오 츠쿠 쇼우닌와 우라기루.
　　진리를 말하는 자는 의를 나타
　　내어도 거짓 증인은 속이는 말
　　을 하느니라

18 軽率なひと言が剣のように
　　刺すこともある。知恵ある
　　人の舌は癒す。
　　케이베츠나 히토고토가 츠루기
　　노요우니 사스코토모 아루. 치
　　에아루히토노 시타와 이야스.
　　칼로 찌름 같이 함부로 말하는
　　자가 있거니와 지혜로운 자의
　　혀는 양약과 같으니라

19 真実を語る唇はいつまでも
　　確かなもの。うそをつく舌
　　は一瞬。
　　신지츠오 카타루 쿠치비루와
　　이츠마데모 타시카모노. 우소
　　오츠쿠 시타와 잇슌.
　　진실한 입술은 영원히 보존되
　　거니와 거짓 혀는 잠시 동안만
　　있을 뿐이니라

20 悪を耕す者の心には裏切り
　　がある。平和を勧める人の
　　心には喜びがある。
　　아쿠오 타가야스 모노노 코코
　　로니와 우라기리가 아루. 헤이
　　와오 스스메루히토노 코코로
　　니와 요로코비가 아루.
　　악을 꾀하는 자의 마음에는 속
　　임이 있고 화평을 의논하는 자
　　에게는 희락이 있느니라

16 無知な者は怒ってたちまち知
　　　むち　もの　いか　　　　　し
　　れ渡る。思慮深い人は、軽蔑
　　　わた　　　しりょぶか　ひと　　けいべつ
　　されても隠している。
　　　　　　　　かく

17 忠実に発言する人は正しいこ
　　　ちゅうじつ　はつげん　ひと　ただ
　　とを述べ／うそをつく証人は
　　　　の　　　　　　　　　しょうにん
　　裏切る。
　　うらぎ

18 軽率なひと言が剣のように刺
　　　けいべつ　　　こと　つるぎ　　　　さ
　　すこともある。知恵ある人の
　　　　　　　　　　ちえ　　　ひと
　　舌は癒す。
　　した　いや

19 真実を語る唇はいつまでも確
　　　しんじつ　かた　くちびる　　　　　　たし
　　かなもの。うそをつく舌は一
　　　　　　　　　　　　した　　いっ
　　瞬。
　　しゅん

20 悪を耕す者の心には裏切りが
　　　あく　たがや　もの　こころ　　　うらぎ
　　ある。平和を勧める人の心に
　　　　　へいわ　すす　　ひと　こころ
　　は喜びがある。
　　　よろこ

단어장

思慮深い[しりょぶかい]사려깊다　真実[しんじつ]진실
発言[はつげん]발언　　　　　一瞬[いっしゅん]일순간

21 神に従う人はどのような災
難にも遭わない。/ 神に逆
らう者は災いで満たされ
る。
カ미니 시타가우히토와 도노
요우나 사이난니모 아와나이.
카미니 사카라우모노와 와자
와이데 미타사레루.
의인에게는 어떤 재앙도 임하
지 아니하려니와 악인에게는
앙화가 가득하리라

22 うそをつく唇を主はいとわ
れる。忠実を尽くす人を主
は喜び迎えられる。
우소오 츠쿠 쿠치비루오 슈와
이토와레루. 츄우지츠오 츠쿠
스 히토오 슈와 요로코비 무카
에라레루.
거짓 입술은 여호와께 미움을
받아도 진실하게 행하는 자는
그의 기뻐하심을 받느니라

23 思慮深い人は知識を隠す。
愚かな心はその無知を言い
ふらす。
시료부카이히토와 치시키오
카쿠스. 오로카나 코코로와 소
노 무치오 이이후라스.
슬기로운 자는 지식을 감추어
도 미련한 자의 마음은 미련한
것을 전파하느니라

24 勤勉な手は支配し／怠惰な
手は奴隷となる。
킨벤나 테와 시하이시 나마케
나 테와 도레이토나루.
부지런한 자의 손은 사람을 다
스리게 되어도 게으른 자는 부
림을 받느니라

25 心配は人をうなだれさせ
る。親切な言葉は人を喜ば
せる。
신빠이와 히토오 우나다레사
세루. 신세츠나 코토바와 히토
오 요로코바세루.
근심이 사람의 마음에 있으면
그것으로 번뇌하게 되나 선한
말은 그것을 즐겁게 하느니라

21 神に従う人はどのような災難
　　かみ　　したが　ひと　　　　　　　　　　　　さいなん
にも遭わない。/ 神に逆らう者
　　　あ　　　　　　　かみ　さか　もの
は災いで満たされる。
　わざわ　　み

22 うそをつく唇を主はいとわれ
　　　　　　くちびる　しゅ
る。忠実を尽くす人を主は喜
　　ちゅうじつ　つ　　ひと　しゅ　よろこ
び迎えられる。
　むか

23 思慮深い人は知識を隠す。愚
　しりょぶか　ひと　ちしき　かく　おろ
かな心はその無知を言いふら
　　こころ　　　　むち　　い
す。

24 勤勉な手は支配し／怠惰な手
　きんべん　て　しはい　　なまけ　て
は奴隷となる。
　どれい

25 心配は人をうなだれさせる。
　しんぱい　ひと
親切な言葉は人を喜ばせる。
しんせつ　ことば　ひと　よろこ

단어장

災難[さいなん]재난	支配[しはい]지배
忠実[ちゅうじつ]충실	怠惰[たいだ]나태함
尽くす[つくす]진력하다	心配[しんぱい]걱정
迎える[むかえる]맞이하다	親切 [しんせつ]친절

26 神に従う人は友よりも好運である。神に逆らう者の道は人を迷わす。
카미니 시타가우 히토와 토모요리모 코우운데아루. 카미니 사카라우모노노 미치와 히토오 마요와스.
의인은 그 이웃의 인도자가 되나 악인의 소행은 자신을 미혹하느니라
27 怠惰な者は獲物を追うこともしない。勤勉な人は人類の貴い財産だ。
타이다나모노와 에모노오 오우코토모시나이. 킨벤나 히토와 진루이노 토우토이 자이산다.
게으른 자는 그 잡을 것도 사냥하지 아니하나니 사람의 부귀는 부지런한 것이니라
28 命は慈善の道にある。この道を踏む人に死はない。
이노치와지젠노 미치니아루. 코노미치오 후무 히토니 시와나이.
공의로운 길에 생명이 있나니 그 길에는 사망이 없느니라

26 神に従う人は友よりも好運で
   かみ　したが　ひと　　とも　　　　　こううん
ある。神に逆らう者の道は人
        かみ　さか　　もの　みち　ひと
を迷わす。
　まよ

27 怠惰な者は獲物を追うことも
   たいだ　もの　　えもの　　お
しない。勤勉な人は人類の貴
          きんべん　ひと　じんるい　　とうと
い財産だ。
　ざいさん

28 命は慈善の道にある。この道
   いのち　じぜん　みち　　　　　　　みち
を踏む人に死はない。
　ふ　ひと　し

「わたしは必ずあなたを祝福し、
　　　　かなら　　　　　　　しゅくふく
あなたの子孫を大いに増やす」と言われました。
　　　　しそん　おお　　ふ　　　　　い

이르시되 내가 반드시 너에게 복 주고 복 주며
너를 번성하게 하고 번성하게 하리라 하셨더니
(히브리서 6:14)

祝福[しゅくふく]축복　　　　増やす[ふやす]늘리다

단어장

好運[こううん]호운　　　　勤勉[きんべん]근면
迷わす[まよわす]미혹시키다　人類[じんるい]인류
怠惰[たいだ]나태한　　　　貴い[とうとい]고귀하다
獲物[えもの]사냥감　　　　財産[ざいさん]재산

箴言13章 1節 ～ 25節

1 子は父の諭しによって知恵を得る。不遜な者は叱責に聞き従わない。

코와 치치노 사토시니욧테 치에오 에루. 후손나 모노와 싯세키니 키키시타가와나이.

지혜로운 아들은 아비의 훈계를 들으나 거만한 자는 꾸지람을 즐겨 듣지 아니하느니라

2 口の言葉が結ぶ実によって／人は良いものを享受する。欺く者の欲望は不法に向かう。

쿠치노 코토바가 무스비미니욧테 히토와 요이모노오 쿄우쥬스루. 아자무쿠모노노 요쿠보우와 후호우니 무카우.

사람은 입의 열매로 인하여 복록을 누리거니와 마음이 궤사한 자는 강포를 당하느니라

3 自分の口を警戒する者は命を守る。いたずらに唇を開く者は滅びる。

지분노 쿠치오 케이카이 스루모노와 이노치오 마모루. 이타즈라니 쿠치비루오 히라쿠모노와 호로비루.

입을 지키는 자는 자기의 생명을 보전하나 입술을 크게 벌리는 자에게는 멸망이 오느니라

4 怠け者は欲望をもっても何も得られず／勤勉な人は望めば豊かに満たされる。

나마케모노와 요쿠보우오 못테모 나니모 에라레즈 킨벤나히토와 노조메바 유타카니 미타사레루.

게으른 자는 마음으로 원하여도 얻지 못하나 부지런한 자의 마음은 풍족함을 얻느니라

5 神に従う人は偽りの言葉を憎む。神に逆らう者は悪臭を放ち、辱められる。

카미니 시타가우 히토와 이츠와리노 코토바오 니쿠무. 카미니 사카라우 모노와 아쿠슈우오 하나치,하즈카시메라레루.

의인은 거짓말을 미워하나 악인은 행위가 흉악하여 부끄러운 데에 이르느니라

6 慈善は完全な道を歩む人を
守り／神に逆らうことは罪
ある者を滅ぼす。
지젠와 칸젠나 미치오 아유무 히
토오 마모리 카미니 사카라우코
토와 츠미아루 모노오 호로보스.
공의는 행실이 정직한 자를 보
호하고 악은 죄인을 패망하게
하느니라

7 富んでいると見せて、無一
物の者がいる。貧乏と見せ
て、大きな財産を持つ者が
ある。
톤데이루토 미세테, 무이치부츠
노 모노가이루. 빈보우토 미세
테, 오오키나 자이산오 모츠모
노가아루.
스스로 부한 체하여도 아무 것
도 없는 자가 있고 스스로 가난
한 체하여도 재물이 많은 자가
있느니라

8 財産が自分の身代金になる
者もある。貧しい人は叱責
を聞くことはない。
자이산가 지분노 미노시로킨니
나루모노모 아루. 마즈시이 히토
와 싯세키오 키쿠코토와 나이.
사람의 재물이 자기 생명의 속
전일 수 있으나 가난한 자는 협
박을 받을 일이 없느니라

9 神に従う人の光は喜ばしく
輝き／神に逆らう者の灯は
消される。
카미니 시타가우히토노 히카리
와 요로코바시쿠 카가야키 카미
니 사카라우모노노 토모시비와
케사레루.
의인의 빛은 환하게 빛나고 악
인의 등불은 꺼지느니라

10 高慢にふるまえば争いにな
るばかりだ。勧めを受け入
れる人は知恵を得る。
코우만니 후루마에바 아라소이
니나루바카리다. 스스메오 우
케이레루 히토와 치에오 에루.
교만에서는 다툼만 일어날 뿐
이라 권면을 듣는 자는 지혜가
있느니라

---

6 慈善は完全な道を歩む人を守
じぜん　　　かんぜん　　　みち　　あゆ　　ひと　　まも
り／神に逆らうことは罪ある者
かみ　さか　　　　　　つみ　　　　もの
を滅ぼす。
ほろ

7 富んでいると見せて、無一物の
と　　　　　　　　み　　　　　　　むいちぶつ
者がいる。貧乏と見せて、大き
もの　　　　　　　びんぼう　み　　　　　おお
な財産を持つ者がある。
ざいさん　も　もの

8 財産が自分の身代金になる者も
ざいさん　じぶん　みのしろきん　　　　もの
ある。貧しい人は叱責を聞くこ
まず　　　ひと　しっせき　き
とはない。

9 神に従う人の光は喜ばしく輝
かみ　したが　ひと　ひかり　よろこ　　　かがや
き／神に逆らう者の灯は消され
かみ　さか　　もの　ともしび　け
る。

10 高慢にふるまえば争いになる
こうまん　　　　　　あらそ
ばかりだ。勧めを受け入れる
すす　う　い
人は知恵を得る。
ひと　ちえ　え

11 財産は吐く息よりも速く減って行くが／手をもって集めれば増やすことができる。

자이산와 하쿠이키요리모 하야쿠 헷테이쿠가 테오 못테 아츠메레바 후야스코토가 데키루.

망령되이 얻은 재물은 줄어가고 손으로 모은 것은 늘어가느니라

12 待ち続けるだけでは心が病む。かなえられた望みは命の木。

마치츠즈케루 다케데와 코코로가 야무. 카나에라레타 노조미와 이노치노 키.

소망이 더디 이루어지면 그것이 마음을 상하게 하거니와 소원이 이루어지는 것은 곧 생명나무니라

13 言葉を侮る者は滅ぼされ／戒めを敬う者は報われる。

코토바오 아나도루 모노와 호로보사레 이마시메오 우야마우 모노와 무쿠와레루.

말씀을 멸시하는 자는 자기에게 패망을 이루고 계명을 두려워하는 자는 상을 받느니라

14 賢人の教えは命の源。死の罠を避けさせる。

켄진노 오시에와 이노치노 미나모토. 시노 와나오 사케사세루.

지혜 있는 자의 교훈은 생명의 샘이니 사망의 그물에서 벗어나게 하느니라

15 見識は優雅さを伴う。欺く者の道は手ごわい。

켄시키와 유우가사오 토모나우. 아자무쿠모노노 미치와 테고와이.

선한 지혜는 은혜를 베푸나 사악한 자의 길은 험하니라

---

11 財産は吐く息よりも速く減って行くが／手をもって集めれば増やすことができる。
ざいさん　は　いき　はや　へ　い　て　あつ　ふ

12 待ち続けるだけでは心が病む。かなえられた望みは命の木。
ま　つづ　こころ　や　のぞ　いのち　き

13 言葉を侮る者は滅ぼされ／戒めを敬う者は報われる。
ことば　あなど　もの　ほろ　いまし　うやま　もの　むく

14 賢人の教えは命の源。死の罠を避けさせる。
けんじん　おし　いのち　みなもと　し　わな　さ

15 見識は優雅さを伴う。欺く者の道は手ごわい。
けんしき　ゆうが　ともな　あざむ　もの　みち　て

단어장

財産[ざいさん]재산	集め[あつめ]모음
息[いき]숨	増やす[ふやす]늘리다
速く[はやく]빠르게	見識[けんしき]견식
減る[へる]줄다	伴う[ともなう]수반하다

16 思慮深い人は皆知識に基づいてふるまう。愚か者は無知をさらけ出す。

시료부카이 히토와 미나 치시키니 모토즈이테 후루마우. 오로카모노와 무치오 사라케다스.

무릇 슬기로운 자는 지식으로 행하거니와 미련한 자는 자기의 미련한 것을 나타내느니라

17 神に逆らう使者は災いに遭い／忠実な使いは癒す。

카미니 사카라우 시샤와 와자와이니 아이 추우지츠나 츠카이와 이야스.

악한 사자는 재앙에 빠져도 충성된 사신은 양약이 되느니라

18 諭しをなおざりにする者は貧乏と軽蔑に遭う。懲らしめを守れば名誉を得る。

사토시오 나오자리니 스루모노와 빈보우토 케이베츠니 아우. 코라시메오 마모레바 메이요오 에루.

훈계를 저버리는 자에게는 궁핍과 수욕이 이르거니와 경계를 받는 자는 존영을 받느니라

19 欲望がかなえられれば魂は快い。／愚か者は悪を避けることをいとう。

요쿠보우가 카나에라레레바 타마시이와 코코로요이. 오로카모노와 아쿠오 사케루코토오 이토우.

소원을 성취하면 마음에 달아도 미련한 자는 악에서 떠나기를 싫어하느니라

20 知恵ある者と共に歩けば知恵を得／愚か者と交われば災いに遭う。

치에아루모노토 토모니 아루케바 치에오 에 오로카모노토 카카와레바 와자와이니 아우.

지혜로운 자와 동행하면 지혜를 얻고 미련한 자와 사귀면 해를 받느니라

16

思慮深い人は皆知識に基づいてふるまう。愚か者は無知をさらけ出す。

しりょぶか　ひと　みな　ちしき　もと
おろ　もの　むち
だ

17

神に逆らう使者は災いに遭い／忠実な使いは癒す。

かみ　さか　ししゃ　わざわ　あ
ちゅうじつ　つか　いや

18

諭しをなおざりにする者は貧乏と軽蔑に遭う。懲らしめを守れば名誉を得る。

さと　もの　びん
ぼう　けいべつ　あ　こ
まも　めいよ　え

19

欲望がかなえられれば魂は快い。／愚か者は悪を避けることをいとう。

よくぼう　たましい　こころよ
おろ　もの　あく　さ

20

知恵ある者と共に歩けば知恵を得／愚か者と交われば災いに遭う。

ちえ　もの　とも　ある　ちえ
え　おろ　もの　まじ　わざわ
あ

단어장

基づく[もとづく]근거하다	軽蔑[けいべつ]경멸
使者[ししゃ]사자	守る[まもる]지키다
忠実[ちゅうじつ]충실	快い[こころよい]상쾌하다
癒す[いやす]달래다	共に[ともに]함께

21 災難は罪人を追う。神に従う人には良い報いがある。
サイナン와 츠미비토오 오우. 카미니 시타가우히토니와 요이 무쿠이가아루.
재앙은 죄인을 따르고 선한 보응은 의인에게 이르느니라

22 善人は孫の代にまで嗣業を残す。罪人の富は神に従う人のために蓄えられる。
젠닌와 마고노다이니마데 시교우오 노코스. 츠미비토노 토미와 카미니 시타가우히토노 타메니 타쿠와에라레루.
선인은 그 산업을 자자 손손에게 끼쳐도 죄인의 재물은 의인을 위하여 쌓이느니라

23 貧しい人の耕作地に多くの食糧が実っても／正義が行われなければ奪われる。
마즈시이 히토노 코우사쿠치니 오오쿠노 쇼쿠료가 미놋테모 세이기가 오코나와레나케레바 우바와레루.
가난한 자는 밭을 경작함으로 양식이 많아지거니와 불의로 말미암아 가산을 탕진하는 자가 있느니라

24 鞭を控えるものは自分の子を憎む者。子を愛する人は熱心に諭しを与える。
무치오 히카에루모노와 지분노코오 니쿠무모노. 코오 아이스루히토와 넷신니 사토시오 아타에루.
매를 아끼는 자는 그의 자식을 미워함이라 자식을 사랑하는 자는 근실히 징계하느니라

25 神に従う人は食べてその望みを満たす。神に逆らう者の腹は満たされることがない。
카미니 시타가우히토와 타베테 소노 노조미오 미타스. 카미니 사카라우모노노 하라와 미타사레루코토가나이.
의인은 포식하여도 악인의 배는 주리느니라

---

21 災難は罪人を追う。／神に従う
　さいなん　つみびと　お　　　　かみ　したが
人には良い報いがある。
ひと　　よ　むく

22 善人は孫の代にまで嗣業を残
　ぜんにん　まご　だい　　　　しぎょう　のこ
す。罪人の富は神に従う人の
　　つみびと　とみ　かみ　したが　ひと
ために蓄えられる。
　　たくわ

23 貧しい人の耕作地に多くの食
　まず　　ひと　こうさくち　おお　　しょく
糧が実っても／正義が行われ
りょう　みの　　　　　せいぎ　おこな
なければ奪われる。
　　　　うば

24 鞭を控えるものは自分の子を
　むち　ひか　　　　　　じぶん　こ
憎む者。子を愛する人は熱心
にく　もの　こ　あい　　　ひと　ねっしん
に諭しを与える。
　さと　　あた

25 神に従う人は食べてその望み
　かみ　したが　ひと　た　　　　　　のぞ
を満たす。神に逆らう者の腹
　み　　　　かみ　さか　　もの　はら
は満たされることがない。
　み

잠언 14   PROVERBS 14

箴言14章 1節 ～ 35節

1 知恵ある女は家庭を築く。/無知な女は自分の手でそれをこわす。
치에아루온나와 카테이오 키즈쿠. 무치나 온나와 지분노 테데 소레오 코와스.
지혜로운 여인은 자기 집을 세우되 미련한 여인은 자기 손으로 그것을 허느니라

2 主を畏れる人はまっすぐ歩む。/主を侮る者は道を曲げる。
슈오 오소레루히토와 맛스구 아유무. 슈오 아나도루 모노와 미치오 마게루.
정직하게 행하는 자는 여호와를 경외하여도 패역하게 행하는 자는 여호와를 경멸하느니라

3 無知な者の口には傲慢の杖。/知恵ある人の唇は自分を守る。
무치노모노노 쿠치니와 고우만노 츠에. 치에아루히토노 쿠치비루와 지분오 마모루.
미련한 자는 교만하여 입으로 매를 자청하고 지혜로운 자의 입술은 자기를 보전하느니라

4 牛がいなければ飼い葉おけは清潔だが/豊作をもたらすのは牛の力。
우시가 이나케레바 카이바오케와 세이케츠다가 노우사쿠오 모타라스모노와 우시노 치카라.
소가 없으면 구유는 깨끗하려니와 소의 힘으로 얻는 것이 많으니라

5 忠実な証人は欺かない。/欺きの発言をするのはうそつきの証人。
츄우지츠나 쇼우닌와 아자무카나이.아자무키노 하츠겐오 스루노와 우소츠키노 쇼우닌.
신실한 증인은 거짓말을 아니하여도 거짓 증인은 거짓말을 뱉느니라

---

1 知恵ある女は家庭を築く。/無知な女は自分の手でそれをこわす。
ちえ　おんな　かてい　きず　むち　おんな　じぶん　て

2 主を畏れる人はまっすぐ歩む。/主を侮る者は道を曲げる。
しゅ　おそ　ひと　あゆ　しゅ　あなど　もの　みち　ま

3 無知な者の口には傲慢の杖。/知恵ある人の唇は自分を守る。
むち　もの　くち　ごうまん　つえ　ち　え　ひと　くちびる　じぶん　まも

4 牛がいなければ飼い葉おけは清潔だが/豊作をもたらすのは牛の力。
うし　か　ば　せい　けつ　ほうさく　うし　ちから

5 忠実な証人は欺かない。/欺きの発言をするのはうそつきの証人。
ちゅうじつ　しょうにん　あざむ　あざむ　はつげん　しょう　にん

단어장

家庭[かてい]가정　　清潔[せいけつ]청결
築く[きずく]쌓다　　豊作[ほうさく]풍작

잠언 13장 21절-14장 5절　89

6 不遜であれば知恵を求めても得られない。/聡明であれば知識は容易に得られる。
後孫デアレバ 치에오 모토메테모 에라레나이. 소우메이데아레바 치시키와 요우이니 에라레루.
거만한 자는 지혜를 구하여도 얻지 못하거니와 명철한 자는 지식 얻기가 쉬우니라

7 愚か者の前から立ち去るがよい。/彼に知識ある唇を認めることはできない。
오로카모노노 마에카라 타치사루가요이. 카레니 치시키아루 쿠치비루오 미토메루코토와 데키나이.
너는 미련한 자의 앞을 떠나라 그 입술에 지식 있음을 보지 못함이니라

8 思慮深い人は自分の知恵によって道を見分ける。/愚か者の無知は欺く。
시료부카이 히토와 지분노 치에니욧테 미치오 미와케루. 오로카모노노 무치와 아자무쿠.
슬기로운 자의 지혜는 자기의 길을 아는 것이라도 미련한 자의 어리석음은 속이는 것이니라

9 無知な者は不遜で互いをなじる。/正しい人は互いに受け入れる。
무치나모노와 후손데 타가이오 나지루. 타다시이 히토와 타가이니 우케이레루.
미련한 자는 죄를 심상히 여겨도 정직한 자 중에는 은혜가 있느니라

10 魂の苦しみを知るのは自分の心。/その喜びにも他人はあずからない。
타마시이노 쿠루시미오 시루노와 지분노 코코로. 소노 요로코비니모 타닌와 아즈카라나이.
마음의 고통은 자기가 알고 마음의 즐거움은 타인이 참여하지 못하느니라

6

不遜であれば知恵を求めても得られない。/聡明であれば知識は容易に得られる。
ふそん　ちえ　もと　え　そうめい　ちしき　ようい　え

7

愚か者の前から立ち去るがよい。/彼に知識ある唇を認めることはできない。
おろ　もの　まえ　た　さ　かれ　ちしき　くちびる　みと

8

思慮深い人は自分の知恵によって道を見分ける。/愚か者の無知は欺く。
しりょぶか　ひと　じぶん　ちえ　みち　みわ　おろ　もの　むち　あざむ

9

無知な者は不遜で互いをなじる。/正しい人は互いに受け入れる。
むち　もの　ふそん　たが　ただ　ひと　たが　う　い

10

魂の苦しみを知るのは自分の心。/その喜びにも他人はあずからない。
たましい　くる　し　じぶん　こころ　よろこ　たにん

타어장

聡明[そうめい]총명　　認める[みとめる]인정하다
容易[ようい]용이　　互い[たがい]서로

11 神に逆らう者の家は断絶する。/正しい人の天幕は繁栄する。
카미니 시타가우모노노 이에와 단제츠스루. 타다시이히토노 텐마쿠와 한에이스루.
악한 자의 집은 망하겠고 정직한 자의 장막은 흥하리라

12 人間の前途がまっすぐなようでも/果ては死への道となることがある。
닌겐노 젠토가 맛스구나 요우데모 하테와 시헤노 미치토나루 코토가아루.
어떤 길은 사람이 보기에 바르나 필경은 사망의 길이니라

13 笑っていても心が痛むことがあり/喜びが悲しみに終ることもある。
와랏테이테모 코코로가 이타무 코토가아리 요로코비가 카나시미니 오와루코토모아루.
웃을 때에도 마음에 슬픔이 있고 즐거움의 끝에도 근심이 있느니라

14 二心あるものは自らの道に/善人は自らの業に飽かされる。
후타고코로 아루모노와 미즈카라노 미치니 젠닌와 미즈카라노 와자니 아카사레루.
마음이 굽은 자는 자기 행위로 보응이 가득하겠고 선한 사람도 자기의 행위로 그러하리라

15 未熟な者は何事も信じこむ。/熟慮ある人は行く道を見分けようとする。
미쥬쿠나 모노와 나니고토모 신지코무. 쥬쿠료아루 히토와 이쿠미치오 미와케요우토스루.
어리석은 자는 온갖 말을 믿으나 슬기로운 자는 자기의 행동을 삼가느니라

11 神に逆らう者の家は断絶する。/正しい人の天幕は繁栄する。
かみ　さか　もの　いえ　だんぜつ　ただ　ひと　てんまく　はんえい

12 人間の前途がまっすぐなようでも/果ては死への道となることがある。
にんげん　ぜんと　は　し　みち

13 笑っていても心が痛むことがあり/喜びが悲しみに終ることもある。
わら　こころ　いた　よろこ　かな　おわ

14 二心あるものは自らの道に/善人は自らの業に飽かされる。
ふたごころ　みずか　みち　ぜん　にん　みずか　わざ　あ

15 未熟な者は何事も信じこむ。/熟慮ある人は行く道を見分けようとする。
みじゅく　もの　なにごと　しん　じゅくりょ　ひと　い　みち　みわ

단어장

断絶[だんぜつ]단절	二心[ふたこころ]두 마음
繁栄[はんえい]번영	自ら[みずから]스스로
果て[はて]끝	未熟[みじゅく]미숙
笑う[わらう]웃다	見分ける[みわける]분별하다

16 知恵ある人は畏れによって
　悪を避け/愚か者は高慢で
　自信を持つ。
　치에아루 히토와 오소레니 욧
　테 아쿠오 사케 오로카모노와
　코우만데 지신오 모츠.
　지혜로운 자는 두려워하여 악
　을 떠나나 어리석은 자는 방자
　하여 스스로 믿느니라
17 短気な者は愚かなことをす
　る。/ 陰謀化は憎まれる。
　탄키나 모노와 오로카나코토
　오스루. 인보우카와 니쿠마레
　루.
　노하기를 속히 하는 자는 어리
　석은 일을 행하고 악한 계교를
　꾀하는 자는 미움을 받느니라
18 浅はかな者は無知を嗣業と
　し/ 熟慮ある人は知識をそ
　の冠とする。
　아사하카나 모노와 무치오 시
　교우토시 쥬쿠료 아루히토와
　치시키오 소노 칸무리토스루.
　어리석은 자는 어리석음으로
　기업을 삼아도 슬기로운 자는
　지식으로 면류관을 삼느니라
19 神に逆らう者は神に従う人
　の門の前に/悪人は善人の
　前に、身を低くする。
　카미니 사카라우모노와 카미
　니 시타가우히토노 마에니 아
　쿠닌와 젠닌노 마에니, 미오 히
　쿠쿠스루.
　악인은 선인 앞에 엎드리고 불
　의한 자는 의인의 문에 엎드리
　느니라
20 貧乏な者は友にさえ嫌わ
　れるが/金持ちを愛する者
　は多い。
　빈보우나 모노와 토모니사에
　키라와레루가 카네모치오 아
　이스루 모노와 오오이.
　가난한 자는 이웃에게도 미움
　을 받게 되나 부요한 자는 친
　구가 많으니라

16 知恵ある人は畏れによって悪
　　　ちえ　　　　ひと　おそ　　　　　　　あく
を避け/愚か者は高慢で自信を
　　さ　　おろ　もの　こうまん　　じしん
持つ。
も

17 短気な者は愚かなことをす
　たんき　　もの　　おろ
る。/ 陰謀化は憎まれる。
　　　　いんぼうか　　にく

18 浅はかな者は無知を嗣業とし/
　あさ　　　もの　むち　　しぎょう
熟慮ある人は知識をその冠と
じゅくりょ　　ひと　ちしき　　　　かんむり
する。

19 神に逆らう者は神に従う人の
　かみ　さか　　もの　かみ　したが　ひと
門の前に/悪人は善人の前に、
もん　まえ　　あくにん　ぜんにん　まえ
身を低くする。
み　ひく

20 貧乏な者は友にさえ嫌われる
　びんぼう　もの　とも　　　　きら
が/金持ちを愛する者は多い。
　かねも　　あい　　もの　おお

단어장

避け[さけ]피함　　　　　冠[かんむり]관
愚か[おろか]어리석음　　悪人[あくにん]악인
短気[たんき]급한 성미　善人[ぜんにん]선인
陰謀化[いんぼうか]음모화　低い[ひくい]낮다

21 友を侮ることは罪。/貧しい人を憐れむことは幸い。
토모오 아나도루 코토와 츠미.
마즈시이 히토오 아와레무 히토와 사이와이.
이웃을 업신여기는 자는 죄를 범하는 자요 빈곤한 자를 불쌍히 여기는 자는 복이 있는 자니라

22 罪を耕す者は必ず迷う。/善を耕す人は慈しみとまことを得る。
츠미오 타가야스모노와 카나라즈 마요우. 젠오 타가야스 히토와 이츠쿠시미토 마코토오 에루.
악을 도모하는 자는 잘못 가는 것이 아니냐 선을 도모하는 자에게는 인자와 진리가 있으리라

23 どのような苦労にも利益がある。/口先だけの言葉は欠乏をもたらす。
도노요우나 쿠로우니모 리에키가아루. 쿠치사키다케노 코토바와 케츠보우오 모타라스.
모든 수고에는 이익이 있어도 입술의 말은 궁핍을 이룰 뿐이니라

24 知恵ある人の冠はその富。愚か者の冠はその無知。
치에아루 히토노 칸무리와 소노 토미. 오로카모노노 칸무리와 소노무치.
지혜로운 자의 재물은 그의 면류관이요 미련한 자의 소유는 다만 미련한 것이니라

25 真実の証人は魂を救い/欺きの発言をする者は裏切る。
신지츠노 쇼우닌와 타마시이오 스쿠이 아자무키노 하츠겐오 스루모노와 우라기루.
진실한 증인은 사람의 생명을 구원하여도 거짓말을 뱉는 사람은 속이느니라

21 友を侮ることは罪。/貧しい人
とも　あなど　　　　　つみ　　　まず　　　ひと
を憐れむことは幸い。
あわ　　　　　　さいわ

22 罪を耕す者は必ず迷う。/善を
つみ　たがや　もの　かなら　まよ　　　　ぜん
耕す人は慈しみとまことを得
たがや　ひと　いつく　　　　　　　　　　え
る。

23 どのような苦労にも利益があ
くろう　　　　　りえき
る。/口先だけの言葉は欠乏を
くちさき　　　　ことば　けつぼう
もたらす。

24 知恵ある人の冠はその富。/愚
ちえ　　　ひと　かんむり　　　とみ　　おろ
か者の冠はその無知。
もの　かんむり　　　　むち

25 真実の証人は魂を救い/　欺き
しんじつ　しょうにん　たましい　すく　　　あざむ
の発言をする者は裏切る。
はつげん　　　もの　うらぎ

단어장

侮る[あなどる]업신여기다　　迷う[まよう]망설이다
憐れむ[あわれむ]불쌍히 여기다　利益[りえき]이익
耕す[たがやす]갈다　　　　　証人[しょうにん]증인
必ず[かならず]반드시　　　　裏切る[うらぎる]배반하다

26 主を畏れれば頼るべき砦を得/子らのためには避けどころを得る。
슈오 오소레레바 타요루베키 토리데오 에. 코라노타메니와 사케도코로오 에루.
여호와를 경외하는 자에게는 견고한 의뢰가 있나니 그 자녀들에게 피난처가 있으리라

27 主を畏れることは命の源/死の罠を避けさせる。
슈오 오소레루코토와 이노치노 미나모토 시노 와나오 사케 사세루.
여호와를 경외하는 것은 생명의 샘이니 사망의 그물에서 벗어나게 하느니라

28 国が強大であれば王は栄光を得る。/民が絶えれば君主は滅びる。
쿠니가 쿄우다이데아레바 오우와 에이코우오 에루. 타미가 타에레바 쿤슈와 호로비루.
백성이 많은 것은 왕의 영광이요 백성이 적은 것은 주권자의 패망이니라

29 忍耐によって英知は加わる。/短気な者はますます無知になる。
닌타이니욧테 에이치와 쿠와와루. 탄키나모노와 마스마스 무치니나루.
노하기를 더디 하는 자는 크게 명철하여도 마음이 조급한 자는 어리석음을 나타내느니라

30 穏やかな心は肉体を生かし/激情は骨を腐られる。
오다야카나 코코로와 니쿠타이오 이카시 게키죠우와 호네오 쿠사라레루.
평온한 마음은 육신의 생명이나 시기는 뼈를 썩게 하느니라

---

26 主を畏れれば頼るべき砦を得/
しゅ おそ たよ とりで え
子らのためには避けどころを
こ さ
得る。
え

27 主を畏れることは命の源/ 死
しゅ おそ いのち みなもと し
の罠を避けさせる。
わな さ

28 国が強大であれば王は栄光を
くに きょうだい おう えいこう
得る。/民が絶えれば君主は滅
え たみ た くんしゅ ほろ
びる。

29 忍耐によって英知は加わる。/
にんたい えいち くわ
短気な者はますます無知にな
たんき もの むち
る。

30 穏やかな心は肉体を生かし/激
おだ こころ にくたい い げき
情は骨を腐られる。
じょう ほね くさ

단어장

頼る[たよる]의지하다	強大[きょうだい] 강대
砦[とりで] 보루	民[たみ]백성
命[いのち] 생명	絶える[たえる]끊어지다
罠[わな] 올가미	君主[くんしゅ]군주

31 弱者を虐げる者は作り主を
嘲る。/作り主を尊ぶ人は
乏しい人を憐れむ。
쟈쿠샤오 시이타게루 모노와
츠쿠리누시오 아자케루. 츠쿠
리누시오 토우토부 히토와 토
보시이 히토오 아와레무.
가난한 사람을 학대하는 자는
그를 지으신 이를 멸시하는 자
요 궁핍한 사람을 불쌍히 여기
는 자는 주를 공경하는 자니라

32 神に逆らう者は災いのとき
に退けられる。/神に従う
人は死のときにも避けどこ
ろを得る。
카미니 사카라우 모노와 와자
와이노 토키니 시리조케라레
루. 카미니 시타가우 히토와 시
노토키니모 사케루도코로오
에루.
악인은 그의 환난에 엎드려져
도 의인은 그의 죽음에도 소망
이 있느니라

33 聡明な心では知恵は憩って
いるが/愚か者の中には自
らを示す。
소우메이나 코코로데와 치에와
이콧테 이루가 오로카모노노
나카니와 미즈카라오 시메스.
지혜는 명철한 자의 마음에 머
물거니와 미련한 자의 속에 있
는 것은 나타나느니라

34 慈善は国を高め、罪は民の
恥となる。
지젠와 쿠니오 타카메, 츠미와
타미노 하지토나루.
공의는 나라를 영화롭게 하고
죄는 백성을 욕되게 하느니라

35 成功をもたらす僕は主に喜
び迎えられ/恥をもたらす
僕はその怒りを買う。
세이코우오 모타라스 시모베
와 슈니 요로코비 무카에라레
하지오 모타라스 시모베와 소
노이카리오 카우.
슬기롭게 행하는 신하는 왕에
게 은총을 입고 욕을 끼치는 신
하는 그의 진노를 당하느니라

31 弱者を虐げる者は作り主を嘲
じゃくしゃ　　しいた　　　もの　　　つく　ぬし　　あざけ
る。/作り主を尊ぶ人は乏しい
　　　　　　つく　ぬし　とうと　ひと　とぼ
人を憐れむ。
ひと　あわ

32 神に逆らう者は災いのときに
かみ　さか　　　もの　　わざわ
退けられる。/神に従う人は死
しりぞ　　　　　　　　　かみ　したが　ひと　し
のときにも避けどころを得
　　　　　　　　　　さ　　　　　　　　　え
る。

33 聡明な心では知恵は憩ってい
そうめい　こころ　　　　　ちえ　　　いこ
るが/愚か者の中には自らを示
　　　　おろか　もの　なか　　　みずか　　　しめ
す。

34 慈善は国を高め、罪は民の恥
じぜん　くに　たか　　　　つみ　たみ　はじ
となる。

35 成功をもたらす僕は主に喜び
せいこう　　　　　　　　しもべ　しゅ　よろこ
迎えられ/恥をもたらす僕はそ
むか　　　　　はじ　　　　　　　しもべ
の怒りを買う。
　いか　　か

단어장

弱者[じゃくしゃ]약자　　尊ぶ[とうとぶ]존경하다
虐げる[しいたげる]학대하다　　憩い[いこい]휴식

箴言15章 1節 ～ 33節

1 柔らかな応答は憤りを沈め/
傷つける言葉は怒りをあお
る。
야와라카나 오우토우와 이키도
오리오 시즈메 키즈츠케루 코토
바와 이카리오 아오루.
유순한 대답은 분노를 쉽게 하
여도 과격한 말은 노를 격동하
느니라

2 知恵ある人の舌は知識を明
らかに示し/愚か者の口は無
知を注ぎだす。
치에아루 히토노 시타와 치시키
오 아키라카니 시메시 오로카모
노노 쿠치와 무치오 소소기다스.
지혜 있는 자의 혀는 지식을 선
히 베풀고 미련한 자의 입은 미
련한 것을 쏟느니라

3 どこにも主の目は注がれ/善
人をも悪人をも見ておられ
る。
도코니모 슈노 메와 소소가레
젠닌오모 아쿠닌오모 미테오라
레루.
여호와의 눈은 어디서든지 악
인과 선인을 감찰하시느니라

4 癒しをもたらす舌は命の
木。/よこしまな舌は気力を
砕く。
이야시오 모타라스 시타와 이노
치노 키.요코시마나 시타와 키
료쿠오 쿠다쿠.
온순한 혀는 곧 생명 나무이지
만 패역한 혀는 마음을 상하게
하느니라

5 無知な者は父の諭しをない
がしろにする。/懲らしめを
守る人は賢明さを増す。
무치나 모노와 치치노 사토시오
나이가시로니스루.코라시메오
마모루 히토와 소우메이사오 마
스.
아비의 훈계를 업신여기는 자
는 미련한 자요 경계를 받는 자
는 슬기를 얻을 자니라

1 柔らかな応答は憤りを沈め/傷つ
　やわ　　　おうとう　いきどお　しず　きず
ける言葉は怒りをあおる。
　　　ことば　　いか

2 知恵ある人の舌は知識を明らか
　ちえ　　　ひと　した　ちしき　あき
に示し/愚か者の口は無知を注ぎ
　　しめ　おろ　もの　くち　むち　そそ
だす。

3 どこにも主の目は注がれ/善人を
　　　　　しゅ　め　そそ　　ぜんにん
も悪人をも見ておられる。
　あくにん　み

4 癒しをもたらす舌は命の木。/よ
　いや　　　　　　した　いのち　き
こしまな舌は気力を砕く。
　　　　した　きりょく　くだ

5 無知な者は父の諭しをないがし
　むち　もの　ちち　さと
ろにする。/懲らしめを守る人は
　　　　　　　こ　　　　　まも　ひと
賢明さを増す。
けんめい　　ま

단어장

応答[おうとう]응답	知識[ちしき]지식
憤り[いきどおり]분노	砕く[くだく]부수다
沈め[しずめ]가라앉힘	無知[むち]무지
傷[きず]상처	賢明[けんめい]현명

6 神に従う人の家には多くの
　蓄えがある。/神に逆らう者
　は収穫のときにも煩いがあ
　る。

カミニ 시타가우 히토노 이에니
와 오오쿠노 타쿠와에가아루.
카미니 사카라우모노와 슈우카
쿠노토키니모 와즈라이가 아루.

의인의 집에는 많은 보물이 있
어도 악인의 소득은 고통이 되
느니라

7 知恵ある人の唇は知識をふ
　りまく。/愚か者の心は定ま
　らない。

치에아루 히토노 쿠치비루와 치
시키오 후리마쿠. 오로카모노노
코코로와 사다마라나이.

지혜로운 자의 입술은 지식을
전파하여도 미련한 자의 마음
은 정함이 없느니라

8 主を逆らう者のいけにえを
　いとい/正しい人の祈りを喜
　び迎えられる。

슈오 사카라우모노노 이케니에
오 이토이 타다시이 히토노 이
노리오 요로코비 무카에라레루.

악인의 제사는 여호와께서 미
워하셔도 정직한 자의 기도는
그가 기뻐하시느니라

9 主は逆らう者の道をいとい/
　従うことを求める人を愛さ
　れる。

슈와 사카라우모노노 미치오 이
토이 시타가우코토오 모토메루
히토오 아이사레루.

악인의 길은 여호와께서 미워
하셔도 공의를 따라가는 자는
그가 사랑하시느니라

10 道を捨てる者は諭しを不快
　に思う。/懲らしめを憎む
　者は死に至る。

미치오 스테루 모노와 사토시
오 후카이니 오모우.코라시메
오 니쿠무모노와 시니이타루.

도를 배반하는 자는 엄한 징계
를 받을 것이요 견책을 싫어하
는 자는 죽을 것이니라

6 神に従う人の家には多くの蓄え
　かみ　したが　ひと　いえ　おお　　たくわ
がある。/神に逆らう者は収穫の
　　　　　　かみ　さか　　もの　　しゅうかく
ときにも煩いがある。
　　　　　わずら

7 知恵ある人の唇は知識をふりま
　ちえ　　　ひと　くちびる　ちしき
く。/愚か者の心は定まらない。
　　　おろ　もの　こころ　さだ

8 主を逆らう者のいけにえをいと
　しゅ　さか　　もの
い/正しい人の祈りを喜び迎えら
　　ただ　　ひと　いの　　よろこ　むか
れる。

9 主は逆らう者の道をいとい/従う
　しゅ　さか　　もの　みち　　　　　したが
ことを求める人を愛される。
　　　もと　　ひと　あい

10 道を捨てる者は諭しを不快に
　みち　す　　もの　さと　　ふかい
思う。/懲らしめを憎む者は死
おも　　こ　　　　　　にく　もの　し
に至る。
　いた

단어장

蓄え[たくわえ]비축	祈り[いのり]기도
収穫[しゅうかく]수확	逆らう[さからう]거스르다
煩い[わずらい]번거롭다	不快[ふかい]불쾌
定ま[さだめ]정함	思う[おもう]생각하다

11 蔭府も滅びの国も主の御前にある。/人の子らの心はなおのこと。

요미모 호로비노 쿠니모 슈노 미마에니아루. 히토노코라노 코코로와 나오노코토.

스올과 아바돈도 여호와의 앞에 드러나거든 하물며 사람의 마음이리요

12 不遜な者は懲らしめられることを嫌い/知恵ある人のもとに行こうとしない。

후손나 모노와 코라시메라레루 코토오 키라이 치에아루 히토노모토니 이코우토시나이.

거만한 자는 견책 받기를 좋아하지 아니하며 지혜 있는 자에게로 가지도 아니하느니라

13 心に喜びを抱けば顔は明るくなり/心の痛みがあれば霊は沈み込む。

코코로니 요로코비오 이다케바 카오와 아카루쿠나리 코코로노 이타미가 아레바 레이와 시즈미코무.

마음의 즐거움은 얼굴을 빛나게 하여도 마음의 근심은 심령을 상하게 하느니라

14 聡明な心は知識を求め/愚か者の口には無知を友とする。

소우메이나 코코로와 치시키오 모토메 오로카모노노 쿠치니와 무치오 토모토스루.

명철한 자의 마음은 지식을 요구하고 미련한 자의 입은 미련한 것을 즐기느니라

15 貧しい人の一生は災いが多いが/心が朗らかなら、常に宴会にひとしい。

마즈시이 히토노 잇쇼우와 와자와이가 오오이가 코코로가 호가라카나라, 츠네니 엔카이니 히토시이.

고난 받는 자는 그 날이 다 험악하나 마음이 즐거운 자는 항상 잔치하느니라

---

11 蔭府(よみ)も滅(ほろ)びの国(くに)も主(しゅ)の御前(みまえ)にある。/人(ひと)の子(こ)らの心(こころ)はなおのこと。

12 不遜(ふそん)な者(もの)は懲らしめられることを嫌(きら)い/知恵(ちえ)ある人(ひと)のもとに行(い)こうとしない。

13 心(こころ)に喜(よろこ)びを抱(いだ)けば顔(かお)は明(あか)るくなり/心(こころ)の痛(いた)みがあれば霊(れい)は沈(しず)み込(こ)む。

14 聡明(そうめい)な心(こころ)は知識(ちしき)を求(もと)め/愚(おろ)か者(もの)の口(くち)には無知(むち)を友(とも)とする。

15 貧(まず)しい人(ひと)の一生(いっしょう)は災(わざ)いが多(おお)いが/心(こころ)が朗(ほが)らかなら、常(つね)に宴会(えんかい)にひとしい。

단어장

不遜[ふそん] 불손	沈み[しずみ]가라앉음
嫌い[きらい] 싫음	朗らか[ほがらか] 명랑하게
喜び[よろこび] 기쁨	常[つね]항상
抱く[いだく] 품다	宴会[えんかい]연회

16 財宝を多く持って恐怖のう
　ちにあるよりは/乏しくて
　も主を畏れるほうがよい。
　자이호우오 오오쿠 못테 쿄우
　후노 우치니 아루요리와 토보
　시쿠테모 슈오 오소레루 호우
　가 요이.
　가산이 적어도 여호와를 경외
　하는 것이 크게 부하고 번뇌하
　는 것보다 나으니라

17 肥えた牛を食べて憎み合う
　よりは/青菜の食事で愛し
　合う方がいい。
　코에타 우시오 타베테 니쿠미
　아우요리와 아오나노 쇼쿠지
　데 아이시아우 호우가 이이.
　채소를 먹으며 서로 사랑하는
　것이 살진 소를 먹으며 서로
　미워하는 것보다 나으니라

18 激し安い人はいさかいを引
　き起こし/忍耐深い人は争
　いを鎮める。
　게키시 야스이 히토와 이사카
　이오 히키오코시 닌타이 부카
　이 히토와 아라소이오 시즈메
　루.
　분을 쉽게 내는 자는 다툼을
　일으켜도 노하기를 더디 하는
　자는 시비를 그치게 하느니라

19 怠け者の道は茨にふさがれ
　る。/正しい人の道は開か
　れている。
　나마케모노노 미치와 이바라
　니 후사가레루. 타다시이 히토
　노 미치와 히라카레테이루.
　게으른 자의 길은 가시 울타리
　같으나 정직한 자의 길은 대로
　니라

20 知恵ある子は父を喜ばせ/
　愚か者は母を侮る。
　치에아루 코와 치치오 요로코
　바세 오로카모노와 하하오 아
　나도루.
　지혜로운 아들은 아비를 즐겁
　게 하여도 미련한 자는 어미를
　업신여기느니라

---

16 財宝を多く持って恐怖のうち
　　　ざいほう　　おお　も　　　きょうふ
　にあるよりは/乏しくても主を
　　　　　　　　　　とぼ　　　　しゅ
　畏れるほうがよい。
　おそ

17 肥えた牛を食べて憎み合うよ
　　　こ　　　うし　た　　　にく　あ
　りは/青菜の食事で愛し合う方
　　　　あおな　　しょくじ　　あい　あ　　ほう
　がいい。

18 激し安い人はいさかいを引き
　　　げき　やす　ひと　　　　　　　　ひ
　起こし/忍耐深い人は争いを鎮
　お　　　　にんたいぶか　ひと　あらそ　　　しず
　める。

19 怠け者の道は茨にふさがれ
　　　なま　もの　みち　いばら
　る。/正しい人の道は開かれて
　　　　　ただ　　　ひと　みち　ひら
　いる。

20 知恵ある子は父を喜ばせ/愚か
　　　ちえ　　　こ　ちち　よろこ　　　おろ
　者は母を侮る。
　もの　はは　あなど

단어장

財宝[ざいほう]재보　　　　食事[しょくじ]식사
恐怖[きょうふ]공포　　　　鎮める[しずめる]가라앉히다
食べる[たべる] 먹다　　　　開く[ひらく]열다
青菜[あおな]나물　　　　茨[いばら]가시밭

21 意志の弱い者には無知が喜びとなる。/英知ある人は歩みをただす。

이시노 요와이 모노니와 무치가 요로코비토 나루. 에이치아루 히토와 아유미오 타다스.

무지한 자는 미련한 것을 즐겨하여도 명철한 자는 그 길을 바르게 하느니라

22 相談しなければどんな計画も挫折する。/参議が多ければ実現する。

소우단 시나케레바 돈나 케이카쿠모 자세츠루. 산기가 오오케레바 지츠겐스루.

의논이 없으면 경영이 무너지고 지략이 많으면 경영이 성립하느니라

23 正しく答える人には喜びがある。/時宜にかなった言葉はいかに良いものか。

타다시쿠 코타에루 히토니와 요로코비가 아루. 지기니 카낫타 코토바와 이카니 요이모노카.

사람은 그 입의 대답으로 말미암아 기쁨을 얻나니 때에 맞는 말이 얼마나 아름다운고

24 目覚めている人には上への道があり/下の蔭府を避けさせる。

메자메테이루 히토니와 우에헤노 미치가아리 시타노 요미오 사케사세루.

지혜로운 자는 위로 향한 생명 길로 말미암음으로 그 아래에 있는 스올을 떠나게 되느니라

25 主は傲慢な者の家を根こそぎにし/やもめの地境を固めてくださる。

슈와 고우만나 모노노 이에오 네코소기니시 야모메노 지자카이오 카타메테 쿠다사루.

여호와는 교만한 자의 집을 허시며 과부의 지계를 정하시느니라

---

21 意志の弱い者には無知が喜び
   いし　　よわ　もの　　　　むち　　　よろこ
となる。/英知ある人は歩みを
   　　　　えいち　　　ひと　あゆ
ただす。

22 相談しなければどんな計画も
   そうだん　　　　　　　　　　けいかく
挫折する。/参議が多ければ実
ざせつ　　　　さんぎ　おお　　　じつ
現する。
げん

23 正しく答える人には喜びがあ
   ただ　　こた　　ひと　　　よろこ
る。/時宜にかなった言葉はい
   　　じぎ　　　　　　　　ことば
かに良いものか。
   　よ

24 目覚めている人には上への道
   めざ　　　　　　ひと　　うえ　　　みち
があり/下の蔭府を避けさせ
   　　　　した　よみ　　さ
る。

25 主は傲慢な者の家を根こそぎ
   しゅ　ごうまん　もの　いえ　ね
にし/やもめの地境を固めてく
   　　　　　　　じざかい　かた
ださる。

단어장

相談[そうだん]상담	挫折[ざせつ]좌절
計画[けいかく]계획	実現[じつげん]실현

26 悪意を主はいとい、親切な言葉を清いとされる。
아쿠이오 슈와 이토이, 신세츠나 코토바오 키요이토 사레루.
악한 꾀는 여호와께서 미워하시나 선한 말은 정결하니라

27 奪い取る者の家には煩いが多い。/賄賂を憎む者は命を得る。
우바이 토루 모노노 이에니와 와즈라이가 오오이. 와이로오 니쿠무 모노노 이노치오 에루.
이익을 탐하는 자는 자기 집을 해롭게 하나 뇌물을 싫어하는 자는 살게 되느니라

28 神に従う心は思いめぐらして応答し/神に逆らう口は災いを吐く。
카미니 시타가우 코코로와 오모이 메구라시테 오우토우시 카미니 사카라우 쿠치와 와자와이오 하쿠.
의인의 마음은 대답할 말을 깊이 생각하여도 악인의 입은 악을 쏟느니라

29 主は逆らう者に遠くいますが/従う者の祈りを聞いて下さる。
슈와 사카라우모노니 토오쿠 이마스가 시타가우 모노노 이노리오 키이테 쿠다사루.
여호와는 악인을 멀리 하시고 의인의 기도를 들으시느니라

30 目に光を与えるものは心をも喜ばせ/良い知らせは骨を潤す。
메니 히카리오 아타에루모노와 코코로오모 요로코바세 요이 시라세와 호네오 우루오스.
눈이 밝은 것은 마음을 기쁘게 하고 좋은 기별은 뼈를 윤택하게 하느니라

---

26 悪意(あくい)を主(しゅ)はいとい、親切(しんせつ)な言(こと)葉(ば)を清(きよ)いとされる。

27 奪(うば)い取(と)る者(もの)の家(いえ)には煩(わずら)いが多(おお)い。/賄賂(わいろ)を憎(にく)む者(もの)は命(いのち)を得(え)る。

28 神(かみ)に従(したが)う心(こころ)は思(おも)いめぐらして応答(おうとう)し/神(かみ)に逆(さか)らう口(くち)は災(わざわ)いを吐(は)く。

29 主(しゅ)は逆(さか)らう者(もの)に遠(とお)くいますが/従(したが)う者(もの)の祈(いの)りを聞(き)いて下(くだ)さる。

30 目(め)に光(ひかり)を与(あた)えるものは心(こころ)をも喜(よろこ)ばせ/良(よ)い知(し)らせは骨(ほね)を潤(うるお)す。

단어장

悪意[あくい]악의	奪い取る[うばいとる]빼앗다
親切[しんせつ]친절	賄賂[わいろ]뇌물
言葉[ことば]말	憎む[にくむ]미워하다
清い[きよい]맑다	応答[おうとう]응답

31 命を与える懲らしめに聞き
従う耳は/知恵ある人の中
に宿る。
セイメイオ 아타에루 코라시
메니 키키시타가우 미미와 치
에아루히토노 나카니 야도루.
생명의 경계를 듣는 귀는 지혜
로운 자 가운데에 있느니라

32 諭しをなおざりにする者は
魂を無視する者。懲らしめ
に聞き従う人は心を得る。
사토시오 나오자리니 스루모
노와 타마시이오 무시스루모
노. 코라시메니 키키시타가우
히토와 코코로오 에루.
훈계 받기를 싫어하는 자는 자
기의 영혼을 경히 여김이라 견
책을 달게 받는 자는 지식을
얻느니라

33 主を畏れることは諭しと知
恵。/名誉に先立つのは謙
遜。
슈오 오소레루코토와 사토시
토 치에. 메이요니 사키다츠노
와 켄손.
여호와를 경외하는 것은 지혜
의 훈계라 겸손은 존귀의 길잡
이니라

31 命を与える懲らしめに聞き従
いのち　　あた　　　　こ　　　　　　　　　　き　したが
う耳は/知恵ある人の中に宿
　みみ　　　ちえ　　　ひと　なか　やど
る。

32 諭しをなおざりにする者は魂
さと　　　　　　　　　　　　もの　たましい
を無視する者。懲らしめに聞
　むし　　　もの　　こ　　　　　　　き
き従う人は心を得る。
　したが　ひと　こころ　え

33 主を畏れることは諭しと知
しゅ　おそ　　　　　　　　　さと　　　ち
恵。/名誉に先立つのは謙遜。
え　　　めいよ　　さきだ　　　　　　けんそん

あなたは心を尽くし、魂を尽くし、
　　　　こころ　つ　　　たましい つ
力を尽くして、あなたの神、主を愛しなさい。
ちから　つ　　　　　　　　　　かみ　しゅ　あい

너는 마음을 다하고 뜻을 다하고 힘을 다하여
네 하나님 여호와를 사랑하라
(신명기 6:5)

尽くし[つくし]다하다　　　愛[あい]사랑

단어장

命[いのち]생명　　　　　　無視 [むし]무시
与える[あたえる]주다　　　知恵[ちえ]지혜
宿る[やどる]깃들다　　　　名誉[めいよ]명예
魂[たましい] 영혼　　　　　謙遜[けんそん]겸손

箴言16章 1節 ～ 33節

1 人間は心構えをする。/主が
舌に答えるべきことを与え
てくださる。
닌겐와 코코로가마에오스루. 슈
가 시타니 코타에루베키코토오
아타에테 쿠다사루.
마음의 경영은 사람에게 있어
도 말의 응답은 여호와께로부
터 나오느니라

2 人間の道は自分の目に清く
見えるが、/主はその精神を
調べられる。
닌겐노 미치와 지분노 메니 키
요쿠 미에루가, 슈와 소노 세이
신오 시라베라레루.
사람의 행위가 자기 보기에는
모두 깨끗하여도 여호와는 심
령을 감찰하시느니라

3 あなたの業を主にゆだねれ
ば/計らうことは固く立つ。
아나타노 와자오 슈니 유다네레
바 하카라우코토와 카타쿠 타츠.
너의 행사를 여호와께 맡기라
그리하면 네가 경영하는 것이
이루어지리라

4 主は御旨にそってすべての
事をされる。/逆らう者をも災
いの日のためにつくられる。
슈와 미무네니 솟테 스베테노
코토오 사레루. 사카라우 모노
오모 와자와이노 히노타메니 츠
쿠라레루.
여호와께서 온갖 것을 그 쓰임
에 적당하게 지으셨나니 악인
도 악한 날에 적당하게 하셨느
니라

5 すべて高慢な心を主はいと
われる。/子孫は罪なしとさ
れることはない。
스베테 코우만나 코코로오 슈와
이토와레루. 시손와 츠미나시토
사레루코토와나이.
무릇 마음이 교만한 자를 여호
와께서 미워하시나니 피차 손
을 잡을지라도 벌을 면하지 못
하리라

1 人間は心構えをする。/主が舌に
　　にんげん　こころがま　　　　　しゅ　した
答えるべきことを与えてくださ
　こた　　　　　　　あた
る。

2 人間の道は自分の目に清く見え
　　にんげん　みち　じぶん　め　きよ　み
るが、/主はその精神を調べられ
　　　　　しゅ　　　　せいしん　しら
る。

3 あなたの業を主にゆだねれば/計
　　　　　わざ　しゅ　　　　　　はか
らうことは固く立つ。
　　　　　　かた　た

4 主は御旨にそってすべての事を
　しゅ　みむね　　　　　　　　　こと
される。/逆らう者をも災いの日
　　　　　さか　　もの　　わざわ　ひ
のためにつくられる。

5 すべて高慢な心を主はいとわれ
　　　　こうまん　こころ　しゅ
る。/子孫は罪なしとされること
　　　しそん　つみ
はない。

6 慈しみとまことは罪を贖
う。/主を畏れれば悪を避け
ることができる。

이츠쿠시미토 마코토와 츠미오
아가나우. 슈오 오소레레바 아
쿠오 사케루코토가데키루.

인자와 진리로 인하여 죄악이
속하게 되고 여호와를 경외함
으로 말미암아 악에서 떠나게
되느니라

7 主に喜ばれる道を歩む人を/
主は敵と和解させてくださ
る。

슈니 요로코바레루 미치오 아유
무 히토오 슈와 테키토 와카이
사세테 쿠다사루.

사람의 행위가 여호와를 기쁘
시게 하면 그 사람의 원수라도
그와 더불어 화목하게 하시느
니라

8 稼ぎが多くても正義に反す
るよりは/僅かなもので恵み
の業をする方が幸い。

카세기가 오오쿠테모 세이기니
한스루요리와 와즈카나 모노데
메구미노 와자오 스루호우가 사
이와이.

적은 소득이 공의를 겸하면 많
은 소득이 불의를 겸한 것보다
나으니라

9 人間の心は自分の道を計画
する。/主が一歩一歩を備え
てくださる。

닌겐노 코코로와 지분노 미치오
케이카쿠스루. 슈가 잇뽀잇뽀오
소나에테쿠다사루.

사람이 마음으로 자기의 길을
계획할지라도 그의 걸음을 인
도하시는 이는 여호와시니라

10 王の唇には魔力がある。/
彼の口が裁きにおいて誤る
ことはない。

오우노 쿠치비루니와 마료쿠
가 아루. 카레노 쿠치가 사바키
니오이테 아야마루코토와나이.
하나님의 말씀이 왕의 입술에
있은즉 재판할 때에 그의 입이
그르치지 아니하리라

---

6 慈しみとまことは罪を贖う。/主
いつく　　　　　　　つみ　あがな　　しゅ
を畏れれば悪を避けることがで
おそ　　　　あく　さ
きる。

7 主に喜ばれる道を歩む人を/主は
しゅ　よろこ　　　みち　あゆ　ひと　しゅ
敵と和解させてくださる。
てき　わかい

8 稼ぎが多くても正義に反するよ
かせ　おお　　　　せいぎ　はん
りは/僅かなもので恵みの業をす
わず　　　　　めぐ　わざ
る方が幸い。
ほう　さいわ

9 人間の心は自分の道を計画す
にんげん　こころ　じぶん　みち　けいかく
る。/主が一歩一歩を備えてくだ
しゅ　いっぽいっぽ　そな
さる。

10 王の唇には魔力がある。/彼の
おう　くちびる　まりょく　　　　かれ
口が裁きにおいて誤ることは
くち　さば　　　　　　あやま
ない。

단어장

敵[てき]적	計画す[けいかく]계획
和解[わかい]화해	備え[そなえ]대비
稼ぎ[かせぎ]벌이	魔力[まりょく]마력
僅か[わずか]조금	誤る[あやまる]그르치다

11 公正な天秤、公正な秤は主
のもの。/袋のおもり石も
主の造られたもの。

코우세이나 텐빙, 코우세이나
하카리와 슈노모노. 후쿠로노
오모리이시모 슈노 츠쿠라레
타모노.

공평한 저울과 접시 저울은
여호와의 것이요 주머니 속의
저울추도 다 그가 지으신 것
이니라

12 神に逆らうことは王はいと
わなければならない。

카미니 사카라우코토와 오우
와 이토와나케레바나라나이.

악을 행하는 것은 왕들이 미워
할 바니 이는 그 보좌가 공의
로 말미암아 굳게 섬이니라

13 正しいことを語る唇を王は
喜び迎え/正直に語る人を
愛する。

타다시이코토오 카타루쿠치비
루오 오우와 요로코비 무카에
쇼우지키니 카타루히토오 아
이스루.

의로운 입술은 왕들이 기뻐하
는 것이요 정직하게 말하는 자
는 그들의 사랑을 입느니라

14 王の怒りは死の使い。/そ
れをなだめるのは知恵ある
人。

오우노 이카리와 시노 츠카이.
소레오 나다메루노와 치에아
루히토.

왕의 진노는 죽음의 사자들과
같아도 지혜로운 사람은 그것
을 쉬게 하리라

15 王の顔の輝きは命を与え
る。/彼の好意は春の雨を
もたらす雲。

오우노 카오노 카가야키와 이
노치오 아타에루. 카레노 코우
이와 하루노아메오 모타라스
쿠모.

왕의 희색은 생명을 뜻하나니
그의 은택이 늦은 비를 내리는
구름과 같으니라

11 公正な天秤、公正な秤は主の
　　　こうせい　　　てんびん　　　こうせい　　　はかり　　しゅ
もの。/袋のおもり石も主の造
　　　　　ふくろ　　　　　　　いし　しゅ　　つく
られたもの。

12 神に逆らうことは王はいとわ
　　　かみ　さか　　　　　　　　　　　おう
なければならない。

13 正しいことを語る唇を王は喜
　　　ただ　　　　　　　　　かた　くちびる　おう　　よろこ
び迎え/　正直に語る人を愛す
　　むか　　　　　しょうじき　かた　ひと　　あい
る。

14 王の怒りは死の使い。/それを
　　おう　おこ　　　し　　つか
なだめるのは知恵ある人。
　　　　　　　　　　ちえ　　　　ひと

15 王の顔の輝きは命を与える。/
　　おう　　かお　かがや　　いのち　あた
彼の好意は春の雨をもたらす
　　かれ　　こうい　　はる　　あめ
雲。
くも

단어장

秤[はかり]저울
語る[かたる]말하다
迎え[むかえ]마중
正直[しょうじき]정직

輝き[かがやき]반짝임
好意[こうい]호의
春[はる]봄
雨[あめ]비

16 知恵を得ることは金にまさり/分別を得ることは銀よりも望ましい。

치에오 에루코토와 카네니마사리 훈베츠오 에루코토와 긴요리모 노조마시이.

지혜를 얻는 것이 금을 얻는 것보다 얼마나 나은고 명철을 얻는 것이 은을 얻는 것보다 더욱 나으니라

17 正しい人の道は悪を避けて通っている。/魂を守る者はその道を守る。

타다시이 히토노 미치와 아쿠오 사케테 토옷테이루. 타마시이오 마모루모노와 소노미치오 마모루.

악을 떠나는 것은 정직한 사람의 대로이니 자기의 길을 지키는 자는 자기의 영혼을 보전하느니라

18 痛手に先立つのは驕り。/つまずきに先立つのは高慢な霊。

이타데니 사키다츠노와 오고리. 츠마즈키니 사키다츠노와 코우만나 레이.

교만은 패망의 선봉이요 거만한 마음은 넘어짐의 앞잡이니라

19 貧しい人と共に心を低くしている方が/傲慢な者と分捕りものを分け合うよりよい。

마즈시이 히토토 토모니 코코로오 히쿠쿠시테이루 호우가 고우만나 모노토 분도리모노오 와케아우요리 요이.

겸손한 자와 함께 하여 마음을 낮추는 것이 교만한 자와 함께 하여 탈취물을 나누는 것보다 나으니라

20 何事にも目覚めている人は恵みを得る。/主に依り頼むことが彼の幸い。

나니코토니모 메자메테이루히토와 메구미오 에루. 슈니 요리 타노무코토가 카레노 사이와이.

삼가 말씀에 주의하는 자는 좋은 것을 얻나니 여호와를 의지하는 자는 복이 있느니라

---

16 知恵を得ることは金にまさり/分別を得ることは銀よりも望ましい。

17 正しい人の道は悪を避けて通っている。/魂を守る者はその道を守る。

18 痛手に先立つのは驕り。/つまずきに先立つのは高慢な霊。

19 貧しい人と共に心を低くしている方が/傲慢な者と分捕りものを分け合うよりよい。

20 何事にも目覚めている人は恵みを得る。/主に依り頼むことが彼の幸い。

단어장

分別[ふんべつ]분별	分け合う[わけあう]나누어 가지다
望ましい[のぞましい]바람직하다	何事[なにごと]무슨 일
驕り[おごり]교만함	目覚め[めざめ]잠에서 깨어남
低い[ひくい]낮다	頼む[たのむ]부탁하다

21 心に知恵ある人は聡明な人
と呼ばれる。/優しく語る
唇は説得力を増す。
코코로니 치에아루히토와 소
우메이나 히토토요바레루. 야
사시쿠 카타루 쿠치비루와 셋
토쿠료쿠오 마스.
마음이 지혜로운 자는 명철하
다 일컬음을 받고 입이 선한
자는 남의 학식을 더하게 하느
니라

22 見識ある人にはその見識が
命の泉となる。無知な者に
は無知が諭しとなる。
켄시키아루히토니와 소노켄시
키가 이노치아루 이즈미토나
루. 무치나모노니와 무치가 사
토시토나루.
명철한 자에게는 그 명철이 생
명의 샘이 되거니와 미련한 자
에게는 그 미련한 것이 징계가
되느니라

23 知恵ある心は口の言葉を成
功させ/その唇に説得力を
加える。
치에아루 코코로와 쿠치노 코
토바오 세이코우사세 소노쿠
치비루니 셋토쿠료쿠오 쿠와
에루.
지혜로운 자의 마음은 그의 입
을 슬기롭게 하고 또 그의 입
술에 지식을 더하느니라

24 親切な言葉は蜜の滴り。/
魂に甘く、骨を癒す。
신세츠나 코토바와 미츠노 시
타타리. 타마시이니 아마쿠, 호
네오 이야스.
선한 말은 꿀송이 같아서 마음
에 달고 뼈에 양약이 되느니라

25 人間の前途がまっすぐなよ
うでも/果ては死への道と
なることがある。
닌겐노 젠토가 맛스구나요우
데모 하테와 시헤노 미치토나
루코토가아루.
어떤 길은 사람이 보기에 바르
나 필경은 사망의 길이니라

21 心に知恵ある人は聡明な人と
こころ　　ちえ　　　　ひと　そうめい　ひと
呼ばれる。/優しく語る唇は説
よ　　　　　　　やさ　　　かた　くちびる　せっ
得力を増す。
とくりょく　　ま

22 見識ある人にはその見識が命
けんしき　　　ひと　　　　けんしき　いのち
の泉となる。無知な者には無
　いずみ　　　　　　　　むち　もの　　　　む
知が諭しとなる。
ち　さと

23 知恵ある心は口の言葉を成功
ちえ　　　　こころ　くち　　ことば　　せいこう
させ/　その唇に説得力を加え
　　　　　　　くちびる　せっとくりょく　　くわ
る。

24 親切な言葉は蜜の滴り。/魂に
しんせつ　ことば　みつ　したた　　　たましい
甘く、骨を癒す。
あま　　　ほね　いや

25 人間の前途がまっすぐなよう
にんげん　ぜんと
でも/果ては死への道となるこ
　　　　は　　し　　　　みち
とがある。

단어장

聡明[そうめい]총명	親切[しんせつ]친절
説得力[せっとくりょく]설득력	道[みち]길
見識[けんしき]견식	滴り[したたり]방울져 떨어짐
泉[いずみ]샘	骨[ほね]뼈

26 労苦する者を労苦させるの
　は欲望だ。/口が彼を駆り
　立てる。
　로우쿠스루모노오 로우쿠사세
　루노와 요쿠보우다. 쿠치가 카
　레오 카리타테루.
　고되게 일하는 자는 식욕으로
　말미암아 애쓰나니 이는 그의
　입이 자기를 독촉함이니라

27 ならず者は災いの炉、その
　唇には燃えさかる火。
　나라즈모노와 와자와이노 로,
　소노쿠치비루니와 모에사카루
　히.
　불량한 자는 악을 꾀하나니 그
　입술에는 맹렬한 불 같은 것이
　있느니라

28 暴言をはく者はいさかいを
　起こさせる。/陰口は友情
　を裂く。
　보우겐오 하쿠모노와 이사카
　이오 오코사세루. 카게쿠치와
　유우조우오 사쿠.
　패역한 자는 다툼을 일으키고
　말쟁이는 친한 벗을 이간하느
　니라

29 不法を行う者はその友を惑
　わして/良くない道を行か
　せる。
　후호우오 오코나우모노와 소
　노 토모오 마도와세테 요쿠나
　이 미치오 이카세루.
　강포한 사람은 그 이웃을 꾀어
　좋지 아니한 길로 인도하느니
　라

30 人は目を閉じて暴言を考え
　出すし/悪を果たして口を
　すぼめる。
　히토와 메오 토지테 보우겐오
　캉가에다스시 아쿠오 하타시
　테 쿠치오 스보메루.
　눈짓을 하는 자는 패역한 일을
　도모하며 입술을 닫는 자는 악
　한 일을 이루느니라

---

26 労苦する者を労苦させるのは欲望だ。/口が彼を駆り立てる。

ろうく　　　もの　　ろうく
よくぼう　　　　　くち　かれ　か　た

27 ならず者は災いの炉、その唇には燃えさかる火。

もの　わざわ　ろ　　　　くちびる
も　　　　ひ

28 暴言をはく者はいさかいを起こさせる。/陰口は友情を裂く。

ぼうげん　　　もの　　　　　　　　お
かげぐち　　ゆうじょう　さ

29 不法を行う者はその友を惑わして/良くない道を行かせる。

ふほう　おこな　もの　　　　とも　まど
よ　　　みち　い

30 人は目を閉じて暴言を考え出すし/悪を果たして口をすぼめる。

ひと　め　と　　　ぼうげん　かんが　だ
あく　は　　　　くち

단어장

労苦[ろうく]노고	友情[ゆうじょう]우정
欲望[よくぼう]욕망	裂く[さく]찢음
災い[わざわい]재앙	惑わす[まどわす]현혹시키다
燃え[もえ]타오름	考え[かんがえ]생각

31 白髪は輝く冠、神に従う道に見いだされる。
시라가와 카가야쿠 칸무리, 카미니 시타가우 미치니 미이다사레루.
백발은 영화의 면류관이라 공의로운 길에서 얻으리라

32 忍耐は力の強さにまさる。/自制の力は町を占領するにまさる。
닌타이와 치카라노 츠요사니 마사루. 지세이노 치카라와 마치오 센료스루니 마사루.
노하기를 더디하는 자는 용사보다 낫고 자기의 마음을 다스리는 자는 성을 빼앗는 자보다 나으니라

33 くじは膝の上に投げるが/ふさわしい定めはすべて主から与えられる。
쿠지와 히자노 우에니 나게루가 후사와시이 사다메와 스베테 슈카라 아타에라레루.
제비는 사람이 뽑으나 모든 일을 작정하기는 여호와께 있느니라

---

31 白髪は輝く冠、神に従う道に見いだされる。
しらが　かがや　かんむり　かみ　したが　みち　み

32 忍耐は力の強さにまさる。/自制の力は町を占領するにまさる。
にんたい　ちから　つよ　じ　せい　ちから　まち　せんりょう

33 くじは膝の上に投げるが/ふさわしい定めはすべて主から与えられる。
ひざ　うえ　な　さだ　しゅ　あた

「わたしを呼べ、わたしはあなたに答え、
よ　こた
あなたの知らない隠された大いなることを
し　かく　おお
告げ知らせる。
つ　し

너는 내게 부르짖으라 내가 네게 응답하겠고
네가 알지 못하는 크고 은밀한 일을 네게 보이리라
(예레미야 33:3)

隠される[かくされる]숨겨지다　　知らせる[しらせる]알리다

단어장

白髪[しらが]백발　　　　　　占領[せんりょう]점령
輝く[かがやく]빛나다　　　　膝[ひざ]무릎
忍耐[にんたい]인내　　　　　投げる[なげる]던지다
自制[じせい]자제　　　　　　定め[さだめ]정함

箴言17章 1節 ～ 28節

1 乾いたパンの一片しかなくとも平安があれば／いけにえの肉で家を満たして争うよりよい。

카와이타 팡노 잇펜시카나쿠토모 헤이안가 아레바 이케니에노 니쿠데 이에오 미타시테 아라소우요리요이.

마른 떡 한 조각만 있고도 화목하는 것이 제육이 집에 가득하고도 다투는 것보다 나으니라

2 成功をもたらす僕は恥をもたらす息子を支配し／その兄弟と共に嗣業の分配にあずかる。

세이코우오 모타라스 시모베와 하지오모타라스 무스코오 시하이시 소노쿄다이토 토모니 시교우노 분빠이니 아즈카루.

슬기로운 종은 부끄러운 짓을 하는 주인의 아들을 다스리겠고 또 형제들 중에서 유업을 나누어 얻으리라

3 銀にはるつぼ、金には炉、心を試すのは主。

긴니와 루츠보, 킨니와 로, 코코로오 타메스노와 슈.

도가니는 은을, 풀무는 금을 연단하거니와 여호와는 마음을 연단하시느니라

4 悪事をはたらく者は悪の唇に耳を傾け／偽る者は滅亡の舌に耳を向ける。

아쿠지오 하타라쿠모노와 아쿠노 쿠치비루니 미미오 카타무케 이츠와루모노와 메츠보우노 시타니 미미오 무케루.

악을 행하는 자는 사악한 입술이 하는 말을 잘 듣고 거짓말을 하는 자는 악한 혀가 하는 말에 귀를 기울이느니라

5 貧しい人を嘲る者は造り主をみくびる者。災いのときに喜ぶ者は赦されない。

마즈시이히토오 아자케루모노와 츠쿠리누시오 미쿠비루모노. 와자와이노토키니 요로코부모노와 유루사레나이.

가난한 자를 조롱하는 자는 그를 지으신 주를 멸시하는 자요 사람의 재앙을 기뻐하는 자는 형벌을 면하지 못할 자니라

---

1 乾いたパンの一片しかなくとも平安があれば／いけにえの肉で家を満たして争うよりよい。

2 成功をもたらす僕は恥をもたらす息子を支配し／その兄弟と共に嗣業の分配にあずかる。

3 銀にはるつぼ、金には炉、心を試すのは主。

4 悪事をはたらく者は悪の唇に耳を傾け／偽る者は滅亡の舌に耳を向ける。

5 貧しい人を嘲る者は造り主をみくびる者。災いのときに喜ぶ者は赦されない。

6 孫は老人の冠、子らは父の輝き。

마고와 로우진노 칸무리, 코라와치치노 카가야키.

손자는 노인의 면류관이요 아비는 자식의 영화니라

7 高尚な唇は神を知らぬ者にふさわしくない。うそをつく唇は高貴な者に一層ふさわしくない。

코우쇼우나 쿠치비루와 카미오 시라누모노니 후사와시쿠나이. 우소오츠쿠 쿠치비루와 코우키나모노니 잇소우 후사와시쿠나이.

지나친 말을 하는 것도 미련한 자에게 합당하지 아니하거든 하물며 거짓말을 하는 것이 존귀한 자에게 합당하겠느냐

8 賄賂は贈り主にとって美しい宝石。贈ればどこであろうと成功する。

와이로와 오쿠리누시니 톳테 우츠쿠시이 호우세키. 오쿠레바 도코데 아로우토 세이코우스루.

뇌물은 그 임자가 보기에 보석 같은즉 그가 어디로 향하든지 형통하게 하느니라

9 愛を求める人は罪を覆う。前言を翻す者は友情を裂く。

아이오 모토메루 히토와 츠미오 오우. 젠겐오 히루가에스 모노와 유우죠우오 사쿠.

허물을 덮어 주는 자는 사랑을 구하는 자요 그것을 거듭 말하는 자는 친한 벗을 이간하는 자니라

10 理解力ある人を一度叱責する方が／愚か者を百度打つよりも効き目がある。

리카이료쿠아루 히토오 이치도 싯세키 스루 호우가 오로카모노오 햐쿠도우츠요리모 키키메가아루.

한 마디 말로 총명한 자에게 충고하는 것이 매 백 대로 미련한 자를 때리는 것보다 더욱 깊이 박히느니라

---

6 孫(まご)は老人(ろうじん)の冠(かんむり)、子(こ)らは父(ちち)の輝(かがや)き。

7 高尚(こうしょう)な唇(くちびる)は神(かみ)を知(し)らぬ者(もの)にふさわしくない。うそをつく唇(くちびる)は高(こう)貴(き)な者(もの)に一層(いっそう)ふさわしくない。

8 賄賂(わいろ)は贈(おく)り主(ぬし)にとって美(うつく)しい宝(ほう)石(せき)。贈(おく)ればどこであろうと成功(せいこう)する。

9 愛(あい)を求(もと)める人(ひと)は罪(つみ)を覆(お)う。前言(ぜんげん)を翻(ひるがえ)す者(もの)は友情(ゆうじょう)を裂(さ)く。

10 理解力(りかいりょく)ある人(ひと)を一度(いちど)叱責(しっせき)する方(ほう)が／愚(おろ)か者(もの)を百度(ひゃくど)打(う)つよりも効(き)き目(め)がある。

단어장

孫[まご]손자	一層[いっそう]한층
老人[ろうじん]노인	宝石[ほうせき]보석
冠[かんむり]관	贈る[おくる]보내다
高貴[こうき]고귀	打つ[うつ]치다

11 悪人は逆らうことのみ求める。彼には仮借ない使者が送られるであろう。
아쿠닌와 사카라우코토노미 모토메루. 카레니와 카샤쿠나이 시샤가 오쿠라레루데아로우.
악한 자는 반역만 힘쓰나니 그러므로 그에게 잔인한 사자가 보냄을 받으리라

12 子を奪われた熊に遭う方が／愚か者の無知に会うよりましだ。
코오 우바와레타 쿠마니 아우 호우가 오로카모노노 무치니 아우요리 마시다.
차라리 새끼 빼앗긴 암곰을 만날지언정 미련한 일을 행하는 미련한 자를 만나지 말 것이니라

13 悪をもって善に報いるなら／家から災難は絶えない。
아쿠오 못테 젠니 무쿠이루나라 이에카라 사이난와 타에나이.
누구든지 악으로 선을 갚으면 악이 그 집을 떠나지 아니하리라

14 いさかいの始めは水の漏り始め。裁判沙汰にならぬうちにやめておくがよい。
이사카이노 하지메니와 미즈노 모리하지메. 사이반자타니 나라누우치니 야메테오쿠가 요이.
다투는 시작은 둑에서 물이 새는 것 같은즉 싸움이 일어나기 전에 시비를 그칠 것이니라

15 悪い者を正しいとすることも／正しい人を悪いとすることも／ともに、主のいとわれることである。
와루이모노오 타다시이토 스루코토모 타다시이히토오 와루이토스루코토모 토모니, 슈노 이토와레루코토데아루.
악인을 의롭다 하고 의인을 악하다 하는 이 두 사람은 다 여호와께 미움을 받느니라

11 悪人(あくにん)は逆(さか)らうことのみ求(もと)める。彼(かれ)には仮借(かしゃく)ない使者(ししゃ)が送(おく)られるであろう。

12 子(こ)を奪(うば)われた熊(くま)に遭(あ)う方(ほう)が／愚(おろ)か者(もの)の無知(むち)に会(あ)うよりましだ。

13 悪(あく)をもって善(ぜん)に報(むく)いるなら／家(いえ)から災難(さいなん)は絶(た)えない。

14 いさかいの始(はじ)めは水(みず)の漏(も)り始(はじ)め。裁判沙汰(さいばんざた)にならぬうちにやめておくがよい。

15 悪(わる)い者(もの)を正(ただ)しいとすることも／正(ただ)しい人(ひと)を悪(わる)いとすることも／ともに、主(しゅ)のいとわれることである。

단어장

送る[おくる]보내다
奪う[うばう]빼앗다
絶えない[たえない]끊이지 않는다
裁判沙汰[さいばんざた]재판 사태

16 愚か者が代金を手にしているのは何のためか。知恵を買おうにも、心がないではないか。

オロカモノガ ダイキンオ テニ シテイルノワ ナンノタメカ。チエオ カオウニモ、ココロガ ナイデワ ナイカ。

미련한 자는 무지하거늘 손에 값을 가지고 지혜를 사려 함은 어찜인고

17 どのようなときにも、友を愛すれば／苦難のときの兄弟が生まれる。

ドノヨウナ トキニモ、トモオ アイスレバ クナンノ トキノ キョウダイガ ウマレル。

친구는 사랑이 끊어지지 아니하고 형제는 위급한 때를 위하여 났느니라

18 意志の弱い者は手を打って誓い／その友のために証人となる。

イシノヨワイ モノワ テオウッテ チカイ ソノトモノタメニ ショウニントナル。

지혜 없는 자는 남의 손을 잡고 그의 이웃 앞에서 보증이 되느니라

19 罪を愛する者は争いを愛する。戸口を高く開く者は破れを招く。

ツミオ アイスル モノワ アラソイオ アイスル。トグチオ タカク ヒラクモノワ ヤブレオ マネク。

다툼을 좋아하는 자는 죄과를 좋아하는 자요 자기 문을 높이는 자는 파괴를 구하는 자니

20 心の曲がった者は幸いを受けない。舌をもって欺く者は災難に陥る。

ココロノ マガッタモノワ サイワイオ ウケナイ。シタオモッテ アザムクモノワ サイナンニ オチイル。

마음이 굽은 자는 복을 얻지 못하고 혀가 패역한 자는 재앙에 빠지느니라

---

16 愚か者が代金を手にしているのは何のためか。知恵を買おうにも、心がないではないか。

17 どのようなときにも、友を愛すれば／苦難のときの兄弟が生まれる。

18 意志の弱い者は手を打って誓い／その友のために証人となる。

19 罪を愛する者は争いを愛する。戸口を高く開く者は破れを招く。

20 心の曲がった者は幸いを受けない。舌をもって欺く者は災難に陥る。

21 愚か者を生めば悲しみがあり/神を知らない者の父に喜びはない。

オロカモノオ 우메바 카나시미가아리 카미오 시라나이모노노 치치니 요로코비와나이.

미련한 자를 낳는 자는 근심을 당하나니 미련한 자의 아비는 낙이 없느니라

22 喜びを抱く心はからだを養うが/霊が沈みこんでいると骨まで枯れる。

요로코비오 이다쿠 코코로와 카라다오 야시나우가 레이가 시즈미콘데이루토 호네마데 카레루.

마음의 즐거움은 양약이라도 심령의 근심은 뼈를 마르게 하느니라

23 神に逆らう者は人のふところから賄賂を取り/裁きの道を曲げる。

카미니 사카라우모노와 히토노 후토코로카라 와이로오 토리 사바키노 미치오 마게루.

악인은 사람의 품에서 뇌물을 받고 재판을 굽게 하느니라

24 分別のある人は顔を知恵に向け/愚か者は目を地の果てに向ける。

훈베츠노아루 히토와 카오오 치에니무케 오로카모노와 메오 치노하테니 무케루.

지혜는 명철한 자 앞에 있거늘 미련한 자는 눈을 땅 끝에 두느니라

25 愚かな息子は父の悩みとなり/産んだ母の苦しみとなる。

오로카나 무스코와 치치노 나야미토나리 운다 하하노 쿠루시미토나루.

미련한 아들은 그 아비의 근심이 되고 그 어미의 고통이 되느니라

---

21 愚か者を生めば悲しみがあり/
神を知らない者の父に喜びは
ない。

22 喜びを抱く心はからだを養う
が/霊が沈みこんでいると骨
まで枯れる。

23 神に逆らう者は人のふところ
から賄賂を取り/裁きの道を
曲げる。

24 分別のある人は顔を知恵に向
け/愚か者は目を地の果てに
向ける。

25 愚かな息子は父の悩みとな
り/産んだ母の苦しみとな
る。

단어장

養う[やしなう]기르다   産む[うむ]낳다
枯れる[かれる]마르다   苦しみ[くるしみ]괴로움

26 神に従う人に罰を科したり／高貴な人をその正しさのゆえに打つのは／いずれも良いことではない。
カ미니 시타가우히토니 바츠오 카시타리 코우키나히토오 소노타다시사노유에니 우츠노와 이즈레모 요이코토데와나이.
의인을 벌하는 것과 귀인을 정직하다고 때리는 것은 선하지 못하니라

27 口数を制する人は知識をわきまえた人。冷静な人には英知がある。
쿠치카즈오 세이스루히토와 치시키오 와키마에타히토. 레이세이나 히토니와 에이치가 아루.
말을 아끼는 자는 지식이 있고 성품이 냉철한 자는 명철하니라

28 無知な者も黙っていれば知恵があると思われ／唇を閉じれば聡明だと思われる。
무치나모노모 다맛테이레바 치에가아루토 오모와레 쿠치비루오 토지레바 소우메이다토 오모와레루.
미련한 자라도 잠잠하면 지혜로운 자로 여겨지고 그의 입술을 닫으면 슬기로운 자로 여겨지느니라

---

26 神に従う人に罰を科したり／
かみ　したが　ひと　　ばつ　か
高貴な人をその正しさのゆえ
こうき　ひと　　　　ただ
に打つのは／いずれも良いこ
　う　　　　　　　　　　　よ
とではない。

27 口数を制する人は知識をわき
くち　かず　せい　　ひと　ちしき
まえた人。　冷静な人には英知
　　　ひと　　れいせい　ひと　　えいち
がある。

28 無知な者も黙っていれば知恵
むち　もの　だま　　　　　　ちえ
があると思われ／唇を閉じれ
　　　　おも　　　　くちびる　と
ば聡明だと思われる。
　そうめい　　おも

何よりもまず、神の国と神の義を求めなさい。
なに　　　　　　かみ　くに　かみ　ぎ　　もと
そうすれば、これらのものはみな加えて与えられる。
そうずれば、これらのものはみな加えて与えられる。
그런즉 너희는 먼저 그의 나라와 그의 의를 구하라
　　　　　　　　　　　　　　　くわ　　あた
그리하면 이 모든 것을 너희에게 더하시리라
(마태복음 6:33)

求める[もとめる]구하다　　　与える[あたえる]주다

단어장

従う[したがう]따르다	冷静[れいせい]냉정
罰[ばつ]벌	黙る[だまる]입을 다물다
招く[まねく]초대하다	唇[くちびる]입술
陥る[おちいる]빠지다	聡明[そうめい]총명

箴言18章 1節 ～ 24節

1 離反する者は自分の欲望の
み追求する者。その事は、
どんなに巧みにやってもす
ぐ知れる。
리한수루모노와 지분노 요쿠보
우노미 츠이큐우스루모노. 소노
코토와, 돈나니 타쿠미니얏테모
스구시레루.
무리에게서 스스로 갈라지는
자는 자기 소욕을 따르는 자라
온갖 참 지혜를 배척하느니라

2 愚か者は英知を喜ばず／自
分の心をさらけ出すことを
喜ぶ。
오로카모노와 에이치오 요로코
바즈 지분노 코코로오 사라케다
스 코토오 요로코부.
미련한 자는 명철을 기뻐하지
아니하고 자기의 의사를 드러
내기만 기뻐하느니라

3 神に逆らうことには侮りが
伴い／軽蔑と共に恥辱が来
る。
카미니 사카라우코토니와 아나
도리가 토모나이 케이베츠토 토
모니 치죠쿠가 쿠루.
악한 자가 이를 때에는 멸시도
따라오고 부끄러운 것이 이를
때에는 능욕도 함께 오느니라

4 人の口の言葉は深い水。知
恵の源から大河のように流
れ出る。
히토노쿠치노 코토바와 후카이
미즈. 치에노 미나모토카라 타
이가노 요우니 나가레데루.
명철한 사람의 입의 말은 깊은
물과 같고 지혜의 샘은 솟구쳐
흐르는 내와 같으니라

5 神に従う人を裁きの座で押
しのけ／神に逆らう人をひ
いきするのは良くない。
카미니 시타가우히토오 사바키
노 자데 오시노케 카미니 사카
라우히토오 히이키스루노와 요
쿠나이.
악인을 두둔하는 것과 재판할
때에 의인을 억울하게 하는 것
이 선하지 아니하느니라

1 離反する者は自分の欲望のみ追
りはん　　　もの　　じぶん　　よくぼう　　　つい
求する者。　その事は、どんなに
きゅう　　もの　　　　　　こと
巧みにやってもすぐ知れる。
たく　　　　　　　　　　し

2 愚か者は英知を喜ばず／自分の
おろ　もの　えいち　よろこ　　　じぶん
心をさらけ出すことを喜ぶ。
こころ　　　　だ　　　　　　よろこ

3 神に逆らうことには侮りが伴
かみ　さか　　　　　　　　あなど　　ともな
い／軽蔑と共に恥辱が来る。
　　けいべつ　とも　ちじょく　く

4 人の口の言葉は深い水。知恵の
ひと　くち　ことば　ふか　みず　ちえ
源から大河のように流れ出る。
みなもと　　　たいが　　　　　なが　で

5 神に従う人を裁きの座で押しの
かみ　したが　ひと　さば　　ざ　お
け／神に逆らう人をひいきする
　　かみ　さか　　ひと
のは良くない。
　　よ

단어장

離反[りはん]이반	喜ぶ[よろこぶ]기뻐하다
欲望[よくぼう]욕망	伴い[ともない]수반하여
追求[ついきゅう]추구	軽蔑[けいべつ]경멸
巧み[たくみ]교묘함	恥辱[ちじょく]치욕

6 愚か者の唇は争いをもたらし、口は殴打を招く。

오로카모노노 쿠치비루와 아라소이오 모타라시, 쿠치와 오우다오 마네쿠.

미련한 자의 입술은 다툼을 일으키고 그의 입은 매를 자청하느니라

7 愚か者の口は破滅を／唇は罠を自分の魂にもたらす。

오로카모노노 쿠치와 하메츠오 쿠치비루와 와나오 지분노 타마시이니모타라스.

미련한 자의 입은 그의 멸망이 되고 그의 입술은 그의 영혼의 그물이 되느니라

8 陰口は食べ物のように呑み込まれ／腹の隅々に下って行く。

카게구치와 타베모노노요우니 노미코마레 하라노 스미즈미니 쿠닷테이쿠.

남의 말하기를 좋아하는 자의 말은 별식과 같아서 뱃속 깊은 데로 내려가느니라

9 仕事に手抜きする者は/それを破壊する者の兄弟だ。

시고토니 테누키스루모노와 소레오 하카이스루 모노노 쿄우다이다.

자기의 일을 게을리하는 자는 패가하는 자의 형제니라

10 主の御名は力の塔。神に従う人はそこに走り寄り、高く上げられる。

슈노 미나와 치카라노 토우. 카미니 시타가우히토와 소코니 하시리요리, 타카쿠 아게라레루.

여호와의 이름은 견고한 망대라 의인은 그리로 달려가서 안전함을 얻느니라

---

6 愚か者の唇は争いをもたらし、
　おろ　もの　くちびる　あらそ
口は殴打を招く。
　くち　おうだ　まね

7 愚か者の口は破滅を／唇は罠を
　おろ　もの　くち　はめつ　くちびる　わな
自分の魂にもたらす。
　じぶん　たましい

8 陰口は食べ物のように呑み込ま
　かげぐち　た　もの　　　　　の　こ
れ／腹の隅々に下って行く。
　　はら　すみずみ　くだ　い

9 仕事に手抜きする者は/それを破
　しごと　てぬ　　　もの　は
壊する者の兄弟だ。
　かい　もの　きょうだい

10 主の御名は力の塔。　神に従う
　しゅ　みな　ちから　とう　かみ　したが
人はそこに走り寄り、高く上
　ひと　　　　　はし　よ　たか　あ
げられる。

단어장

争い[あらそい]싸움
殴打[おうだ]구타
招く[まねく]초대하다
破滅[はめつ]파멸

陰口[かげぐち]험담
食べ物 [たべもの]음식
隅々[すみずみ]구석구석
手抜[てぬき]날림

11 財産は金持ちの砦、自分の
　彫像のそびえる城壁。
　자이산와 카네모치노 토리데,
　지분노 쵸우조우노 소비에루
　죠우헤키.
　부자의 재물은 그의 견고한 성
　이라 그가 높은 성벽 같이 여
　기느니라

12 破滅に先立つのは心の驕
　り。名誉に先立つのは謙
　遜。
　하메츠니 사키다츠노와 코코
　로노 오고리. 메이요니 사키다
　츠노와 켄손.
　사람의 마음의 교만은 멸망의
　선봉이요 겸손은 존귀의 길잡
　이니라

13 聞き従う前に口答えをする
　者／無知と恥は彼のため。
　키키 시타가우마에니 쿠치고
　타에오 스루모노 무치토 하지
　와 카레노타메.
　사연을 듣기 전에 대답하는 자
　는 미련하여 욕을 당하느니라

14 人の霊は病にも耐える力が
　あるが／沈みこんだ霊を誰
　が支えることができよう。
　히토노레이와 야마이모 타에
　루 치카라가 아루가 시즈미콘
　다 레이오 다레가 사사에루 코
　토가 데키요우.
　사람의 심령은 그의 병을 능히
　이기려니와 심령이 상하면 그
　것을 누가 일으키겠느냐

15 聡明な心は知識を獲得す
　る。知恵ある耳は知識を追
　求する。
　소우메이나 코코로와 치시키
　오 카쿠토쿠스루. 치에아루 미
　미와 치시키오 츠이큐우스루.
　명철한 자의 마음은 지식을 얻
　고 지혜로운 자의 귀는 지식을
　구하느니라

11 財産は金持ちの砦、自分の彫
　　　ざいさん　　　かねも　　　　　とりで　　　じぶん　　　ちょう
　像のそびえる城壁。
　ぞう　　　　　　　　じょうへき

12 破滅に先立つのは心の驕り。
　　はめつ　　さきだ　　　　　こころ　　おご
　名誉に先立つのは謙遜。
　めいよ　　さきだ　　　　　けんそん

13 聞き従う前に口答えをする
　　き　したが　まえ　　くちごた
　者／無知と恥は彼のため。
　もの　むち　はじ　かれ

14 人の霊は病にも耐える力があ
　　ひと　れい　やまい　　　た　　ちから
　るが／沈みこんだ霊を誰が支
　　　　　しず　　　　　　れい　だれ　ささ
　えることができよう。

15 聡明な心は知識を獲得する。
　　そうめい　こころ　ちしき　　かくとく
　知恵ある耳は知識を追求す
　　ちえ　　　みみ　ちしき　ついきゅう
　る。

타어장

財産[ざいさん]재산	耐える[たえる]견디다
金持ち[かねもち]부자	支え[ささえ]지탱
謙遜[けんそん]겸손	獲得[かくとく]획득
病[やまい]병	追求[ついきゅう]추구

16 贈り物をすれば人の前途は
開け／えらい人の前に彼を
導く。
오쿠리모노오 스레바 히토노
젠토와 히라케 에라이히토노
마에니 카레오 미치비쿠.
사람의 선물은 그의 길을 넓게
하며 또 존귀한 자 앞으로 그
를 인도하느니라

17 訴えごとを最初に出す人は
正しく見えるが／相手方が
登場すれば問いただされる
であろう。
웃타에고토오 사이쇼니 다스
히토와 타다시쿠 미에루가 아
이테카타가 토우죠우스레바
토이타다사레루데아로우.
송사에서는 먼저 온 사람의 말
이 바른 것 같으나 그의 상대
자가 와서 밝히느니라

18 くじはいさかいを鎮め／手
ごわい者どうしも引き分ける。
쿠지와 이사카이오 시즈메 테
고와이 모노 도우시모 히키와
케루.
제비 뽑는 것은 다툼을 그치게
하여 강한 자 사이에 해결하게
하느니라

19 一度背かれれば、兄弟は砦
のように／いさかいをすれ
ば、城のかんぬきのように
なる。
이치도 소무카레레바, 쿄우다
이와 토리데노요우니 이사카
이오스레바, 시로노 칸누키노
요우니나루.
노엽게 한 형제와 화목하기가
견고한 성을 취하기보다 어려
운즉 이러한 다툼은 산성 문빗
장 같으니라

20 人は口の結ぶ実によって腹
を満たし／唇のもたらすも
のによって飽き足りる。
히토와 쿠치노 무스부 미니욧테
하라오 미타시 쿠치비루노 모타
라스모노니욧테 아키타리루.
사람은 입에서 나오는 열매로
말미암아 배부르게 되나니 곧
그의 입술에서 나는 것으로 말
미암아 만족하게 되느니라

16 贈り物をすれば人の前途は開
おく もの ひと ぜんと ひら
け／えらい人の前に彼を導
ひと まえ かれ みちび
く。

17 訴えごとを最初に出す人は正
うった さいしょ だ ひと ただ
しく見えるが／相手方が登場
み あいてかた とうじょう
すれば問いただされるであろ
と
う。

18 くじはいさかいを鎮め／手ご
しず て
わい者どうしも引き分ける。
もの ひ わ

19 一度背かれれば、兄弟は砦の
いちど そむ きょうだい とりで
ように／いさかいをすれば、
城のかんぬきのようになる。
しろ

20 人は口の結ぶ実によって腹を
ひと くち むす み はら
満たし／唇のもたらすものに
み くちびる
よって飽き足りる。
あ た

단어장

訴え[うったえ]호소하다 登場[とうじょう]등장
最初[さいしょ]최초 背かれる[そむかれる]배반당하다

21 死も生も舌の力に支配される。舌を愛する者はその実りを食らう。

시모 세이모 시타노 치카라니 시하이사레루. 시타오 아이스루모노와 소노 미노리오 쿠라우.

죽고 사는 것이 혀의 힘에 달렸나니 혀를 쓰기 좋아하는 자는 혀의 열매를 먹으리라

22 妻を得るものは恵みを得る。主に喜び迎えられる。

츠마오 에루모노와 메구미오 에루.슈니 요로코비 무카에라레루.

아내를 얻는 자는 복을 얻고 여호와께 은총을 받는 자니라

23 物乞いをする者は哀願し／金持ちは横柄に答える。

모노고이오 스루모노와 아이간시 카네모치와 오우헤이니 코타에루.

가난한 자는 간절한 말로 구하여도 부자는 엄한 말로 대답하느니라

24 友の振りをする友もあり／兄弟よりも愛し、親密になる人もある。

토모니 후리오스루 토모모아리 쿄우다이요리모 아이시, 신미츠니나루 히토모아루.

많은 친구를 얻는 자는 해를 당하게 되거니와 어떤 친구는 형제보다 친밀하니라

---

21 死も生も舌の力に支配される。舌を愛する者はその実りを食らう。
し　せい　した　ちから　しはい　した　あい　もの　みの　く

22 妻を得るものは恵みを得る。主に喜び迎えられる。
つま　え　めぐ　え　しゅ　よろこ　むか

23 物乞いをする者は哀願し／金持ちは横柄に答える。
ものご　もの　あいがん　かね　も　おうへい　こた

24 友の振りをする友もあり／兄弟よりも愛し、親密になる人もある。
とも　ふ　とも　きょう　だい　あい　しんみつ　ひと

あなたの御言葉は、わたしの道の光／
みことば　みち　ひかり
わたしの歩みを照らす灯。
あゆ　て　ともしび

주의 말씀은 내 발에 등이요 내 길에 빛이니이다
(시편 119:105)

光[ひかり]빛　　　灯[ともしび]등불

단어장

力[ちから]힘　　　恵み[めぐみ] 은혜
支配[しはい]지배　　　物乞[ものごい]구걸
実り[みのり]열매　　　哀願[あいがん]애원
妻[つま]아내　　　親密[しんみつ]친밀

箴言19章 1節 ～ 29節

1 貧乏でも、完全な道を歩む人は／唇の曲がった愚か者よりも幸いだ。

빈보오데모, 칸젠나 미치오 아유무 히토와 쿠치비루노 마갓타 오로카모노요리모 사이와이다.

가난하여도 성실하게 행하는 자는 입술이 패역하고 미련한 자보다 나으니라

2 知識がなければ欲しても不毛だ。あまり足を急がせると過ちを犯す。

치에가 나케레바 홋시테모 후모우다. 아마리 아시오 이소가세루토 아야마치오 오카스.

시식 없는 소원은 선하지 못하고 발이 급한 사람은 잘못 가느니라

3 人は無知によって自分の道を滅ぼす。しかも主に対して心に憤りをもつ。

히토와 무치니욧테 지분노 미치오 호로보스. 시카모 슈니 타이시테 코코로니 이키도오리오 모츠.

사람이 미련하므로 자기 길을 굽게 하고 마음으로 여호와를 원망하느니라

4 財産は友の数を増す。弱者は友から引き離される。

자이산와 토모노 카즈오 마스. 쟈쿠샤와 토모카라 히키하나사레루.

재물은 많은 친구를 더하게 하나 가난한즉 친구가 끊어지느니라

5 うそをつく証人は罰を免れることはない。欺きの発言をすれば逃げおおせることはない。

우소오츠쿠 쇼우닌와 바츠오 마누가레루코토와 나이. 아자무키노 하츠겐오 스레바 니게오오세루코토와 나이.

거짓 증인은 벌을 면하지 못할 것이요 거짓말을 하는 자도 피하지 못하리라

1 貧乏でも、完全な道を歩む人は／ 唇の曲がった愚か者よりも幸いだ。

2 知識がなければ欲しても不毛だ。あまり足を急がせると過ちを犯す。

3 人は無知によって自分の道を滅ぼす。しかも主に対して心に憤りをもつ。

4 財産は友の数を増す。 弱者は友から引き離される。

5 うそをつく証人は罰を免れることはない。欺きの発言をすれば逃げおおせることはない。

6 高貴な人の好意を求める者
は多い。贈り物をする人に
はだれでも友になる。
コウキナヒトノ 코우이오 모토
메루모노와 오오이. 오쿠리모노
오 스루히토니와 다레데모 토모
니나루.
너그러운 사람에게는 은혜를
구하는 자가 많고 선물 주기를
좋아하는 자에게는 사람마다
친구가 되느니라

7 実の兄弟も皆、貧しい人を
憎む。友達ならなお、彼を
遠ざかる。彼らは言ってい
ることを実行しようとはし
ない。
지츠노 쿄우다이모 미나, 마즈
시이히토오 니쿠무. 토모다치나
라 나오, 카레오 토오자카루. 카
레와 잇테이루코토오 짓코우시
요우토와시나이.
가난한 자는 그의 형제들에게
도 미움을 받거든 하물며 친구
야 그를 멀리 하지 아니하겠느
냐 따라가며 말하려 할지라도
그들이 없어졌으리라

8 心を得た人は自分の魂を愛
する。英知を守る人は幸い
を見いだす。
코코로오 에타 히토와 지분노
타마시이오 아이스루. 에이치오
마모루히토와 사이와이오 미이
다스.
지혜를 얻는 자는 자기 영혼을
사랑하고 명철을 지키는 자는
복을 얻느니라

9 うそをつく証人は罰を免れ
ることはない。欺きの発言
をする者は滅びる。
우소우 츠쿠 쇼우닌와 바츠오
마누가레루코토와 나이. 아자무
키노 하츠겐오 스루모노와 호로
비루.
거짓 증인은 벌을 면하지 못할
것이요 거짓말을 뱉는 자는 망
할 것이니라

10 愚か者に快楽はふさわしく
ない。奴隷が君主を支配する
のは、なおふさわしくない。
오로카모노니 카이라쿠와 후
사와시쿠나이. 도레이가 쿤슈
오 시하이스루노와, 나오 후사
와시쿠나이.
미련한 자가 사치하는 것이 적
당하지 못하거든 하물며 종이
방백을 다스림이랴

---

6 高貴な人の好意を求める者は多
　こうき　　ひと　　こうい　　もと　　　もの　　おお
い。贈り物をする人にはだれで
　　おく　もの　　　　ひと
も友になる。
　とも

7 実の兄弟も皆、貧しい人を憎
　じつ　きょうだい　みな　まず　　　ひと　　にく
む。友達ならなお、彼を遠ざか
　　ともだち　　　　　かれ　とお
る。彼らは言っていることを実
　　かれ　　　い　　　　　　　　じっ
行しようとはしない。
こう

8 心を得た人は自分の魂を愛す
　こころ　え　ひと　じぶん　たましい　あい
る。英知を守る人は幸いを見い
　　えいち　まも　ひと　さいわ　　み
だす。

9 うそをつく証人は罰を免れるこ
　　　　　しょうにん　ばつ　まぬか
とはない。欺きの発言をする者
　　　　　あざむ　　はつげん　　　もの
は滅びる。
　ほろ

10 愚か者に快楽はふさわしくな
　おろ　もの　かいらく
い。奴隷が君主を支配するの
　　どれい　くんしゅ　しはい
は、なおふさわしくない。

11 成功する人は忍耐する人。
  背きを赦すことは人に輝き
  をそえる。
  세이코우스루 히토와 닌타이
  스루히토. 소무키오 유루스코
  토와 히토니 카가야키오 소에
  루.
  노하기를 더디 하는 것이 사람
  의 슬기요 허물을 용서하는 것
  이 자기의 영광이니라
12 王の憤りは若獅子のうなり
  声。王の好意は青草におく
  露。
  오우노 이키도오리와 와카지
  시노 우나리코에. 오우노 코우
  이와 아오쿠사니오쿠 츠유.
  왕의 노함은 사자의 부르짖음
  같고 그의 은택은 풀 위의 이
  슬 같으니라
13 愚かな息子は父の破滅。い
  さかい好きな妻は滴り続け
  るしずく。
  오로카나 무스코와 치치노 하
  메츠. 이사카이즈키나 츠마와
  시타타리츠즈케루 시즈쿠.
  미련한 아들은 그의 아비의 재
  앙이요 다투는 아내는 이어 떨
  어지는 물방울이니라
14 家と財産は先祖からの嗣
  業。賢い妻は主からいただ
  くもの。
  이에토 자이산와 센조카라노
  시교우. 카시코이 츠마와 슈카
  라 이타다쿠모노.
  집과 재물은 조상에게서 상속
  하거니와 슬기로운 아내는 여
  호와께로서 말미암느니라
15 怠惰は人を深い眠りに落と
  す。怠けていれば飢える。
  타이다나 히토오 후카이 네무
  리니 오토스. 나마케테이레바
  우에루.
  게으름이 사람으로 깊이 잠들
  게 하나니 태만한 사람은 주릴
  것이니라

11 成功する人は忍耐する人。背きを赦すことは人に輝きをそえる。
せいこう　　　ひと　　にんたい　　　ひと　　そむ　　ゆる　　　　ひと　　かがや

12 王の憤りは若獅子のうなり声。王の好意は青草におく露。
おう　いきどお　　　わかじし　　こえ　おう　こうい　　あおくさ　　つゆ

13 愚かな息子は父の破滅。いさかい好きな妻は滴り続けるしずく。
おろ　　　むすこ　ちち　はめつ　　　ず　　　つま　したた　つづ

14 家と財産は先祖からの嗣業。賢い妻は主からいただくもの。
いえ　ざいさん　せんぞ　　　しぎょう　かしこ　つま　しゅ

15 怠惰は人を深い眠りに落とす。/怠けていれば飢える。
たいだ　ひと　ふか　ねむ　　　お　なま　　　う

단어장

赦[ゆるす]용서하다　　　露[つゆ]이슬
憤り[いきどおり]분노　　飢える[うえる]굶주리다

16 戒めを守る人は魂を守る。
自分の道を侮る者は死ぬ。
이마시메오 마모루 히토와 타
마시이오 마모루. 지분노 미치
오 아나도루 모노와 시누.
계명을 지키는 자는 자기의 영
혼을 지키거니와 자기의 행실
을 삼가지 아니하는 자는 죽
으리라

17 弱者を憐れむ人は主に貸す
人。その行いは必ず報いら
れる。
쟈쿠샤오 아와레무히토와 슈
니 카스 히토. 소노오코나이와
카나라즈 무쿠이라레루.
가난한 자를 불쌍히 여기는 것
은 여호와께 꾸어 드리는 것이
니 그의 선행을 그에게 갚아
주시리라

18 望みのあるうちに息子を諭
せ。死なせることを目指し
てはならない。
노조미노아루우치니 무스코오
사토세. 시나세루코토오 메자
시테와 나라나이.
네가 네 아들에게 희망이 있은
즉 그를 징계하되 죽일 마음은
두지 말지니라

19 激しく憤る者は罰を受け
る。救おうとしても、あお
るだけだ。
하게시쿠 이키도오루모노와
바츠오우케루. 스쿠오우토시
테모, 아오루다케다.
노하기를 맹렬히 하는 자는 벌
을 받을 것이라 네가 그를 건
져 주면 다시 그런 일이 생기
리라

20 勧めに聞き従い、諭しを受
け入れよ。将来、知恵を得
ることのできるように。
스스메니 키키시타가이, 사토
시오 우케이레요. 쇼우라이와,
치에오 에루코토니 데키루요
우니.
너는 권고를 들으며 훈계를 받
으라 그리하면 네가 필경은 지
혜롭게 되리라

---

16 戒めを守る人は魂を守る。／自
いまし　　まも　　ひと　　たましい　まも　　　　　　じ
分の道を侮る者は死ぬ。
ぶん　みち　あなど　もの　　し

17 弱者を憐れむ人は主に貸す
じゃくしゃ　　あわ　　　　ひと　　しゅ　か
人。その行いは必ず報いられ
ひと　　　　　おこな　　かなら　　むく
る。

18 望みのあるうちに息子を諭
のぞ　　　　　　　　　　　　むすこ　　さと
せ。死なせることを目指して
し　　　　　　　　　　　　めざ
はならない。

19 激しく憤る者は罰を受ける。
はげ　　　いきどお　もの　　ばつ　う
救おうとしても、あおるだけ
すく
だ。

20 勧めに聞き従い、諭しを受け
すす　　き　したが　　さと　　　う
入れよ。将来、知恵を得るこ
い　　　　しょうらい　ちえ　　え
とのできるように。

단어장

憐れむ[あわれむ]불쌍함　　息子[むすこ]아들
必ず[かならず]반드시　　　目指す[めざす]지향
報い[むくい]응보　　　　　激しく[はげしく]격렬하게
望み[のぞみ]소망　　　　　勧め[すすめ]권유

21 人の心には多くの計らいが
ある。主の御旨のみが実現
する。
히토노코코로니와 오오쿠노
하카라이가아루. 슈노 미무네
노 미가 지츠겐스루.
사람의 마음에는 많은 계획이
있어도 오직 여호와의 뜻만이
완전히 서리라

22 欲望は人に恥をもたらす。
貧しい人は欺く者より幸い。
요쿠보우나 히토니 하지오 모
타라스. 마즈시이 히토와 아자
무쿠모노요리 사이와이.
사람은 자기의 인자함으로 남
에게 사모함을 받느니라 가난
한 자는 거짓말하는 자보다 나
으니라

23 主を畏れれば命を得る。満
ち足りて眠りにつき／災難
に襲われることはない。
슈오 오소레레바 이노치오 에
루. 미치타리테 네무리니츠키
사이난니 오소와레루코토와
나이.
여호와를 경외하는 것은 사람으
로 생명에 이르게 하는 것이라
경외하는 자는 족하게 지내고
재앙을 당하지 아니하느니라

24 怠け者は鉢に手を突っ込む
が／口にその手を返すこと
すらしない。
나마케모노와 하리니 테오 츳
코무가 쿠치니 소노테오 카에
스코토스라나이.
게으른 자는 자기의 손을 그릇
에 넣고서도 입으로 올리기를
괴로워하느니라

25 不遜な者を打てば、浅はか
な者は熟慮を得る。聡明な
人を懲らしめれば、知恵を
見分ける。
후손나모노오 웃테바, 아사하
카나모노와 쥬쿠료오에루. 소
우메이나히토오 코라시메레
바, 치에오 미와케루.
거만한 자를 때리라 그리하면
어리석은 자도 지혜를 얻으리
라 명철한 자를 견책하라 그리
하면 그가 지식을 얻으리라

21 人の心には多くの計らいがあ
る。主の御旨のみが実現す
る。

22 欲望は人に恥をもたらす。貧
しい人は欺く者より幸い。

23 主を畏れれば命を得る。満ち
足りて眠りにつき／災難に襲
われることはない。

24 怠け者は鉢に手を突っ込む
が／口にその手を返すこと
すらしない。

25 不遜な者を打てば、浅はかな
者は熟慮を得る。／聡明な人を
懲らしめれば、知恵を見分け
る。

단어장

恥じ[はじ]부끄러움	災難[さいなん]재난
眠り[ねむり]잠	襲う[おそう]습격

26 父に暴力を振るい、母を追い出す者は／辱めと嘲りをもたらす子。

치치니 보우료쿠오 후루이, 하하오 오이다스모노와 하즈카시메토 아자케리오 모타라스코.

아비를 구박하고 어미를 쫓아내는 자는 부끄러움을 끼치며 능욕을 부르는 자식이니라

27 わが子よ、諭しに聞き従うことをやめるなら／知識の言葉からたちまち迷い出るであろう。

와가코요, 사토시니 키키시타가우코토오 야메루나라 치시키노 코토바카라 타치마치 마요이데루데아로우.

내 아들아 지식의 말씀에서 떠나게 하는 교훈을 듣지 말지니라

28 ならず者の証人は裁きを侮辱し／神に逆らう者の口は悪を呑み込む。

나라즈모노노 쇼우닌와 사바키오 부죠쿠시 카미니 사카라우모노노 쿠치와 아쿠오 노미코무.

망령된 증인은 정의를 업신여기고 악인의 입은 죄악을 삼키느니라

29 不遜な者に対しては罰が準備され／愚か者の背には鞭打ちが待っている。

후손나모노니 타이시테와 바츠가 쥰비사레 오로카모노노 세니와 무치우치가 맛테이루.

심판은 거만한 자를 위하여 예비된 것이요 채찍은 어리석은 자의 등을 위하여 예비된 것이니라

26 父に暴力を振るい、母を追い
ちち　　ぼうりょく　　ふ　　　　はは　お
出す者は／辱めと嘲りをもた
だ　もの　　　　はずかし　　あざけ
らす子。
こ

27 わが子よ、諭しに聞き従うこ
こ　　　さと　　　き　　したが
とをやめるなら／知識の言葉
ちしき　　ことば
からたちまち迷い出るであろ
まよ　で
う。

28 ならず者の証人は裁きを侮辱
もの　　しょうにん　　さば　　　　　ぶじょく
し／神に逆らう者の口は悪を
かみ　さか　　　もの　　くち　　あく
呑み込む。
の　こ

29 不遜な者に対しては罰が準備
ふそん　　もの　　たい　　　　　　ばつ　　じゅんび
され／愚か者の背には鞭打ち
おろ　もの　　せ　　　　　むち　う
が待っている。
ま

단어장

暴力[ぼうりょく]폭력　　　　裁き[さばき]심판

振るい[ふるい]휘두름　　　侮辱[ぶじょく]모욕

迷い出る[まよいでる]헤매다　準備[じゅんび]준비

証人[しょうにん]증인　　　　鞭[むち]채찍

箴言20章 1節 ～ 30節

1 酒は不遜、強い酒は騒ぎ。酔う者が知恵を得ることはない。

사케와 후손, 츠요이사케와 사와기. 요우모노가 치에오 에루 코토와나이.

포도주는 거만하게 하는 것이요 독주는 떠들게 하는 것이라 이에 미혹되는 자마다 지혜가 없느니라

2 王の脅威は若獅子のうなり声／彼を怒らせる者は自分を危険にさらす。

오우노 쿄우이와 와카지시노 우나리코에 카레오 이카라세루모노와 지분오 키키니사라스.

왕의 진노는 사자의 부르짖음 같으니 그를 노하게 하는 것은 자기의 생명을 해하는 것이니라

3 争いにかかわらないのは立派なことだ。無知な者は皆、争いを引き起こす。

아라소이니 카카와라나이노와 릿빠나 코토다.무치나 모노와 미나, 아라소이오 히키오코스.

다툼을 멀리 하는 것이 사람에게 영광이거늘 미련한 자마다 다툼을 일으키느니라

4 怠け者は冬になっても耕さず／刈り入れ時に求めるが何もない。

나마케모노와 후유니낫테모 타가야사즈 카리이레도키니 모토메루가 나니모나이.

게으른 자는 가을에 밭 갈지 아니하나니 그러므로 거둘 때에는 구걸할지라도 얻지 못하리라

5 思い計らいは人の心の中の深い水。英知ある人はそれをくみ出す。

오모이 하카라이와 히토노코코로노 나카노 후카이 미즈. 에이치아루히토와 소레오 쿠미다스.

사람의 마음에 있는 모략은 깊은 물 같으니라 그럴지라도 명철한 사람은 그것을 길어 내느니라

---

1 酒は不遜、強い酒は騒ぎ。酔う
　さけ　　ふそん　　つよ　さけ　さわ　　　よ
者が知恵を得ることはない。
もの　　ちえ　え

2 王の脅威は若獅子のうなり声／
　おう　きょうい　　わかじし　　　　　こえ
彼を怒らせる者は自分を危険に
かれ　いか　　　　もの　じぶん　きけん
さらす。

3 争いにかかわらないのは立派な
　あらそ　　　　　　　　　　　　　りっぱ
ことだ。無知な者は皆、争いを
　　　　　　むち　もの　みな　あらそ
引き起こす。
ひ　お

4 怠け者は冬になっても耕さず／
　なま　もの　ふゆ　　　　　たがや
刈り入れ時に求めるが何もな
か　い　どき　もと　　　　なに
い。

5 思い計らいは人の心の中の深い
　おも　はか　　　ひと　こころ　なか　ふか
水。英知ある人はそれをくみ出
みず　えいち　　　ひと　　　　　　　だ
す。

6 親友と呼ぶ相手は多いが／信用できる相手を誰が見いだせよう。

신유우토 요부 아이테와 오오이가 신요우데키루 아이테오 다레가 미이다세요우.

많은 사람이 각기 자기의 인자함을 자랑하나니 충성된 자를 누가 만날 수 있으랴

7 主に従う人は完全な道を歩む。彼を継ぐ子らは幸い。

슈니 시타가우히토와 칸젠나미치오 아유무. 카레오 츠구코라와 사이와이.

온전하게 행하는 자가 의인이라 그의 후손에게 복이 있느니라

8 裁きの座に就いている王は／その目でどのような悪をもふるい分ける。

사바키노 자니 츠이테이루오우와 소노메데 도노요우나 아쿠오 후루이와케루.

심판 자리에 앉은 왕은 그의 눈으로 모든 악을 흩어지게 하느니라

9 わたしの心を潔白にした、と誰が言えようか。罪から清めた、と誰が言えようか。

와타시노 코코로오 켓빠쿠니시타, 토 다레가 이에요우카. 츠미카라 키요메타,토 다레가 이에요우카.

내가 내 마음을 정하게 하였다 내 죄를 깨끗하게 하였다 할 자가 누구냐

10 おもり石の使い分け、升の使い分け／いずれも主の憎まれること。

오모리이시노 츠카이와케, 마스노 츠카이와케 이즈레모 슈노 니쿠마레루코토.

한결같지 않은 저울 추와 한결같지 않은 되는 다 여호와께서 미워하시느니라

---

6 親友と呼ぶ相手は多いが／信用
しんゆ　よ　　あいて　おお　　　しんよう
できる相手を誰が見いだせよう。
　　　あいて　だれ　み
う。

7 主に従う人は完全な道を歩む。
しゅ　したが　ひと　かんぜん　みち　あゆ
彼を継ぐ子らは幸い。
かれ　つ　こ　　さいわ

8 裁きの座に就いている王は／そ
さば　　　ざ　つ　　　　　　おう
の目でどのような悪をもふるい
　め　　　　　　　　あく
分ける。
わ

9 わたしの心を潔白にした、と誰
こころ　けっぱく　　　　だれ
が言えようか。罪から清めた、
い　　　　　つみ　きよ
と誰が言えようか。
だれ　い

10 おもり石の使い分け、升の使
いし　つか　わ　　ます　つか
い分け／いずれも主の憎まれ
わ　　　　　　しゅ　にく
ること。

단어장

親友[しんゆ]친우	完全[かんぜん]완전
呼ぶ[よぶ]부르다	継ぐ[つぐ]잇다
相手[あいて]상대	潔白[けっぱく]결백
信用[しんよう]신용	石[いし]돌

11 子供も、行いが清く正しい
かどうか／行動によって示
す。

코도모, 오코나이가 키요쿠
타다시이카도우카 코우도우니
욧테 시메스.

비록 아이라도 자기의 동작으
로 자기 품행이 청결한 여부와
정직한 여부를 나타내느니라

12 聞く耳、見る目、主がこの
両方を造られた。

키쿠미미, 미루메, 슈가 코노료
우호우오 츠쿠라레타.

듣는 귀와 보는 눈은 다 여호
와께서 지으신 것이니라

13 眠りを愛するな、貧しくな
らぬために。目を見開いて
いれば、パンに飽き足り
る。

네무리오 아이스루나, 마즈시
쿠 나라누타메니. 메오 미히라
이테이레바, 팡니 아키타리루.
너는 잠자기를 좋아하지 말라
네가 빈궁하게 될까 두려우니
라 네 눈을 뜨라 그리하면 양
식이 족하리라

14 「悪い、悪い」と買い手は
言うが／そこを去ると、自
慢する。

와루이 와루이토 카이테와 이
우가 소코오 사루토, 지만스루.
물건을 사는 자가 좋지 못하다
좋지 못하다 하다가 돌아간 후
에는 자랑하느니라

15 金もあり、珠玉も多い。し
かし、貴いものは知識ある
唇。

카네모아리,슈교쿠모 오오이.
시카시, 토우토이 모노와 치시
키아루 쿠치비루.
세상에 금도 있고 진주도 많거
니와 지혜로운 입술이 더욱 귀
한 보배니라

---

11 子供も、行いが清く正しいか
どうか／行動によって示す。

12 聞く耳、見る目、主がこの両
方を造られた。

13 眠りを愛するな、貧しくなら
ぬために。目を見開いていれ
ば、パンに飽き足りる。

14 「悪い、悪い」と買い手は言う
が／そこを去ると、自慢す
る。

15 金もあり、珠玉も多い。しか
し、貴いものは知識ある唇。

단어장

子供[こども]아이
行動[こうどう]행동
示す[しめす]가리키다
両方[りょうほう]양쪽

造られる[つくられる]만들어지다
悪い[わるい]나쁘다
自慢[じまん]자랑
珠玉[しゅぎょく]주옥

16 他国の者を保証する人から
は着物を預かれ。他国の女
を保証する人からは抵当を
取れ。
타코쿠노 모노오 호쇼우스루히
토카라와 키모노오 아즈카레.
타코쿠노 온나오 호쇼우스루
히토카라와 테이토우오 토레.
타인을 위하여 보증 선 자의
옷을 취하라 외인들을 위하여
보증 선 자는 그의 몸을 볼모
잡을지니라

17 欺き取ったパンはうまい
が／後になって口は砂利で
満たされる。
아자무키 톳타 팡와 우마이가
아토니낫테 쿠치와 쟈리데 미
타사레루.
속이고 취한 음식물은 사람에
게 맛이 좋은 듯하나 후에는
그의 입에 모래가 가득하게 되
리라

18 計画は助言を得て立てよ／
戦争は指揮力を整えて始め
よ。
케이카쿠와 쵸겐오 에테타테
요 센소와 시키료쿠오 토토노
에테 하지메요.
경영은 의논함으로 성취하나니
지략을 베풀고 전쟁할지니라

19 秘密をばらす者、中傷し歩
く者／軽々しく唇を開く者
とは、交わるな。
히미츠오 바라스모노, 츄우쇼
우시 아루쿠모노, 카루가루시
쿠 쿠치비루오 히라쿠모노토
와, 마지와루나.
두루 다니며 한담하는 자는 남
의 비밀을 누설하나니 입술을
벌린 자를 사귀지 말지니라

20 父母を呪う者／彼の灯は闇
のただ中で消える。
치치하하오 노로우모노 카레
노 토모시비와 야미노타다나
카데 키에루.
자기의 아비나 어미를 저주하
는 자는 그의 등불이 흑암 중
에 꺼짐을 당하리라

---

16 他国（たこく）の者（もの）を保証（ほしょう）する人（ひと）からは
着物（きもの）を預（あず）かれ。他国（たこく）の女（おんな）を保（ほ）
証（しょう）する人（ひと）からは抵当（ていとう）を取（と）れ。

17 欺（あざむ）き取（と）ったパンはうまいが／
後（あと）になって口（くち）は砂利（じゃり）で満（み）たさ
れる。

18 計画（けいかく）は助言（じょげん）を得（え）て立（た）てよ／戦（せん）
争（そう）は指揮力（しきりょく）を整（ととの）えて始（はじ）めよ。

19 秘密（ひみつ）をばらす者（もの）、中傷（ちゅうしょう）し歩（ある）く
者（もの）／軽々（かるがる）しく唇（くちびる）を開（ひら）く者（もの）と
は、交（まじ）わるな。

20 父母（ちちはは）を呪（のろ）う者（もの）／ 彼（かれ）の灯（ともしび）は闇（やみ）の
ただ中（なか）で消（き）える。

단어장

保証[ほしょう]보증
着物[きもの]옷
抵当[ていとう]저당
砂利[じゃり]자갈

助言[じょげん]조언
戦争[せんそう]전쟁
指揮力[しきりょく]지휘력
整える[ととのえる]갖추다

21 初めに嗣業をむさぼっても／後にはそれは祝福されない。

하지메니 시교우오 무사봇테모 아토니와 소레와 슈쿠후쿠 사레나이.

처음에 속히 잡은 산업은 마침내 복이 되지 아니하느니라

22 悪に報いたい、と言ってはならない。主に望みをおけ、主があなたを救ってくださる。

아쿠니무쿠이타이, 토 잇테와나라나이. 슈니 노조미오오케, 슈가 아나타오 스쿳테쿠다사루.

너는 악을 갚겠다 말하지 말고 여호와를 기다리라 그가 너를 구원하시리라

23 おもり石を使い分けることは主にいとわれる。天秤をもって欺くのは正しくない。

오모리 이시오 츠카이 와케루코토와 슈니이토와레루. 텐빙오 못테 아자무쿠노와 타다시쿠나이.

한결같지 않은 저울 추는 여호와께서 미워하시는 것이요 속이는 저울은 좋지 못한 것이니라

24 人の一歩一歩を定めるのは主である。人は自らの道について何を理解していようか。

히토노잇뽀잇뽀오 사다메루노와 슈데아루. 히토와 미즈카라노 미치니츠이테 나니오 리카이시테 이요우카.

사람의 걸음은 여호와로 말미암나니 사람이 어찌 자기의 길을 알 수 있으랴

25 聖別されたものとしよう、と軽々しく言い／後にその誓いを思い直せば罠となる。

세이베츠사레타모노토시요우, 토 카루가루시쿠이이 아토니 소노치카이오 오모이다세바 와나토나루.

함부로 이 물건은 거룩하다 하여 서원하고 그 후에 살피면 그것이 그 사람에게 덫이 되느니라

---

21 初めに嗣業をむさぼっても／
    はじ　　　しぎょう
後にはそれは祝福されない。
あと　　　　　　しゅくふく

22 悪に報いたい、と言ってはな
    あく　むく　　　　　い
らない。主に望みをおけ、主
　　　　しゅ　のぞ　　　　　しゅ
があなたを救ってくださる。
　　　　　　すく

23 おもり石を使い分けることは
　　　　いし　つか　わ
主にいとわれる。天秤をもっ
しゅ　　　　　　　てんびん
て欺くのは正しくない。
　あざむ　　　ただ

24 人の一歩一歩を定めるのは主
    ひと　いっぽいっぽ　さだ　　　　しゅ
である。人は自らの道につい
　　　　ひと　みずか　　みち
て何を理解していようか。
　なに　りかい

25 聖別されたものとしよう、と
    せいべつ
軽々しく言い／後にその誓い
かるがる　い　　あと　　　ちか
を思い直せば罠となる。
　おも　なお　わな

타어장

初め[はじめ]처음	天秤[てんびん]천칭
誓い[ちかい]맹세	欺く[あざむく]속이다
報い[むくい]응보	自ら[みずから]스스로
望み[のぞみ]소망	軽々しい[かるがるしい]경솔하다

26 賢い王は神に逆らう者を選び出し／彼らの上に車輪を引き回す。

카시코이 오우와 카미니 사카라우모노오 에라비다시 카레라노 우에니 샤린오 히키마와스.

지혜로운 왕은 악인들을 키질하며 타작하는 바퀴를 그들 위에 굴리느니라

27 主の灯は人間の吸い込む息。腹の隅々まで探る。

슈노토모시비와 닌겐노 스이코무 이키.하라노 스미즈미마데 사구루.

사람의 영혼은 여호와의 등불이라 사람의 깊은 속을 살피느니라

28 慈しみとまことは王を守る。王座は慈しみによって保たれる。

이츠쿠시미토 마코토와 오우오 마모루. 오우자와 이츠쿠시미니 욧테 타모타레루.

왕은 인자와 진리로 스스로 보호하고 그의 왕위도 인자함으로 말미암아 견고하니라

29 力は若者の栄光。白髪は老人の尊厳。

치카라와 와카모노노 에이코우. 시라가와 로우진노 손겐.

젊은 자의 영화는 그의 힘이요 늙은 자의 아름다움은 백발이니라

30 打って傷を与えれば悪をたしなめる。腹の隅々にとどくように打て。

웃테 키즈오 아타에레바 아쿠오 타시나메루. 하라노 스미즈미니 토도쿠요우니 웃테.

상하게 때리는 것이 악을 없이 하나니 매는 사람 속에 깊이 들어가느니라

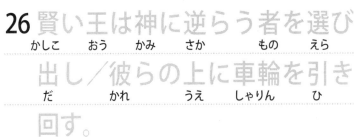

26 賢い王は神に逆らう者を選び出し／彼らの上に車輪を引き回す。
かしこ　おう　かみ　さか　　もの　えら　だ　　かれ　うえ　しゃりん　ひ　まわ

27 主の灯は人間の吸い込む息。腹の隅々まで探る。
しゅ　ともしび　にんげん　す　こ　いき　はら　すみずみ　さぐ

28 慈しみとまことは王を守る。王座は慈しみによって保たれる。
いつく　　　　　　おう　まも　おうざ　いつく　　　　　たも

29 力は若者の栄光。／白髪は老人の尊厳。
ちから　わかもの　えいこう　しらが　ろうじん　そんげん

30 打って傷を与えれば悪をたしなめる。腹の隅々にとどくように打て。
う　きず　あた　　あく　はら　すみずみ　う

단어장

賢い[かしこい]영리하다　　　吸い込む[すいこむ]빨아들이다
選び出し[えらびだし]골라냄　　探る[さぐる]살피다
引き回す[ひきまわす]끌고다니다　若者[わかもの]젊은이
灯[ともしび]등불　　　　　尊厳[そんげん]존엄

箴言21章 1節 〜 31節

1 主の御手にあって王の心は水
　路のよう。主は御旨のままに
　その方向を定められる。
　슈노 미테니앗테 오우노 코코로
　와 스이로노 요우. 슈와 미무네
　노 마마니 소노호우코우오 사다
　메라레루.
　왕의 마음이 여호와의 손에 있
　음이 마치 봇물과 같아서 그가
　임의로 인도하시느니라

2 人間の道は自分の目に正し
　く見える。主は心の中を測
　られる。
　닌겐노미치와 지분노 메니 타다
　시쿠 미에루. 슈와 코코로노 나
　카오 하카라레루.
　사람의 행위가 자기 보기에는
　모두 정직하여도 여호와는 마
　음을 감찰하시느니라

3 神に従い正義を行うこと
　は／いけにえをささげるよ
　りも主に喜ばれる。
　카미니 시타가우 세이기오 오코
　나우코토와 이케니에오 사사게
　루요리모 슈니 요로코바레루.
　공의와 정의를 행하는 것은 제
　사 드리는 것보다 여호와께서
　기쁘게 여기시느니라

4 高慢なまなざし、傲慢な心
　は／神に逆らう者の灯、罪。
　코우만나 마나자시, 고우만나
　코코로와 카미니 사카라우모노
　노 토모시비, 츠미.
　눈이 높은 것과 마음이 교만한
　것과 악인이 형통한 것은 다 죄
　니라

5 勤勉な人はよく計画して利
　益を得／あわてて事を行う
　者は欠損をまねく。
　킨벤나히토와 요쿠 케이카쿠시
　테 리에키오에 아와테테 코토오
　오코나우모노와 켓손오 마네쿠.
　부지런한 자의 경영은 풍부함
　에 이를 것이나 조급한 자는 궁
　핍함에 이를 따름이니라

1 主の御手にあって王の心は水路
　のよう。主は御旨のままにその
　方向を定められる。

2 人間の道は自分の目に正しく見
　える。主は心の中を測られる。

3 神に従い正義を行うことは／い
　けにえをささげるよりも主に喜
　ばれる。

4 高慢なまなざし、傲慢な心は／
　神に逆らう者の灯、罪。

5 勤勉な人はよく計画して利益を
　得／あわてて事を行う者は欠損
　をまねく。

단어장

水路[すいろう]수로　　測る[はかる]재다
方向[ほうこう]방향　　欠損[けっそん]결손

6 うそをつく舌によって財宝を積む者は／吹き払われる息、死を求める者。

우소오츠쿠 시타니욧테 자이호우오 츠무모노와 후키하라와레루 이키, 시오 모토메루모노.

속이는 말로 재물을 모으는 것은 죽음을 구하는 것이라 곧 불려다니는 안개니라

7 神に逆らう者は自分の暴力に引きずられて行く。正義を行うことを拒んだからだ。

카미니 사카라우모노와 지분노 보우료쿠니 히키즈라레테이쿠. 세이기오 오코나우코토오 코반다카라다.

악인의 강포는 자기를 소멸하나니 이는 정의를 행하기 싫어함이니라

8 歩む道が曲がったりそれたりしていても／清く正しい行いをする人がある。

아유무 미치가 마갓타리 소레타리시테이테모 키요쿠 타다시이 오코나이오 스루히토가 아루.

죄를 크게 범한 자의 길은 심히 구부러지고 깨끗한 자의 길은 곧으니라

9 いさかい好きな妻と一緒に家にいるよりは／屋根の片隅に座っている方がよい。

이사카이 즈키나 츠마토 잇쇼니 이에니이루요리와 야네노 카타스미니 스왓테 이루호우가 요이.

다투는 여인과 함께 큰 집에서 사는 것보다 움막에서 사는 것이 나으니라

10 神に逆らう者の欲望は悪に注がれ／その目は隣人をも憐れまない。

카미니 사카라우모노노 요쿠보우와 아쿠니 소소가레 소노메와 린진오모 아와레마나이.

악인의 마음은 남의 재앙을 원하나니 그 이웃도 그 앞에서 은혜를 입지 못하느니라

---

6 うそをつく舌によって財宝を積む者は／吹き払われる息、死を求める者。

7 神に逆らう者は自分の暴力に引きずられて行く。正義を行うことを拒んだからだ。

8 歩む道が曲がったりそれたりしていても／清く正しい行いをする人がある。

9 いさかい好きな妻と一緒に家にいるよりは／屋根の片隅に座っている方がよい。

10 神に逆らう者の欲望は悪に注がれ／その目は隣人をも憐れまない。

단어장

拒む[こばむ]거부하다　　片隅[かたすみ]한쪽구석

屋根[やね]지붕　　隣人[りんじん]이웃

11 不遜な者を罰すれば、浅は
かな者は知恵を得る。知恵
ある人を目覚めさせるな
ら／彼は知識を得る。
후손나 모노오 밧스레바, 아사
하카나모노와 치에오에루. 치
에아루히토오 메자메사세루나
라 카레와 치시키오 에루.
거만한 자가 벌을 받으면 어리
석은 자도 지혜를 얻겠고 지혜
로운 자가 교훈을 받으면 지식
이 더하리라

12 神に従う人は逆らう者の家
を識別し／神に逆らう者を
災いに落とす。
카미니 시타가우히토와 사카
라우모노노 이에오 시키베츠
시 카미니 사카라우모노오 와
자와이니오토스.
의로우신 자는 악인의 집을 감
찰하시고 악인을 환난에 던지
시느니라

13 弱い人の叫びに耳を閉ざす者
は／自分が呼び求める時が来
ても答えは得られない。
요와이히토노 사케비니 미미
오 토자스모노와 지분가 요비
모토메루 토키가 키테모 코타
에와 에라레나이.
귀를 막고 가난한 자가 부르짖
는 소리를 듣지 아니하면 자기
가 부르짖을 때에도 들을 자가
없으리라

14 ひそかに贈り物をしておけ
ば怒りはなだめられ／賄賂
をふところに入れてやれば
激怒も静まる。
히소카니 오쿠리모노오시테오
케바 이카리와 나다메라레 후
토코로니 이레테야레바 게키
도모 시즈마루.
은밀한 선물은 노를 쉽게 하고
품 안의 뇌물은 맹렬한 분을
그치게 하느니라

15 裁きを行うことは、神に従
う人には喜び／悪を行う者
には滅び。
사바키오 오코나우코토와, 카
미니시타가우히토니와 요로코
비 아쿠오 오코나우 모노니와
호로비.
정의를 행하는 것이 의인에게
는 즐거움이요 죄인에게는 패
망이니라

11 不遜な者を罰すれば、浅はか
な者は知恵を得る。知恵ある
人を目覚めさせるなら／彼は
知識を得る。

12 神に従う人は逆らう者の家を
識別し／神に逆らう者を災い
に落とす。

13 弱い人の叫びに耳を閉ざす者
は／自分が呼び求める時が来
ても答えは得られない。

14 ひそかに贈り物をしておけば
怒りはなだめられ／賄賂をふ
ところに入れてやれば激怒も
静まる。

15 裁きを行うことは、神に従う人
には喜び／悪を行う者には滅び。

16 目覚めへの道から迷い出た者は死霊の集いに入る。
メ자메헤노 미치카라 마요이다스모노와 시료우노 츠도이니하이루.
명철의 길을 떠난 사람은 사망의 회중에 거하리라

17 快楽を愛する者は欠乏に陥り／酒と香油を愛する者は富むことがない。
카이라쿠오 아이스루모노와 케츠보우니 오치이리 사케토 코우유오 아이스루모노와 토무코토가나이.
연락을 좋아하는 자는 가난하게 되고 술과 기름을 좋아하는 자는 부하게 되지 못하느니라

18 神に逆らう者は神に従う人の代償とされ／欺く者は正しい人の身代金にされる。
카미니 사카라우모노와 카미니시타가우히토노 다이쇼우토 사레 아자무쿠모노와 타다시이히토노 미노시로킨니사레루.
악인은 의인의 속전이 되고 사악한 자는 정직한 자의 대신이 되느니라

19 いさかい好きで怒りっぽい妻といるよりは／荒れ野に座っている方がよい。
이사카이 스키데 오코릿뽀이 츠마토이루요리와 아레노니 스왓테이루호우가요이.
다투며 성내는 여인과 함께 사는 것보다 광야에서 사는 것이 나으니라

20 知恵ある人の住まいには望ましい宝と香油がある。愚か者はそれを呑み尽くす。
치에아루히토노 스마이니와 노조마시이 타카라토 코우유가 아루.오로카모노와 소레오 노미츠쿠스.
지혜 있는 자의 집에는 귀한 보배와 기름이 있으나 미련한 자는 이것을 다 삼켜 버리느니라

---

16 目覚めへの道から迷い出た者
は死霊の集いに入る。

17 快楽を愛する者は欠乏に陥
り／酒と香油を愛する者は富
むことがない。

18 神に逆らう者は神に従う人の
代償とされ／欺く者は正しい
人の身代金にされる。

19 いさかい好きで怒りっぽい妻
といるよりは／荒れ野に座っ
ている方がよい。

20 知恵ある人の住まいには望ま
しい宝と香油がある。愚か者
はそれを呑み尽くす。

단어장

集い[つどい]모임	代償[だいしょう]대상
快楽[かいらく]쾌락	身代金[みのしろきん]몸값
酒[さけ]술	荒れ野[あれの]황막한 벌판
香油[こうゆ]향유	望む[のぞむ]바라다

21 恵みと慈しみを追い求める
　　人は／命と恵みと名誉を得
　　る。
　　メ구미토 이츠쿠시미오 오이
　　모토메루히토와 이노치토 메
　　구미토 메이요오 에루.
　　공의와 인자를 따라 구하는 자
　　는 생명과 공의와 영광을 얻느
　　니라
22 知恵ある人はひとりで勇士
　　たちの町に上り／その頼み
　　とする砦を落とすこともで
　　きる。
　　치에아루히토와 히토리데 유
　　우시타치노 마치니 노보리 소
　　노 타노미토스루 토리데오 오
　　토스코토모데키루.
　　지혜로운 자는 용사의 성에 올
　　라가서 그 성이 의지하는 방벽
　　을 허느니라
23 自分の口と舌を守る人は／
　　苦難から自分の魂を守る。
　　지분노쿠치토 시타오 마모루
　　히토와 쿠난카라 지분노 타마
　　시이오 마모루.
　　입과 혀를 지키는 자는 자기의
　　영혼을 환난에서 보전하느니
　　라
24 増長し、高慢な者、その名
　　は不遜。高慢のかぎりを尽
　　くす。
　　조우쵸우시 코우만나모노, 소
　　노나와 후손. 코우만노 카기리
　　오 츠쿠스.
　　무례하고 교만한 자를 이름하
　　여 망령된 자라 하나니 이는
　　넘치는 교만으로 행함이니라
25 怠け者は自分の欲望に殺さ
　　れる。彼の手が働くことを
　　拒むからだ。
　　나마케모노와 지분노 요쿠보
　　우니 코로사레루. 카레노 테가
　　하타라쿠코토오 코바무카라
　　다.
　　게으른 자의 욕망이 자기를 죽
　　이나니 이는 자기의 손으로 일
　　하기를 싫어함이니라

21 恵みと慈しみを追い求める人
　　めぐ　　いつく　　お　もと　　ひと
は／命と恵みと名誉を得る。
　　いのち　めぐ　　めいよ　え

22 知恵ある人はひとりで勇士た
　　ちえ　　　　ひと　　　　　　ゆうし
ちの町に上り／その頼みとす
　　　まち　のぼ　　　　たの
る砦を落とすこともできる。
　とりで　お

23 自分の口と舌を守る人は／苦
　　じぶん　くち　した　まも　ひと　く
難から自分の魂を守る。
　なん　　じぶん　たましい　まも

24 増長し、高慢な者、その名は
　ぞうちょう　　こうまん　もの　　　　な
不遜。高慢のかぎりを尽く
　ふそん　　こうまん　　　　　　つ
す。

25 怠け者は自分の欲望に殺され
　なま　もの　じぶん　よくぼう　ころ
る。彼の手が働くことを拒む
　　かれ　て　はたら　　　こば
からだ。

단어장

恵み[めぐみ]은혜　　　　　頼み[たのみ]부탁
慈しみ[いつくしみ]자애　　砦[とりで]보루
追い求める[おいもとめる]추구하다　苦難[くなん]고난
勇士[ゆうし]용사　　　　　働く[はたらく]일하다

26 欲望は絶えることなく欲し
続ける。神に従う人は与
え、惜しむことはない。
요쿠보우와 타에루코토나쿠
홋시츠즈케루. 카미니 시타가
우히토와 아타에, 니쿠시무코
토와 나이.
어떤 자는 종일토록 탐하기만
하나 의인은 아끼지 아니하고
베푸느니라

27 神に逆らう者のいけにえは忌
むべきものだ。悪だくみがあ
ってささげるのだから。
카미니 사카라우모노노 이케
니에와 이무베키모노다. 와루
다쿠미가 앗테 사사게루노다
카라.
악인의 제물은 본래 가증하거
든 하물며 악한 뜻으로 드리는
것이랴

28 欺いて語る証人は滅びる。
聞き従う人の言葉はとこし
えに堪える。
아자무이테 카타루쇼우닌와 호
로비루. 키키시타가우 히토노
코토바와 토코시에니 타에루.
거짓 증인은 패망하려니와 확
실히 들은 사람의 말은 힘이
있느니라

29 神に逆らう者は厚かましく
事を行う。正しい人は自分
の道を整える。
카미니 사카라우모노와 아츠
카마시쿠 코토오 오코나우. 타
다시이히토와 지분노 미치오
토토노에루.
악인은 자기의 얼굴을 굳게 하
나 정직한 자는 자기의 행위를
삼가느니라

30 どのような知恵も、どのよ
うな英知も、勧めも／主の
御前には無に等しい。
도노요우나 치에모, 도노요우
나 에이치모, 스스메모 슈노 미
마에니와 무니히토시이.
지혜로도 못하고, 명철로도
못하고 모략으로도 여호와를
당하지 못하느니라

26 欲望は絶えることなく欲し続
よくぼう　　た　　　　　　　　　　ほっ　つづ
ける。神に従う人は与え、惜
かみ　したが　ひと　あた　　　お
しむことはない。

27 神に逆らう者のいけにえは忌
かみ　さか　　もの　　　　　　　　　い
むべきものだ。悪だくみがあ
あく
ってささげるのだから。

28 欺いて語る証人は滅びる。聞
あざむ　　かた　しょうにん　ほろ　　　　き
き従う人の言葉はとこしえに
したが　ひと　ことば
堪える。
た

29 神に逆らう者は厚かましく事
かみ　さか　　もの　あつ　　　　　こと
を行う。正しい人は自分の道
おこな　　ただ　　ひと　じぶんの　みち
を整える。
ととの

30 どのような知恵も、どのよう
ちえ
な英知も、勧めも／主の御前
えいち　　　すす　　　しゅ　みまえ
には無に等しい。
む　ひと

単語帳

欲望[よくぼう]욕망	整える[ととのえる]정돈하다
証人[しょうにん]증인	等しい[ひとしい]같다

31 戦いの日のために馬が備え
　られるが／救いは主によ
　る。

タタカイノ 히노타메니 우마
가 소나에라레루가 스쿠이와
슈니요루.

싸울 날을 위하여 마병을 예비
하거니와 이김은 여호와께 있
느니라

31 戦いの日のために馬が備えら

　　たたか　　　ひ　　　　　　　うま　　そな

れるが／救いは主による。

　　　　　　すく　　しゅ

わたしは、平和をあなたがたに残し、
　　　　　へいわ　　　　　　　　　のこ
わたしの平和を与える。
　　　　へいわ　　あた
わたしはこれを、世が与えるように与えるのではない。
　　　　　　　　よ　　あた　　　　　　　あた
心を騒がせるな、おびえるな。
こころ さわ

평안을 너희에게 끼치노니
곧 나의 평안을 너희에게 주노라
내가 너희에게 주는 것은
세상이 주는 것과 같지 아니하니라
너희는 마음에 근심하지도 말고 두려워하지도 말라

(요한복음14:27)

残す[のこす]남기다　　　騒ぐ[さわぐ]떠들다

箴言22章 1節 ～ 29節

1 名誉は多くの富よりも望ましく／品位は金銀にまさる。

메이요와 오오쿠노 토미요리모 노조마시쿠 힌이와 킨긴니마사루.

많은 재물보다 명예를 택할 것이요 은이나 금보다 은총을 더욱 택할 것이니라

2 金持ちと貧乏な人が出会う。主はそのどちらも造られた。

카네모치토 빈보우나히토가 데아우. 슈와 소노도치라모 츠쿠라레타.

가난한 자와 부한 자가 함께 살거니와 그 모두를 지으신 이는 여호와시니라

3 思慮深い人は災難が来ると見れば身を隠す。浅はかな者は通り抜けようとして痛い目に遭う。

시료부카이히토와 사이난가쿠루토 미레바 미오카쿠스. 아사하카나모노와 토오리누케요우토시테 이타이메니 아우.

슬기로운 자는 재앙을 보면 숨어 피하여도 어리석은 자는 나가다가 해를 받느니라

4 主を畏れて身を低くすれば／富も名誉も命も従って来る。

슈오 오소레테 미오 히쿠쿠스레바 토미모 메이요모 이노치모 시타갓테쿠루.

겸손과 여호와를 경외함의 보상은 재물과 영광과 생명이니라

5 曲がった道には茨と罠。そこから遠ざかる人は自分の魂を守る。

마갓타미치니와 이바라토 와나. 소코카라 토오자카루히토와 지분노 타마시이오 마모루.

패역한 자의 길에는 가시와 올무가 있거니와 영혼을 지키는 자는 이를 멀리 하느니라

右側本文（ふりがな付き）

1 名誉(めいよ)は多(おお)くの富(とみ)よりも望(のぞ)ましく／品位(ひんい)は金銀(きんぎん)にまさる。

2 金持(かねも)ちと貧乏(びんぼう)な人(ひと)が出会(であ)う。主(しゅ)はそのどちらも造(つく)られた。

3 思慮深(しりょぶか)い人(ひと)は災難(さいなん)が来(く)ると見(み)れば身(み)を隠(かく)す。浅(あさ)はかな者(もの)は通(とお)り抜(ぬ)けようとして痛(いた)い目(め)に遭(あ)う。

4 主(しゅ)を畏(おそ)れて身(み)を低(ひく)くすれば／富(とみ)も名誉(めいよ)も命(いのち)も従(したが)って来(く)る。

5 曲(ま)がった道(みち)には茨(いばら)と罠(わな)。そこから遠(とお)ざかる人(ひと)は自分(じぶん)の魂(たましい)を守(まも)る。

단어장

望ましい[のぞましい]바람직하다	造る[つくる]만들다
品位[ひんい]품위	身[み]몸
金銀[きんぎん]금은	茨[いばら]가시밭
貧乏[びんぼう]가난	罠[わな]올가미

6 若者を歩むべき道の初めに
教育せよ。年老いてもそこ
からそれることがないであ
ろう。

와카모노오 아유무베키 미치노
하지메니 쿄우이쿠세요. 토시오
이테모 소코카라 소레루코토가
나이데아로우.

마땅히 행할 길을 아이에게 가
르치라 그리하면 늙어도 그것
을 떠나지 아니하리라

7 金持ちが貧乏な者を支配す
る。借りる者は貸す者の奴
隷となる。

카네모치가 빈보우나모노오 시
하이스루. 카리루모노와 카스모
노노 도레이토나루.

부자는 가난한 자를 주관하고 빚
진 자는 채주의 종이 되느니라

8 悪を蒔く者は災いを刈り入
れる。鞭は傲慢を断つ。

아쿠오 마쿠 모노와 와자와이오
카리이레루. 무치와 고우만오
타츠.

악을 뿌리는 자는 재앙을 거두리
니 그 분노의 기세가 쇠하리라

9 寛大な人は祝福を受ける／
自分のパンをさいて弱い人
に与えるから。

칸다이나 히토와 슈쿠후쿠오 우
케루 지분노 팡오 사이테 요와
이 히토니 아타에루카라.

선한 눈을 가진 자는 복을 받으
리니 이는 양식을 가난한 자에
게 줌이니라

10 不遜な者を追い出せば、い
さかいも去る。争いも嘲笑
もやむ。

후손나모노오 오이다세바, 이
사카이모 사루. 아라소이모 쵸
우쇼우모 야무.

거만한 자를 쫓아내면 다툼
이 쉬고 싸움과 수욕이 그치
느니라

---

6 若者を歩むべき道の初めに教育
　わかもの　あゆ　　　みち　はじ　きょういく
せよ。年老いてもそこからそれ
　　　とし　お
ることがないであろう。

7 金持ちが貧乏な者を支配する。
　かねも　　　びんぼう　もの　　しはい
借りる者は貸す者の奴隷とな
　か　　　もの　か　もの　どれい
る。

8 悪を蒔く者は災いを刈り入れ
　あく　ま　もの　わざわ　　か　い
る。鞭は傲慢を断つ。
　　むち　ごうまん　た

9 寛大な人は祝福を受ける／自分
　かんだい　ひと　しゅくふく　う　　　じぶん
のパンをさいて弱い人に与える
　　　　　　　　よわ　ひと　あた
から。

10 不遜な者を追い出せば、いさ
　　ふそん　もの　お　だ
かいも去る。争いも嘲笑もや
　　　　さ　　あらそ　　ちょうしょう
む。

단어장

若者[わかもの]젊은이	奴隷[どれい]노예
教育[きょういく]교육	鞭[むち]채찍
年老い[としおい]늙다	傲慢[ごうまん]오만
支配[しはい]지배	寛大[かんだい]관대

左

11 清い心を愛する人は唇に品位があり／王がその友となる。

키요이 코코로오 아이스루히토와 쿠치비루니 힌이가 아리 오우가 소노토모토나루.

마음의 정결을 사모하는 자의 입술에는 덕이 있으므로 임금이 그의 친구가 되느니라

12 主の目は知識を守り、欺きの言葉を滅ぼす。

슈노 메와 치시키오 마모리, 어자무키노 코토바오 호로보스.

여호와의 눈은 지식 있는 사람을 지키시나 사악한 사람의 말은 패하게 하시느니라

13 怠け者は言う。「外には獅子がいる。町に出ればわたしは殺される。」

나마케모노와 이우. 소토니 시시가이루. 마치니 데레바 와타시와 코로사레루.

게으른 자는 말하기를 사자가 밖에 있은즉 내가 나가면 거리에서 찢기겠다 하느니라

14 よその女の口は深い墓穴／主の憤りにふれた者はそこに陥る。

요소노 온나노 쿠치와 후카이 하카아나 슈노 이키도오리니 후레타모노와 소코니 오치이루.

음녀의 입은 깊은 함정이라 여호와의 노를 당한 자는 거기 빠지리라

15 若者の心には無知がつきもの。これを遠ざけるのは諭しの鞭。

와카모노노 코코로니와 무치가 츠키모노. 코레오 토오자케루노와 사토시노 무치.

아이의 마음에는 미련한 것이 얽혔으나 징계하는 채찍이 이를 멀리 쫓아내리라

右

11 清い心を愛する人は唇に品位があり／王がその友となる。
きよ　こころ　あい　　　ひと　くちびる　ひんい
おう　　　　とも

12 主の目は知識を守り、欺きの言葉を滅ぼす。
しゅ　め　ちしき　まも　あざむ
ことば　ほろ

13 怠け者は言う。／「外には獅子がいる。町に出ればわたしは殺される。」
なま　もの　い　　　　そと　　　しし
まち　で
ころ

14 よその女の口は深い墓穴／主の憤りにふれた者はそこに陥る。
おんな　くち　ふか　はかあな　しゅ
いきどお　　　　もの　　　　おちい

15 若者の心には無知がつきもの。これを遠ざけるのは諭しの鞭。
わか もの　こころ　むち
とお　　　　さと
むち

단어장

知識[ちしき]지식	怠け者[なまけもの]게으름뱅이
守リ[まもり]수비	獅子[しし]사자
欺き[あざむき]속임수	憤リ[いきどおり]분노
滅ぶ[ほろぶ]멸망하다	陥る[おちいる]빠지다

16 弱者を搾取して自分を富ま
せたり／金持ちに贈り物を
したりすれば、欠乏に陥
る。
　쟈쿠샤오 사쿠슈시테 지분오
토마세타리 카네모치니 오쿠
리모노오 시타리스레바, 케츠
보우니 오치이루.
　이익을 얻으려고 가난한 자를
학대하는 자와 부자에게 주는
자는 가난하여질 뿐이니라
17 耳を傾けて賢人たちの言葉
を聞け。わたしの知識に心
を向けよ。
　미미오 카타무케테 켄진타치
노 코토바오 키케. 와타시노 치
시키니 코코로오 무케요.
　너는 귀를 기울여 지혜 있는
자의 말씀을 들으며 내 지식에
마음을 둘지어다
18 それをあなたの腹に納め／
ひとつ残らず唇に備えてお
けば喜びを得る。
　소레오 아나타노 하라니 오사
메 히토츠 노코라즈 쿠치비루
니 소나에테 오케바 요로코비
오 에루.
　이것을 네 속에 보존하며 네
입술 위에 함께 있게 함이 아
름다우니라
19 あなたが主に信頼する者と
なるように／今日、あなた
に教えを与えよう。
　아나타가 슈니 신라이스루모
노토나루요우니 쿄우, 아나타
니 오시에오 아타에요우.
　내가 네게 여호와를 의뢰하게
하려 하여 이것을 오늘 특별히
네게 알게 하였노니
20 わたしの意見と知識に従っ
て三十句／あなたのために
書きつけようではないか。
　와타시노 이켄토 치시키니 시
타갓테 산쥬쿠 아나타노 타메
니 카키츠케요우데와나이카.
　내가 모략과 지식의 아름다운
것을 너를 위해 기록하여

16 弱者を搾取して自分を富ませ
たり／金持ちに贈り物をした
りすれば、欠乏に陥る。

17 耳を傾けて賢人たちの言葉を
聞け。わたしの知識に心を向
けよ。

18 それをあなたの腹に納め／ひ
とつ残らず唇に備えておけば
喜びを得る。

19 あなたが主に信頼する者とな
るように／今日、あなたに教
えを与えよう。

20 わたしの意見と知識に従って
三十句／あなたのために書き
つけようではないか。

21 真理とまことの言葉をあなたに知らせるために／まことの言葉をあなたの使者に持ち帰らせよう。

신리토 마코토노 코토바오 아나타니 시라세루타메니 마코토노 코토바오 아나타노 시샤니 모치카에라세요우.

네가 진리의 확실한 말씀을 깨닫게 하며 또 너를 보내는 자에게 진리의 말씀으로 회답하게 하려 함이 아니냐

22 弱い人を搾取するな、弱いのをよいことにして。貧しい人を城門で踏みにじってはならない。

요와이히토오 사쿠슈스루나, 요와이노오 요이코토니시테. 마즈시이히토오 죠우몬데 후미니짓테와나라나이.

약한 자를 그가 약하다고 탈취하지 말며 곤고한 자를 성문에서 압제하지 말라

23 主は彼らに代わって争い／彼らの命を奪う者の命を、奪われるであろう。

슈와 카레라니 카왓테 아라소이 카레라노 이노치오 우바우 모노노 이노치오, 우바와레루데아로우.

대저 여호와께서 신원하여 주시고 또 그를 노략하는 자의 생명을 빼앗으시리라

24 怒りやすい者の友になるな。激しやすい者と交わるな。

이카리야스이모노노 토모니나루나. 게키시야스이 모노토 마지와루나.

노를 품는 자와 사귀지 말며 울분한 자와 동행하지 말지니

25 彼らの道に親しんで／あなたの魂を罠に落としてはならない。

카레라노 미치니 시타신데 아나타노 타마시이오 와나니 오토시테와 나라나이.

그의 행위를 본받아 네 영혼을 올무에 빠뜨릴까 두려움이니라

26 手を打って誓うな、負債の
保証をするな。
テオ 웃테 치카우나, 후사이노
호쇼우오 스루나.
너는 사람과 더불어 손을 잡지
말며 남의 빚에 보증을 서지
말라

27 償うための物があなたにな
ければ／敷いている寝床ま
で取り上げられるであろ
う。
츠구나우 타메노 모노가 아나
타니 나케레바 시이테이루 네
도코마데 토리아게루데아로
우.
만일 갚을 것이 네게 없으면
네 누운 침상도 빼앗길 것이라
네가 어찌 그리하겠느냐

28 昔からの地境を移してはな
らない／先祖の定めたもの
なのだから。
무카시카라노 치쿄우오 우츠
시테와 나라나이 센조노 사다
메타 모노나노다카라.
네 선조가 세운 옛 지계석을
옮기지 말지니라

29 技に熟練している人を観察
せよ。彼は王侯に仕え／怪
しげな者に仕えることはな
い。
와자니 쥬쿠렌시테이루히토오
칸사츠세요. 카레와 오우코우
니 츠카에 아야시게나 모노니
시타가에루 코토와나이.
네가 자기의 일에 능숙한 사람
을 보았느냐 이러한 사람은 왕
앞에 설 것이요 천한 자 앞에
서지 아니하리라

---

26 手を打って誓うな、負債の保
証をするな。
て　う　　　ちか　　　　　ふさい　ほ
しょう

27 償うための物があなたになけ
つぐな　　　　　　もの
れば／敷いている寝床まで取
し　　　　　ねどこ　　　　と
り上げられるであろう。
あ

28 昔からの地境を移してはなら
むかし　　　　じざかい　　うつ
ない／先祖の定めたものなの
せんぞ　　　さだ
だから。

29 技に熟練している人を観察せ
わざ　じゅくれん　　　　　ひと　かんさつ
よ。彼は王侯に仕え／怪しげ
かれ　おうこう　つか　　　あや
な者に仕えることはない。
もの　つか

단어장

誓う[ちかう]맹세하다	定める[さだめる]정하다
保証[ほしょう]보증	熟練[じゅくれん]숙련
償い[つぐない]배상하다	観察[かんさつ]관찰
先祖[せんぞ]조상	怪しげ[あやしげ]수상쩍음

箴言23章 1節 ～ 35節

1 支配者と共に食卓に着いた
なら／何に直面しているのか
をよく理解せよ。
시하이샤토 토모니 쇼쿠타쿠오
츠이타나라 나니니 쵸쿠멘시테
이루노카오 요쿠 리카이세요 .
네가 관원과 함께 앉아 음식을
먹게 되거든 삼가 네 앞에 있는
자가 누구인지를 생각하며

2 あなたが食欲おうせいな人
間なら／自分の喉にナイフ
を突きつけたも同じだ。
아나타가 쇼쿠요쿠 오우세이나
히토나라 지분노 노도니 나이후
오 츠키츠케타모 오나지다.
네가 만일 음식을 탐하는 자이
거든 네 목에 칼을 둘 것이니라

3 供される珍味をむさぼる
な、それは欺きのパンだ。
쿄우사레루 친미오 무사보루나,
소레와 아자무키노 팡다.
그의 맛있는 음식을 탐하지 말
라 그것은 속이는 음식이니라

4 富を得ようとして労する
な／分別をもって、やめて
おくがよい。
토미오 에요우토시테 로우스루
나 훈베츠오 못테, 야메테오쿠
가요이.
부자 되기에 애쓰지 말고 네 사
사로운 지혜를 버릴지어다

5 目をそらすや否や、富は消
え去る。鷲のように翼を生
やして、天に飛び去る。
메오 소라스야이나야, 토미와키
에사루. 와시노요우니 츠바사오
하야시테, 텐니 토비사루.
네가 어찌 허무한 것에 주목하
겠느냐 정녕히 재물은 스스로
날개를 내어 하늘을 나는 독수
리처럼 날아가리라

1 支配者と共に食卓に着いたなら／
　しはいしゃ　　とも　　しょくたく　つ
何に直面しているのかをよく理
　なに　ちょくめん　　　　　　　　　　　　り
解せよ。
かい

2 あなたが食欲おうせいな人間な
　　　　　　しょくよく　　　　　　にんげん
ら／自分の喉にナイフを突きつ
　　　じぶん　　のど　　　　　　　　つ
けたも同じだ。
　　　　おな

3 供される珍味をむさぼるな、そ
　きょう　　　ちんみ
れは欺きのパンだ。
　　あざむ

4 富を得ようとして労するな／分
　とみ　え　　　　　　　　ろう　　　　　　ふん
別をもって、やめておくがよい。
べつ

5 目をそらすや否や、富は消え去
　め　　　　　　いな　　とみ　き　さ
る。鷲のように翼を生やして、
　　わし　　　　　　つばさ　は
天に飛び去る。
てん　と　さ

단어장

直面[ちょくめん]직면	喉[のど]목구멍
食欲[しょくよく]식욕	珍味[ちんみ]진미

6 強欲な者のパンを食べよう
とするな。供される珍味を
むさぼるな。

고우요쿠나모노노 팡오 타베요
우토스루나. 쿄우사레루 친미오
무사보루나.

악한 눈이 있는 자의 음식을 먹
지 말며 그의 맛있는 음식을 탐
하지 말지어다

7 彼はその欲望が示すとおり
の人間だ。「食べるがよい、
飲むがよい」と言って
も／心はあなたを思っては
いない。

카레와 소노 요쿠보우오 시메스
토오리노 닌겐다. 타베루가요
이, 노무가요이 토잇테모 코코
로와 아나타오 오못테와이나이.

대저 그 마음의 생각이 어떠하
면 그 위인도 그러한즉 그가 네
게 먹고 마시라 할지라도 그의
마음은 너와 함께 하지 아니함
이라

8 あなたは食べたものを吐き
出すことになり／あなたが
親切に言ったことも台無し
になる。

아나타와 타베타모노오 하키다
스코토니나리 아나타가 신세츠
니 잇타코토모 다이나시니나루.

네가 조금 먹은 것도 토하겠고
네 아름다운 말도 헛된 데로 돌
아가리라

9 愚か者の耳に語りかける
な／あなたの見識ある言葉
を侮るだけだから。

오로카모노노 미미니 카타리카
케루나 아나타노 켄시키아루 코
토바오 아나도루 다케다카라.

미련한 자의 귀에 말하지 말지
니 이는 그가 네 지혜로운 말을
업신여길 것임이니라

10 昔からの地境を移してはな
らない。みなしごの畑を侵
してはならない。

무카시카라노 지자카이오 우츠
시테와 나라나이. 미나시고노
하타케오 오카시테와 나라나이.

옛 지계석을 옮기지 말며 고아
들의 밭을 침범하지 말지어다

---

6 強欲な者のパンを食べようとするな。供される珍味をむさぼるな。

7 彼はその欲望が示すとおりの人間だ。「食べるがよい、飲むがよい」と言っても／心はあなたを思ってはいない。

8 あなたは食べたものを吐き出すことになり／あなたが親切に言ったことも台無しになる。

9 愚か者の耳に語りかけるな／あなたの見識ある言葉を侮るだけだから。

10 昔からの地境を移してはならない。みなしごの畑を侵してはならない。

11 彼らを贖う神は強く／彼ら
に代わってあなたと争われ
るであろう。

카레라오 아가나우 카미와 츠
요쿠 카레라니 카왓테 아나타
토 아라소와레루데아로우.

대저 그들의 구속자는 강하시
니 그가 너를 대적하여 그들의
원한을 풀어 주시리라

12 あなたの心を諭しの言葉
に／耳を知識の言葉に傾け
よ。

아나타노 코코로오 사토시노
코토바니 미미오 치시키노 코
토바니 카타무케요.

훈계에 착심하며 지식의 말씀
에 귀를 기울이라

13 若者を諭すのを控えてはな
らない。鞭打っても、死ぬ
ことはない。

와카모노오 사토스노오 히카
에테와나라나이. 무치웃테모
시누코토와 나이.

아이를 훈계하지 아니하려고
하지 말라 채찍으로 그를 때릴
지라도 그가 죽지 아니하리라

14 鞭打てば、彼の魂を陰府か
ら救うことになる。

무치우테바 카레노 타마시이
오 요미카라 스쿠우코토니나
루.

네가 그를 채찍으로 때리면 그
의 영혼을 스올에서 구원하리
라

15 わが子よ、あなたの心が知
恵を得れば／わたしの心は
喜び祝う。

와가코요, 아나타노 코코로가
치에오 에레바 와타시노 코코
로와 요로코비 이와우.

내 아들아 만일 네 마음이 지
혜로우면 나 곧 내 마음이 즐
겁겠고

11 彼らを贖う神は強く／彼らに
代わってあなたと争われるで
あろう。
かれ　　あがな　かみ　つよ　　　かれ
か　　　　　　　　　　あらそ

12 あなたの心を諭しの言葉に／
こころ　さと　　　　ことば
耳を知識の言葉に傾けよ。
みみ　ちしき　ことば　かたむ

13 若者を諭すのを控えてはなら
わかもの　さと　　　　ひか
ない。鞭打っても、死ぬこと
むちう　　　　　　　　し
はない。

14 鞭打てば、彼の魂を陰府から
むちう　　　　かれ　たましい　よみ
救うことになる。
すく

15 わが子よ、あなたの心が知恵
こ　　　　　　　こころ　ちえ
を得れば／わたしの心は喜び
え　　　　　　　　　こころ　よろこ
祝う。
いわ

단어장

強欲[ごうよく]강욕　　　　代わって[かわって]대신해서
親切[しんせつ]친절　　　　争[あらそい]서다투다
台無し[だいなし]엉망이됨　鞭打つ[むちうつ]채찍질하다
侵す[おかす]침범　　　　　祝う[いわう]축하하다

16 あなたの唇が公正に語れ
  ば／わたしのはらわたは喜
  び躍る。
    아나타노 쿠치비루가 코우세
    이니 카타레바 와타시노 하라
    와타와 요로코비 오도루.
    만일 네 입술이 정직을 말하면
    내 속이 유쾌하리라
17 罪人らのことに心を燃やす
  ことはない／日ごと、主を
  畏れることに心を燃やすが
  よい。
    츠미비토라노 코토니 코코로
    오 모야스코토와나이 히고토,
    슈오 오소레루코토니 코코로
    오 모야스가요이.
    네 마음으로 죄인의 형통을 부
    러워하지 말고 항상 여호와를
    경외하라
18 確かに未来はある／あなた
  の希望が断たれることはな
  い。
    타시카니 미라이와 아루 아나
    타노 키보우가 타타레루코토
    와 나이.
    정녕히 네 장래가 있겠고 네
    소망이 끊어지지 아니하리라
19 わが子よ、聞き従って知恵
  を得よ。あなたの心が道を
  まっすぐに進むようにせ
  よ。
    와가코요, 키키시타갓테 치에
    오에요. 아나타노 코코로가 미
    치오 맛스구니 스스무요우니
    세요.
    내 아들아 너는 듣고 지혜를
    얻어 네 마음을 바른 길로 인
    도할지니라
20 大酒を飲むな、身を持ち崩
  すな。
    오오자케오 노무나, 미오 모치
    쿠즈스나.
    술을 즐겨 하는 자들과 고기를
    탐하는 자들과도 더불어 사귀
    지 말라

---

16 あなたの唇が公正に語れば／
わたしのはらわたは喜び躍
る。
くちびる　こうせい　かた
　　　　　　　　　　よろこ　おど

17 罪人らのことに心を燃やすこ
とはない／日ごと、主を畏れ
ることに心を燃やすがよい。
つみびと　　　　　こころ　も
　　　　　ひ　　　しゅ　おそ
　　　　こころ　も

18 確かに未来はある／あなたの
希望が断たれることはない。
たし　　みらい
きぼう　た

19 わが子よ、聞き従って知恵を
得よ。あなたの心が道をまっ
すぐに進むようにせよ。
こ　　き　したが　　ちえ
え　　　　こころ　みち
すす

20 大酒を飲むな、身を持ち崩す
な。
おおざけ　の　　　み　も　くず

타어장

公正[こうせい]공정	確か[たしか]확실함
躍る[おどる]춤추다	未来[みらい]미래
罪人[つみびと]죄인	希望[きぼう]희망
燃やす[もやす]태우다	崩す[くずす]무너뜨리다

21 大酒を飲み、身を持ち崩す者は貧乏になり／惰眠をむさぼる者はぼろをまとう。
オオ자케오 노미, 미오모치 쿠즈스모노와 빈보우니나리 다민오 무사보루 모노오와 보로오 마토우.
술 취하고 음식을 탐하는 자는 가난하여질 것이요 잠 자기를 즐겨 하는 자는 해어진 옷을 입을 것임이니라

22 父に聞き従え、生みの親である父に。母が年老いても侮ってはならない。
치치니 키키시타가에, 우미노 오야데아루 치치니. 하하가 토시오이테모 아나돗테와나라나이.
너를 낳은 아비에게 청종하고 네 늙은 어미를 경히 여기지 말지니라

23 真理を得よ、知恵も諭しも分別も手放すな。
신리오 에요, 치에모 사토시모 훈베츠모 테바나스나.
진리를 사되 팔지는 말며 지혜와 훈계와 명철도 그리할지니라

24 神に従う人の父は大いに喜び躍り／知恵ある人の親は、その子によって楽しみを得る。
카미니 시타가우히토노 치치와 오오이니 요로코비오도리, 치에아루히토노 오야와, 소노 코니욧테 타노시미오 에루.
의인의 아비는 크게 즐거울 것이요 지혜로운 자식을 낳은 자는 그로 말미암아 즐거울 것이니라

25 父が楽しみを得／あなたを生んだ母が喜び躍るようにせよ。
치치가 타노시미오 에 아나타오 운다 하하가 요로코비 오도루요우니세요.
네 부모를 즐겁게 하며 너를 낳은 어미를 기쁘게 하라

21 大酒を飲み、身を持ち崩す者
おおざけ　　　の　　　み　も　　　くず　もの
は貧乏になり／惰眠をむさぼ
　びんぼう　　　　　　だみん
る者はぼろをまとう。
　もの

22 父に聞き従え、生みの親であ
ちち　き　したが　　う　　おや
る父に。母が年老いても侮っ
　ちち　　はは　としお　　　　あなど
てはならない。

23 真理を得よ、知恵も諭しも分
しんり　え　　　ちえ　さと　　　ふん
別も手放すな。
べつ　てばな

24 神に従う人の父は大いに喜び
かみ　したが　ひと　ちち　おお　　　よろこ
躍り／知恵ある人の親は、そ
おど　　　ちえ　　　ひと　おや
の子によって楽しみを得る。
　こ　　　　　たの　　　　え

25 父が楽しみを得／あなたを生
ちち　たの　　　　え　　　　　　　　う
んだ母が喜び躍るようにせ
　　はは　よろこ　おど
よ。

26 わが子よ、あなたの心をわたしにゆだねよ。/喜んで私の道に目を向けよ。

와가코요, 아나타노 코코로오 와타시니 유다네요. 요로콘데 와타시노 미치니 메오 무케요.

내 아들아 네 마음을 내게 주며 네 눈으로 내 길을 즐거워할지어다

27 遊女は深い墓穴、異邦の女は狭い井戸だ。

유우죠와 후카이 하카아나, 이호우노 온나와 세마이 이도다.

대저 음녀는 깊은 구덩이요 이방 여인은 좁은 함정이라

28 彼女は盗人のように待ち伏せし/繰り返し男たちを欺く。

카노죠와 누스비토노요우니 마치부세시 쿠리카에시 오토코타치오 아자무쿠.

참으로 그는 강도 같이 매복하며 사람들 중에 사악한 자가 많아지게 하느니라

29 不幸な者は誰か、嘆かわしい者は誰か/いさかいの絶えぬ者は誰か、愚痴を言う者は誰か/理由なく傷だらけになっているのは誰か/濁った目をしているのは誰か。

후손나모노와 다레카, 나게카와시이 모노와 다레카 이사카이노 타에누모노와 다레카,구치오 이우모노와 다레카 리유우나쿠 키즈다라케니 낫테이루노와 다레카 니곳타메오 시테이루노와 다레카.

재앙이 뉘게 있느뇨 근심이 뉘게 있느뇨 분쟁이 뉘게 있느뇨 원망이 뉘게 있느뇨 까닭 없는 상처가 뉘게 있느뇨 붉은 눈이 뉘게 있느뇨

30 それは、酒を飲んで夜更かしする者。混ぜ合わせた酒に深入りする者。

소레와, 사케오 논데 요후카시 스루모노. 마제아와세타 사케니 후카이리스루 모노.

술에 잠긴 자에게 있고 혼합한 술을 구하러 다니는 자에게 있느니라

26 わが子よ、あなたの心をわたしにゆだねよ。/喜んで私の道に目を向けよ。

27 遊女は深い墓穴、異邦の女は狭い井戸だ。

28 彼女は盗人のように待ち伏せし/繰り返し男たちを欺く。

29 不幸な者は誰か、嘆かわしい者は誰か/いさかいの絶えぬ者は誰か、愚痴を言う者は誰か/理由なく傷だらけになっているのは誰か/濁った目をしているのは誰か。

30 それは、酒を飲んで夜更かしする者。混ぜ合わせた酒に深入りする者。

31 酒を見つめるな。酒は赤く
杯の中で輝き、滑らかに喉
を下るが
사케오 미츠메루나. 사케와 아
카쿠 사카즈키노 나카데 카가
야키, 나메라카니 노도오 쿠다
루가
포도주는 붉고 잔에서 번쩍이
며 순하게 내려가나니 너는 그
것을 보지도 말지어다

32 後になると、それは蛇のよ
うにかみ／蝮の毒のように
広がる。
아토니 나루토, 소레와 헤비노
요우니 카미 마무시노 도쿠노
요우니 히로가루.
그것이 마침내 뱀 같이 물 것
이요 독사 같이 쏠 것이며

33 目は異様なものを見／心に
暴言をはき始める。
메와 이요우나모노오 미 코코
로니 보우겐오 하키하지메루.
또 네 눈에는 괴이한 것이 보
일 것이요 네 마음은 구부러진
말을 할 것이며

34 海の真ん中に横たわってい
るかのように／綱の端にぶ
ら下がっているかのように
なる。
우미노 만나카니 요코타왓테
이루카노요우니 츠나노 하시
니 부라사갓테이루카노요우니
나루.
너는 바다 가운데에 누운 자
같을 것이요 돛대 위에 누운
자 같을 것이며

35 「打たれたが痛くもない。
たたかれたが感じもしな
い。酔いが醒めたらまたも
っと酒を求めよう。」
우타레타가 이타쿠모나이. 타
타카레타가 칸지모시나이. 요
이가 사메타라 마타 못토 사케
오 모토메요우.
네가 스스로 말하기를 사람이
나를 때려도 나는 아프지 아니
하고 나를 상하게 하여도 내게
감각이 없다 내가 언제나 깰
까 다시 술을 찾겠다 하리라

---

31 酒を見つめるな。酒は赤く杯
の中で輝き、滑らかに喉を下
るが

32 後になると、それは蛇のよう
にかみ／蝮の毒のように広が
る。

33 目は異様なものを見／心に暴
言をはき始める。

34 海の真ん中に横たわっている
かのように／綱の端にぶら下
がっているかのようになる。

35 「打たれたが痛くもない。たた
かれたが感じもしない。酔い
が醒めたらまたもっと酒を求
めよう。」

단어장

毒[どく]독　　　　　異様[いよう]이상함
広い[ひろい]넓다　　真ん中[まんなか]한가운데

箴言24章 1節～34節

1 悪者のことに心を燃やすな／彼らと共にいることを望むな。

와루모노노 코토니 코코로오 모야스나 카레라토 토모니 이루코토오 노조무나.

너는 악인의 형통함을 부러워하지 말며 그와 함께 있으려고 하지도 말지어다

2 悪者が心に思いめぐらすのは暴力。唇が語るのは労苦を引き起こすこと。

와루모노가 코코로니 오모이메구라스노와 보우료쿠. 쿠치비루가 카타루노와 로우쿠오 히키오코스코토.

그들의 마음은 강포를 품고 그들의 입술은 재앙을 말함이니라

3 家は知恵によって築かれ、英知によって固く立つ。

이에와 치에니욧테 키즈카레 에이치니욧테 카타쿠 타츠.

집은 지혜로 말미암아 건축되고 명철로 말미암아 견고하게 되며

4 知識は部屋を満たし、貴く喜ばしい財産となる。

치시키와 헤야오 미타시, 토오토쿠 요로코바시이 자이산토나루.

또 방들은 지식으로 말미암아 각종 귀하고 아름다운 보배로 채우게 되느니라

5 知恵ある男は勇敢にふるまい／知識ある男は力を発揮する。

치에아루 오토코와 유우칸니 후루마이 치시키아루 오토코와 치카라오 핫키스루.

지혜 있는 자는 강하고 지식 있는 자는 힘을 더하나니

---

1 悪者のことに心を燃やすな／彼
  わるもの　　　　　　　こころ　も　　　　　かれ
らと共にいることを望むな。
     とも　　　　　　　のぞ

2 悪者が心に思いめぐらすのは暴
  わるもの　こころ　おも　　　　　　　　　ぼう
力。　唇が語るのは労苦を引き起
りょく　くちびる　かた　　　　　ろうく　ひ　お
こすこと。

3 家は知恵によって築かれ、英知
  いえ　ちえ　　　　　　きず　　　　えいち
によって固く立つ。
     かた　た

4 知識は部屋を満たし、貴く喜ば
  ちしき　　へや　　み　　　　　とうと　よろこ
しい財産となる。
   ざいさん

5 知恵ある男は勇敢にふるまい／
  ちえ　　　おとこ　ゆうかん
知識ある男は力を発揮する。
  ちしき　　　おとこ　ちから　はっき

단어장

共に[ともに]함께	部屋[へや]방
労苦[ろうく]노고	財産[ざいさん]재산
知恵[ちえ]지혜	勇敢[ゆうかん]용감
築く[きずく]쌓다	発揮[はっき]발휘

6 戦争には指揮する力が必要
であり／勝利を得るために
は作戦を練るべきだ。
센소우니와 시키스루 치카라가
히츠요우데아리 쇼우리오 에루
타메니와 사쿠센오 네루베키다.
너는 전략으로 싸우라 승리는
지략이 많음에 있느니라

7 無知な者に知恵は高尚すぎ
る。城門で口を開くべきで
はない。
무치나모노니 치에와 코우쇼우
스기루. 죠우몬데 쿠치오 히라
쿠베키데와나이.
지혜는 너무 높아서 미련한 자
가 미치지 못할 것이므로 그는
성문에서 입을 열지 못하느니라

8 悪意ある考えを持つ者は陰
謀家と呼ばれる。
아쿠이아루 캉가에오 모츠모노
와 인보우카토 요바레루.
악행하기를 꾀하는 자를 일컬
어 사악한 자라 하느니라

9 無知の謀は過ちとされる。
不遜な態度は人に憎まれ
る。
무치노 하카리고토와 아야마치
토사레루. 후손나 타이도와 히
토니 니쿠마레루.
미련한 자의 생각은 죄요 거만
한 자는 사람에게 미움을 받느
니라

10 苦難の襲うとき気力を失
い、力を出し惜しみ
쿠난노 오소우토키 키료쿠오 우
시나이, 치카라오 다시오시미
네가 만일 환난 날에 낙담하면
네 힘이 미약함을 보임이니라

11 死に捕えられた人を救い出
さず／殺されそうになって
いる人を助けず
시니 토라에라레타 히토오 스쿠
이다사즈 코로사레소우니 낫테
이루히토오 타스케즈
너는 사망으로 끌려가는 자를
건져 주며 살륙을 당하게 된 자
를 구원하지 아니하려고 하지
말라

---

6 戦争には指揮する力が必要であ
り／勝利を得るためには作戦を
練るべきだ。

7 無知な者に知恵は高尚すぎる。
城門で口を開くべきではない。

8 悪意ある考えを持つ者は陰謀家
と呼ばれる。

9 無知の謀は過ちとされる。 不遜
な態度は人に憎まれる。

10 苦難の襲うとき気力を失い、
力を出し惜しみ

11 死に捕えられた人を救い出さ
ず／殺されそうになっている
人を助けず

단어장

戦争[せんそう]전쟁	作戦[さくせん]작전
指揮[しき]지휘	態度[たいど]태도
必要[ひつよう]필요	苦難[くなん]고난
勝利[しょうり]승리	襲う[おそう]습격하다

12 「できなかったのだ」などと
言っても／心を調べる方は見
抜いておられる。魂を見守る
方はご存じだ。人の行いに応
じて報いを返される。

데키나캇타노다 나도토 잇테
모 코코로오 시라베루 카타와
미누이테 오라레루. 타마시이
오 미마모루 카타와 고존지다.
히토노 오코나이니 오우지테
무쿠이오 카에사레루.

네가 말하기를 나는 그것을 알
지 못하였노라 할지라도 마음
을 저울질 하시는 이가 어찌
통찰하지 못하시겠으며 네 영
혼을 지키시는 이가 어찌 알지
못하시겠느냐 그가 각 사람의
행위대로 보응하시리라

13 わが子よ、蜜を食べてみ
よ、それは美味だ。滴る蜜
は口に甘い。

와가코요, 미츠오 타베테미요,
소레와 비미다. 시타타루미츠
와 쿠치니아마이.

내 아들아 꿀을 먹으라 이것이
좋으니라 송이꿀을 먹으라 이
것이 네 입에 다니라

14 そのように、魂にとって知
恵は美味だと知れ。それを
見いだすなら、確かに未来
はある。あなたの希望が断
たれることはない。

소노요우니, 타마시이니톳테
치에와 비미다토 시레. 소레오
미이다스나라, 타시카니 미라
이와아루. 키보우가 타타레루
코토와 나이.

지혜가 네 영혼에게 이와 같은
줄을 알라 이것을 얻으면 정녕
히 네 장래가 있겠고 네 소망
이 끊어지지 아니하리라

15 神に逆らう者よ、神に従う人
の住みかを狙うな。その憩い
の場で暴力を振るうな。

카미니 사카라우모노와, 카미
니시타가우 히토노 스미카오
네라우나. 소노 이코이노바데
보우료쿠오 후루우나.

악한 자여 의인의 집을 엿보지
말며 그가 쉬는 처소를 헐지
말지니라

12 「できなかったのだ」などと言
っても／心を調べる方は見抜
いておられる。魂を見守る方
はご存じだ。人の行いに応じ
て報いを返される。

13 わが子よ、蜜を食べてみよ、
それは美味だ。滴る蜜は口に
甘い。

14 そのように、魂にとって知恵
は美味だと知れ。それを見い
だすなら、確かに未来はあ
る。あなたの希望が断たれる
ことはない。

15 神に逆らう者よ、神に従う人
の住みかを狙うな。その憩い
の場で暴力を振るうな。

16 神に従う人は七度倒れても
　起き上がる。神に逆らう者
　は災難に遭えばつまずく。
　カミニ 시타가우히토와 나나
　도 타오레테모 오키아가루. 카
　미니 사카라우모노와 사이난
　니 아에바 츠마즈쿠.
　대저 의인은 일곱 번 넘어질지
　라도 다시 일어나려니와 악인
　은 재앙으로 말미암아 엎드러
　지느니라

17 敵が倒れても喜んではなら
　ない。彼がつまずいても心
　を躍らせるな。
　테키가 타오레테모 요로콘데
　와나라나이. 카레가 츠마즈이
　테모 코코로오 오도라세루나.
　네 원수가 넘어질 때에 즐거워
　하지 말며 그가 엎드러질 때에
　마음에 기뻐하지 말라

18 主がそういうあなたを見て
　不快とされるなら／彼への
　怒りを翻されるであろう。
　슈가 소우이우 아나타오 미테
　후카이토 사레루나라 카레헤
　노 오코리오 히루가에사레루
　데 아로우.
　여호와께서 이것을 보시고 기
　뻐하지 아니하사 그의 진노를
　그에게서 옮기실까 두려우니라

19 悪事を働く者に怒りを覚え
　たり／主に逆らう者のこと
　に心を燃やすことはない。
　아쿠지오 하타라쿠 모노니 오
　코리오 오보에타리 슈니 사카
　라우모노노 코토니 코코로오
　모야스코토와나이 .
　너는 행악자들로 말미암아 분
　을 품지 말며 악인의 형통함을
　부러워하지 말라

20 悪者には未来はない。主に
　逆らう者の灯は消える。
　와루모노니와 미라이와 나이.
　슈니 사카라우모노노 토모시
　비와 키에루.
　대저 행악자는 장래가 없겠고
　악인의 등불은 꺼지리라

16 神に従う人は七度倒れても起
き上がる。神に逆らう者は災
難に遭えばつまずく。

17 敵が倒れても喜んではならな
い。彼がつまずいても心を躍
らせるな。

18 主がそういうあなたを見て不
快とされるなら／彼への怒り
を翻されるであろう。

19 悪事を働く者に怒りを覚えた
り／主に逆らう者のことに心
を燃やすことはない。

20 悪者には未来はない。主に逆
らう者の灯は消える。

단어장

見抜く [みぬく] 알아차리다	憩 [いこい] 휴식
応じて [おうじて] 응하여	敵 [てき] 적
美味 [びみ] 맛있는	倒す [たおす] 넘어뜨리다
狙う [ねらう] 겨냥하다	不快 [ふかい] 불쾌

21 わが子よ、主を、そして王を、畏れよ。変化を求める者らと関係を持つな。
와가코요, 슈오, 소시테 오우오, 오소레요. 헨카오 모토메루 모노라토 칸케이오 모츠나.
내 아들아 여호와와 왕을 경외하고 반역자와 더불어 사귀지 말라

22 突然、彼らの不幸は始まる。この両者が下す災難を誰が知りえよう。
토츠젠, 카레라노 후코우와 하지마루. 코노료우샤가 쿠다스 사이난오 다레가 시리에요우.
대저 그들의 재앙은 속히 임하리니 그 둘의 멸망을 누가 알랴

23 これらもまた、賢人の言葉である。裁判でえこひいきをするのは良くない。
코레라모 마타, 켄진노 코토바데아루. 사이반데 에코히이키오 스루노와 요쿠나이.
이것도 지혜로운 자들의 말씀이라 재판할 때에 낯을 보아주는 것이 옳지 못하니라

24 罪ある者を正しいと宣言するなら／すべての民に呪われ、すべての国にののしられる。
츠미아루모노오 타다시이토 센겐스루나라 스베테노 타미니 노로와레, 스베테노 쿠니니 노노시라레루.
악인에게 네가 옳다 하는 자는 백성에게 저주를 받을 것이요 국민에게 미움을 받으려니와

25 罪ある者を懲らしめる人は喜ばれる。恵みと祝福がその上にある。
츠미아루모노오 코라시메루 히토와 요로코바레루. 메구미토 슈쿠후쿠가 소노 우에니아루.
오직 그를 견책하는 자는 기쁨을 얻을 것이요 또 좋은 복을 받으리라

21 わが子よ、主を、そして王を、畏れよ。変化を求める者らと関係を持つな。

22 突然、彼らの不幸は始まる。この両者が下す災難を誰が知りえよう。

23 これらもまた、賢人の言葉である。裁判でえこひいきをするのは良くない。

24 罪ある者を正しいと宣言するなら／すべての民に呪われ、すべての国にののしられる。

25 罪ある者を懲らしめる人は喜ばれる。恵みと祝福がその上にある。

단어장

関係[かんけい]관계　　宣言[せんげん]선언
突然[とつぜん]돌연　　呪い[のろい]저주

26 正しい答えをする人は、くちづけをする人。
タダ시이 코타에오 스루히토와, 쿠치즈케오 스루히토.
적당한 말로 대답함은 입맞춤과 같으니라

27 外ではあなたの仕事を準備し、畑を整え／それから、家を築くがよい。
소토데와 아나타노 시고토오 쥰비시, 하타케오 토토노에 소레카라, 이에오 키즈쿠가요이.
네 일을 밖에서 다스리며 너를 위하여 밭에서 준비하고 그 후에 네 집을 세울지니라

28 いいかげんに友人の証人となってはならない。自分の唇で惑わされたいのか。
이이카겐니 유우진노 쇼우닌토 낫테와 나라나이. 지분노 쿠치비루데 마도와사레타이노카.
너는 까닭 없이 네 이웃을 쳐서 증인이 되지 말며 네 입술로 속이지 말지니라

29 「人がわたしにするように／わたしもその人に対してしよう。それぞれの行いに応じて報いよう」とは／あなたの言うべきことではない。
히토가 와타시니 스루요우니 와타시모 소노히토니 타이시테시요우. 소레조레노 오코나이니 오우지테 무쿠이요우 토와 아나타노 이우베키 코토데와나이.
너는 그가 내게 행함 같이 나도 그에게 행하여 그가 행한 대로 그 사람에게 갚겠다 말하지 말지니라

30 怠け者の畑の傍らを／意志の弱い者のぶどう畑の傍らを、通ってみた。
나마케모노노 하타케노 카타와라오 이시노 요와이모노노 부도우바타케노 카타와라오, 토옷테 미타.
내가 게으른 자의 밭과 지혜 없는 자의 포도원을 지나며 본즉

26 正しい答えをする人は、くち
 ただ　　　こた　　　　　　ひと
づけをする人。
　　　　　　ひと

27 外ではあなたの仕事を準備
 そと　　　　　　　　　しごと　　じゅんび
し、畑を整え／それから、家
 はたけ　ととの　　　　　　　　　　いえ
を築くがよい。
 きず

28 いいかげんに友人の証人とな
 　　　　　　　ゆうじん　しょうにん
ってはならない。自分の唇で
 　　　　　　　　じぶん　　くちびる
惑わされたいのか。
 まど

29 「人がわたしにするように／わ
 ひと
たしもその人に対してしよ
 　　　　　ひと　　たい
う。それぞれの行いに応じて
 　　　　　　　　おこな　　おう
報いよう」とは／あなたの言
 むく　　　　　　　　　　　　　　　い
うべきことではない。

30 怠け者の畑の傍らを／意志の
 なま　もの　はたけ　かたわ　　　　いし
弱い者のぶどう畑の傍らを、
 よわ　もの　　　　　　ばたけ　かたわ
通ってみた。
 とお

31 見よ、いらくさが一面に茂り／あざみが覆い尽くし、石垣は崩れていた。
미요, 이라쿠사가 이치멘니 시게리 아자미가 오이츠쿠시, 이시타나와 쿠즈레테이타.
가시덤불이 그 전부에 퍼졌으며 그 지면이 거친 풀로 덮였고 돌담이 무너져 있기로

32 わたしはそれに心を向け、観察した。それを見て、諭しを得た。
와타시와 소레니 코코로오 무케, 칸사츠시타. 소레오 미테, 사토시오 에타.
내가 보고 생각이 깊었고 내가 보고 훈계를 받았노라

33 「しばらく眠り、しばらくまどろみ／手をこまぬいて、またしばらく横になる。
시바라쿠 네무리, 시바라쿠 마도로미 테오 코마누이테, 마타 시바라쿠 요코니나루.
네가 좀더 자자, 좀더 졸자, 손을 모으고 좀더 누워 있자 하니

34 貧乏は盗賊のように／欠乏は盾を取る者のように襲う。」
빈보우와 토우조쿠노요우니 케츠보우와 타테오 토루모노노요우니 오소우.
네 빈궁이 강도 같이 오며 네 곤핍이 군사 같이 이르리라

---

31 見(み)よ、いらくさが一面(いちめん)に茂(しげ)り／あざみが覆(おお)い尽(つ)くし、石(いし)垣(がき)は崩(くず)れていた。

32 わたしはそれに心(こころ)を向(む)け、観(かん)察(さつ)した。それを見(み)て、諭(さと)しを得(え)た。

33 「しばらく眠(ねむ)り、しばらくまどろみ／手(て)をこまぬいて、またしばらく横(よこ)になる。

34 貧(びん)乏(ぼう)は盗(とう)賊(ぞく)のように／欠(けつ)乏(ぼう)は盾(たて)を取(と)る者(もの)のように襲(おそ)う。」

二人(ふたり)は言(い)った。「主(しゅ)イエスを信(しん)じなさい。そうすれば、あなたも家族(かぞく)も救(すく)われます。」
이르되 주 예수를 믿으라 그리하면 너와 네 집이 구원을 받으리라 하고
(사도행전 16:31)
信じる[しんじる]믿다　　　家族[かぞく]가족

단어장

外[そと]밖	茂リ[しげリ]무성함
仕事[しごと]일	観察[かんさつ]관찰
意志[いし]의지	眠り[ねむり]잠
一面[いちめん]일면	盗賊[とうぞく]도둑

箴言25章 1節 ～ 28節

1 これらもまた、ソロモンの
箴言である。ユダの王ヒゼ
キヤのもとにある人々が筆
写した。
コレ라모마타, 소로몬노 신겐데
아루. 유다노오우 히제키야노
모토니아루 히토비토가 힛샤시
타.
이것도 솔로몬의 잠언이요 유
다 왕 히스기야의 신하들이 편
집한 것이니라

2 ことを隠すのは神の誉れ／こ
とを極めるのは王の誉れ。
코토오 카쿠스노와 카미노 호마
레 코토오 키와메루노와 오우노
호마레.
일을 숨기는 것은 하나님의 영
화요 일을 살피는 것은 왕의 영
화니라

3 天の高さと地の深さ、そし
て王の心の極め難さ。
텐노타카사토 치노 후카사, 소
시테 오우노 코코로노 키와메카
타사.
하늘의 높음과 땅의 깊음 같이
왕의 마음은 헤아릴 수 없느니라

4 銀から不純物を除け。そう
すれば細工人は器を作るこ
とができる。
긴카라 후쥰부츠오 노조케. 소
오스레바 사이쿠닌와 우츠와오
츠쿠루코토가데키루.
은에서 찌꺼기를 제하라 그리
하면 장색의 쓸 만한 그릇이 나
올 것이요

5 王の前から逆らう者を除
け。そうすれば王位は正し
く継承される。
오우노마에카라 사카라우모노
오 노조케. 소오스레바 오우이
와 타다시쿠 케이쇼우사레루.
왕 앞에서 악한 자를 제하라 그
리하면 그의 왕위가 의로 말미
암아 견고히 서리라

1 これらもまた、ソロモンの箴言
である。ユダの王ヒゼキヤのも
とにある人々が筆写した。

2 ことを隠すのは神の誉れ／こと
を極めるのは王の誉れ。

3 天の高さと地の深さ、そして王
の心の極め難さ。

4 銀から不純物を除け。そうすれ
ば細工人は器を作ることができ
る。

5 王の前から逆らう者を除け。そ
うすれば王位は正しく継承され
る。

단어장

筆写[ひっしゃ]필사   器[うつわ]그릇

隠す[かくす]숨기다   継承[けいしょう]계승

6 王の前でうぬぼれるな。身分の高い人々の場に立とうとするな。

오우노 마에데 우누보레루나. 미분노 타카이 히토비토노 바니 타토우토스루나.

왕 앞에서 스스로 높은 체하지 말며 대인들의 자리에 서지 말라

7 高貴な人の前で下座に落とされるよりも／上座に着くようにと言われる方がよい。何ごとかを目にしても

코우키나 히토노마에데 시모자니오토사레루요리모 카미자니츠쿠요우니토 이와레루호우가 요이. 나니고토카오 메니시테모

이는 사람이 네게 이리로 올라오라고 말하는 것이 네 눈에 보이는 귀인 앞에서 저리로 내려가라고 말하는 것보다 나음이니라

8 性急に争いの場に引き出そうとするな。そのため友人に嘲られることになったら／将来どうするつもりか

세이큐우니 아라소이노 바니 히키다소우토스루나. 소노타메 유우진니 아자케라레루 코토니 낫타라 쇼우라이 도우스루츠모리카

너는 서둘러 나가서 다투지 말라 마침내 네가 이웃에게서 욕을 보게 될 때에 네가 어찌할 줄을 알지 못할까 두려우니라

9 自分のことについて友人と言い争うのはよいが／他人の秘密を漏らしてはならない。

지분노코토니츠이테 유우진토 이이아라소이와 요이가 타닌노 히미츠오 모라시테와나라나이.

너는 이웃과 다투거든 변론만 하고 남의 은밀한 일은 누설하지 말라

10 それを聞いた人があなたを恥に落とし／あなたの悪評は去らないであろう。

소레오 키이타히토가 아나타오 하지니오토시 아나타노 아쿠효우와 사라나이데아로우.

듣는 자가 너를 꾸짖을 터이요 또 네게 대한 악평이 네게서 떠나지 아니할까 두려우니라

6 王の前でうぬぼれるな。身分の高い人々の場に立とうとするな。

7 高貴な人の前で下座に落とされるよりも／上座に着くようにと言われる方がよい。何ごとかを目にしても

8 性急に争いの場に引き出そうとするな。そのため友人に嘲られることになったら／将来どうするつもりか

9 自分のことについて友人と言い争うのはよいが／他人の秘密を漏らしてはならない。

10 それを聞いた人があなたを恥に落とし／あなたの悪評は去らないであろう。

11 時宜にかなって語られる言葉は／銀細工に付けられた金のりんご。

지기니 카낫테 카타라레루 코토바와 긴자이쿠니 츠케라레타 킨노링고.

경우에 합당한 말은 아로새긴 은 쟁반에 금 사과니라

12 聞き分ける耳に与えられる賢い懲らしめは／金の輪、純金の飾り。

키키와케루미미니 아타에라레루 카시코이 코라시메와 킨노와, 쥰킨노 카자리.

슬기로운 자의 책망은 청종하는 귀에 금 고리와 정금 장식이니라

13 忠実な使者は遣わす人にとって／刈り入れの日の冷たい雪。主人の魂を生き返らせる。

츄우지츠나 시샤와 츠카와스 히토니욧테 카리이레노 히노 츠메타이유키. 슈우진노 타마시이오 이키카에라세루.

충성된 사자는 그를 보낸 이에게 마치 추수하는 날에 얼음 냉수 같아서 능히 그 주인의 마음을 시원하게 하느니라

14 雨雲が垂れ込め風が吹くのに雨が降らない。/与えもしない贈り物について吹聴する人。

아마구모가 타레코메 카제가 후쿠노니 아메가 후라나이. 아타에모시나이 오쿠리모노니 츠이테 후이쵸우스루히토.

선물한다고 거짓 자랑하는 자는 비 없는 구름과 바람 같으니라

15 忍耐強く対すれば隊長も誘いに応じる。穏やかに語る舌は骨をも砕く。

닌타이즈요쿠 타이스레바 타이쵸우 사소이니 오우지루. 오다야카니 카타루시타와 호네오 쿠다쿠.

오래 참으면 관원도 설득할 수 있나니 부드러운 혀는 뼈를 꺾느니라

---

11 時宜にかなって語られる言葉は／銀細工に付けられた金のりんご。
じぎ　　　　かた　　ことば　　ぎんざいく　つ　　きん

12 聞き分ける耳に与えられる賢い懲らしめは／金の輪、純金の飾り。
き　わ　　みみ　あた　　　かしこ　こ　　きん　わ　じゅんきん　かざ

13 忠実な使者は遣わす人にとって／刈り入れの日の冷たい雪。主人の魂を生き返らせる。
ちゅうじつ　ししゃ　つか　　ひと　　か　い　　ひ　つめ　ゆき　しゅじん　たましい　い　かえ

14 雨雲が垂れ込め風が吹くのに雨が降らない。/与えもしない贈り物について吹聴する人。
あまぐも　た　こ　かぜ　ふ　　あめ　ふ　　あた　　おく　もの　　ふいちょう　ひと

15 忍耐強く対すれば隊長も誘いに応じる。穏やかに語る舌は骨をも砕く。
にんたいづよ　たい　　たいちょう　さそ　　おう　　おだ　　かた　した　ほね　くだ

단어장	
時宜[じぎ] 시의	雨雲[あまぐも] 비구름
銀細工[ぎんさいく] 은세공	穏やか[おだやか] 평온함

16 蜂蜜を見つけたら欲しいだ
け食べるがよい。しかし食
べ過ぎて吐き出すことにな
らぬように。
하치미츠오 미츠케타라 호시
이다케 타베루가요이. 시카시
타베스기테 하키다스코토니
나라나누요우니.
너는 꿀을 보거든 족하리만큼
먹으라 과식함으로 토할까 두
려우니라

17 友人の家に足を運ぶのはま
れにせよ／飽きられ、嫌わ
れることのないように。
유우진노 이에니 아시오 하코
부노와 마레니세요 아키라레,
키라와레루코토노나이요우니.
너는 이웃집에 자주 다니지 말
라 그가 너를 싫어하며 미워할
까 두려우니라

18 こん棒、剣、鋭い矢／友人
に対して偽証を立てる者。
콘보우, 츠루기, 스루도이야
유우진니 타이시테 기쇼우오
타테루모노.
자기의 이웃을 쳐서 거짓 증거
하는 사람은 방망이요 칼이요
뾰족한 화살이니라

19 悪い歯、よろめく足／苦難
の襲うとき、欺く者を頼り
にすること。
와루이하, 요로메쿠아시 쿠난
노 오소우토키, 아자무쿠모노
오 타요리니스루코토.
환난 날에 진실하지 못한 자를
의뢰하는 것은 부러진 이와 위
골된 발 같으니라

20 寒い日に衣を脱がせる者／
ソーダの上に酢を注ぐ者／
苦しむ心に向かって歌をう
たう者。
사무이히니 코로모오 누가세
루모노 소–다노 우에니 스오
소소구모노 쿠루시무 코코로
니 무캇테 우타오 우타우모노.
마음이 상한 자에게 노래하는
것은 추운 날에 옷을 벗음 같
고 소다 위에 식초를 부음 같
으니라

16 蜂蜜を見つけたら欲しいだけ
食べるがよい。／しかし食べ過ぎ
て吐き出すことにならぬように。

17 友人の家に足を運ぶのはまれ
にせよ／飽きられ、嫌われる
ことのないように。

18 こん棒、剣、鋭い矢／友人に
対して偽証を立てる者。

19 悪い歯、よろめく足／苦難の
襲うとき、欺く者を頼りにす
ること。

20 寒い日に衣を脱がせる者／ソ
ーダの上に酢を注ぐ者／苦し
む心に向かって歌をうたう
者。

単어장

蜂蜜[はちみつ]벌꿀	歌[うた]노래
運ぶ[はこぶ]운반하다	頼り[たより]의지

21 あなたを憎む者が飢えているならパンを与えよ。渇いているなら水を飲ませよ。

아나타오 니쿠무모노가 우에테이루나라 팡오아타에요. 카와이테이루나라 미즈오 노마세요.

네 원수가 배고파하거든 음식을 먹이고 목말라하거든 물을 마시게 하라

22 こうしてあなたは炭火を彼の頭に積む。そして主があなたに報いられる。

코우시테 아나타와 스미비오 카레노아타마니 츠무. 소시테 슈가 아나타니 무쿠이라레루.

그리 하는 것은 핀 숯을 그의 머리에 놓는 것과 일반이요 여호와께서 네게 갚아 주시리라

23 北風は雨をもたらし／陰口をたたく舌は憤りの表情をもたらす。

키타카제와 아메오모타라시 카게쿠치오 타타쿠시타와 이키도오리노 효우죠우오 모타라스.

북풍이 비를 일으킴 같이 참소하는 혀는 사람의 얼굴에 분을 일으키느니라

24 いさかいの好きな妻と一緒に家にいるよりは／屋根の片隅に座っている方がよい。

이사카이노 스키나 츠마토 잇쇼니 이에니이루요리와 야네노 카타스미니 스왓테이루 호우가 요이.

다투는 여인과 함께 큰 집에서 사는 것보다 움막에서 혼자 사는 것이 나으니라

25 渇いた喉に冷たい水、遠い地からの良い便り。

카와이타노도니 츠메타이미즈, 토오이치카라노 요이타요리.

먼 땅에서 오는 좋은 기별은 목마른 사람에게 냉수와 같으니라

---

21 あなたを憎む者が飢えているならパンを与えよ。渇いているなら水を飲ませよ。

にく もの う あた かわ みず の

22 こうしてあなたは炭火を彼の頭に積む。そして主があなたに報いられる。

すみび かれ あたま つ しゅ むく

23 北風は雨をもたらし／陰口をたたく舌は憤りの表情をもたらす。

きたかぜ あめ かげぐち した いきどお ひょうじょう

24 いさかいの好きな妻と一緒に家にいるよりは／屋根の片隅に座っている方がよい。

す つま いっしょ いえ やね かたすみ すわ ほう

25 渇いた喉に冷たい水、遠い地からの良い便り。

かわ のど つめ みず とお ち よ たよ

단어장

憎む[にくむ]미워하다	一緒に[いっしょに]함께
陰口[かげぐち]험담	屋根[やね]지붕
憤り[いきどおり]분노	片隅[かたすみ]한쪽구석
表情[ひょうじょう]표정	渇く[かわく]갈증나다

26 泉が踏み汚され、水源が荒らされる。神に従う人が神に逆らう者の前によろめく。

이즈미가 후미케가사레, 스이겐가 아라사레루. 카미니 시타가우히토가 카미니 사카라우 모노노 마에니 요로메쿠.

의인이 악인 앞에 굴복하는 것은 우물이 흐려짐과 샘이 더러워짐과 같으니라

27 蜂蜜を食べ過ぎればうまさは失われる。名誉を追い求めれば名誉は失われる。

하치미츠오 타베 스기레바 우마사와 우시나와레루. 메이요오 오이모토메레바 메이요와 우시나와레루.

꿀을 많이 먹는 것이 좋지 못하고 자기의 영예를 구하는 것이 헛되니라

28 侵略されて城壁の滅びた町。自分の霊を制しえない人。

신랴쿠사레타 죠우헤키노 호로비타마치 . 지분노 레이오 세이시에나이히토.

자기의 마음을 제어하지 아니하는 자는 성읍이 무너지고 성벽이 없는 것과 같으니라

---

26 泉が踏み汚され、水源が荒らされる。神に従う人が神に逆らう者の前によろめく。
いずみ ふ けが すいげん あ かみ したが ひと かみ さか もの まえ

27 蜂蜜を食べ過ぎればうまさは失われる。名誉を追い求めれば名誉は失われる。
はちみつ た す うしな めいよ お もと めいよ うしな

28 侵略されて城壁の滅びた町。自分の霊を制しえない人。
しんりゃく じょうへき ほろ まち じぶん れい せい ひと

「求めなさい。そうすれば、与えられる。探しなさい。
もと
そうすれば、見つかる。門をたたきなさい。
み もん
そうすれば、開かれる。
ひら
구하라 그리하면 너희에게 주실 것이요
찾으라 그리하면 찾아낼 것이요 문을 두드리라
그리하면 너희에게 열릴 것이니
(마태복음 7:7)

探す[さがす]찾다　　開く[ひらく]열다

단어장

泉[いずみ]샘　　　　　　　　侵略[しんりゃく]침략
踏む[ふむ]밟다　　　　　　　滅びる[ほろびる]멸망하다
汚される[けがされる]더러워지다　自分[じぶん]자기
荒される[あらされる]망쳐지다　　霊[れい]영

箴言26章 1節 〜 28節

1 夏の雪、刈り入れ時の雨のように／愚か者に名誉はふさわしくない。

나츠노 유키,카리이레토키노 아메노 요우니 오로카모노니 메이요와 후사와시쿠 나이.

미련한 자에게는 영예가 적당하지 아니하니 마치 여름에 눈 오는 것과 추수 때에 비 오는 것 같으니라

2 鳥は渡って行くもの、つばめは飛び去るもの。理由のない呪いが襲うことはない。

토리와 와탓테 이쿠모노,츠바메와 토비사루모노.리유우노나이 노로이가 오소우 코토와나이.

까닭 없는 저주는 참새가 떠도는 것과 제비가 날아가는 것 같이 이루어지지 아니하느니라

3 馬に鞭、ろばにくつわ／愚か者の背には杖。

우마니 무치, 로바니 쿠츠와 오로카모노노 세니와 츠에.

말에게는 채찍이요 나귀에게는 재갈이요 미련한 자의 등에는 막대기니라

4 愚か者にはその無知にふさわしい答えをするな／あなたが彼に似た者とならぬために。

오로카모노니와 소노무치니 후사와시이 코타에오 스루나 아나타가 카레니 니타모노토 나라누 타메니.

미련한 자의 어리석은 것을 따라 대답하지 말라 두렵건대 너도 그와 같을까 하노라

5 愚か者にはその無知にふさわしい答えをせよ。彼が自分を賢者だと思い込まぬために。

오로카 모노니와 소노무치니 후사와시이 코타에오 세요.카레가 지분오 켄쟈다토 오모이코마누 타메니.

미련한 자에게는 그의 어리석음을 따라 대답하라 두렵건대 그가 스스로 지혜롭게 여길까 하노라

---

1 夏の雪、刈り入れ時の雨のように／愚か者に名誉はふさわしくない。

2 鳥は渡って行くもの、つばめは飛び去るもの。理由のない呪いが襲うことはない。

3 馬に鞭、ろばにくつわ／愚か者の背には杖。

4 愚か者にはその無知にふさわしい答えをするな／あなたが彼に似た者とならぬために。

5 愚か者にはその無知にふさわしい答えをせよ。彼が自分を賢者だと思い込まぬために。

6 愚か者に物事を託して送る
　者は／足を切られ、不法を
　呑み込まされる。
　오로카모노니 모노고토오 타쿠
　시테 오쿠루모노와 아시오 키라
　레, 후호우오 노미코마사레루.
　미련한 자 편에 기별하는 것은
　자기의 발을 베어 버림과 해를
　받음과 같으니라

7 愚か者の口にすることわざ
　は／歩けない人の弱い足。
　오로카모노노 쿠치니 스루 코토
　와자와 아루케나이 히토노 요와
　이 아시.
　저는 자의 다리는 힘 없이 달렸
　나니 미련한 자의 입의 잠언도
　그러하니라

8 愚か者に名誉を与えるの
　は／石投げ紐に石を袋ごと
　つがえるようなものだ。
　오로카모노니 메이요오 아타에
　루노와 이시나게 히모니 이시오
　후쿠로고토 츠카에루 요우나모
　노다.
　미련한 자에게 영예를 주는 것
　은 돌을 물매에 매는 것과 같으
　니라

9 愚か者の口にすることわざ
　は／酔っぱらいの手に刺さ
　るとげ。
　오로카모노노쿠치니 스루코토
　와자와 욧빠라이노 테니 사사루
　토게.
　미련한 자의 입의 잠언은 술 취
　한 자가 손에 든 가시나무 같으
　니라

10 愚か者を雇い、通りすがり
　の人を雇うのは／射手が何
　でもかまわず射抜くような
　ものだ。
　오로카모노오 야토이, 토오리
　스가리노히토오 야토우노와
　이테가 난데모 카마와즈 이누
　쿠요우나모노다.
　장인이 온갖 것을 만들지라도
　미련한 자를 고용하는 것은 지
　나가는 행인을 고용함과 같으
　니라

---

6 愚か者に物事を託して送る者
は／足を切られ、不法を呑み込
まされる。

7 愚か者の口にすることわざは／
歩けない人の弱い足。

8 愚か者に名誉を与えるのは／石
投げ紐に石を袋ごとつがえるよ
うなものだ。

9 愚か者の口にすることわざは／
酔っぱらいの手に刺さるとげ。

10 愚か者を雇い、通りすがりの
人を雇うのは／射手が何でも
かまわず射抜くようなもの
だ。

단어장

物事[ものごと]일	酔っぱらい[よっぱらい]주정뱅이
託し[たくす]맡기다	雇う[やとう]고용하다
紐[ひも] 끈	射手[いて]궁수
愚か者[おろかもの]미련한 놈	射抜く[いぬく]꿰뚫다

11 犬が自分の吐いたものに戻るように／愚か者は自分の愚かさを繰り返す。

이누가 지분가 하이타모노니 모도루요우니 오로카모노와 지분노 오로카사오 쿠리카에스.

개가 그 토한 것을 도로 먹는 것 같이 미련한 자는 그 미련한 것을 거듭 행하느니라

12 自分を賢者と思い込んでいる者を見たか。彼よりは愚か者の方がまだ希望が持てる。

지분오 켄샤다토 오모이콘데 이루모노오 미타카. 카레요리와 오로카모노노 호우가 마다 키보우가못테루.

네가 스스로 지혜롭게 여기는 자를 보느냐 그보다 미련한 자에게 오히려 희망이 있느니라

13 怠け者は言う／「道に獅子が、広場に雄獅子が」と。

나마케모노와 이우 미치니 시시가, 히로바니 오지시가 토.

게으른 자는 길에 사자가 있다 거리에 사자가 있다 하느니라

14 扉はちょうつがいに乗って回転する。怠け者は寝床の上で寝返りを打つ。

토비라와 쵸우츠카이니 놋테 카이텐스루. 나마케모노와 네도코노 우에데 네가에리오 우츠.

문짝이 돌쩌귀를 따라서 도는 것 같이 게으른 자는 침상에서 도느니라

15 怠け者は鉢に手を突っ込むが／口にその手を返すことをおっくうがる。

나마케모노와 하리니 테오 촛코무가 쿠치니 소노테오 카에스코토오 옷쿠우가루.

게으른 자는 그 손을 그릇에 넣고도 입으로 올리기를 괴로워하느니라

---

11 犬が自分の吐いたものに戻る	いぬ じぶん は もど
	ように／愚か者は自分の愚か	おろ もの じぶん おろ
	さを繰り返す。	く かえ
12 自分を賢者と思い込んでいる	じぶん けんしゃ おも こ
	者を見たか。彼よりは愚か者	もの み かれ おろ もの
	の方がまだ希望が持てる。	ほう きぼう も
13 怠け者は言う／「道に獅子	なま もの い みち しし
	が、広場に雄獅子が」と。	ひろば おじし
14 扉はちょうつがいに乗って回	とびら の かい
	転する。怠け者は寝床の上で	てん なま もの ねどこ うえ
	寝返りを打つ。	ねがえ う
15 怠け者は鉢に手を突っ込む	なま もの はち て つ こ
	が／口にその手を返すことを	くち て かえ
	おっくうがる。	

단어장

犬[いぬ]개	怠け者[なまけもの]게으름뱅이
吐く[はく]토하다	扉[とびら]문
戻す[もどす]되돌리다	回転[かいてん]회전
繰り返し[くりかえし]반복	寝返り[ねがえり]뒤척임

16 怠け者は自分を賢者だと思い込む／聡明な答えのできる人七人にもまさって。
나마케모노와 지분오 켄쟈다토 오모이코무. 소우메이나 코타에노 데키루 나나닌니모 마삿테.
게으른 자는 사리에 맞게 대답하는 사람 일곱보다 자기를 지혜롭게 여기느니라

17 通行人が自分に関係のない争いに興奮するのは／犬の耳をつかむようなものだ。
츠우코우닌가 지분니 칸케이 노나이 아라소이니 코우훈스루노와 이누노 미미오 츠카무요우나모노다.
길로 지나가다가 자기와 상관 없는 다툼을 간섭하는 자는 개의 귀를 잡는 자와 같으니라

18 分別を失った者が、火矢を、死の矢を射る。
훈베츠오 우시낫타모노가,히야오 시노야오이루.
횃불을 던지며 화살을 쏘아서 사람을 죽이는 미친 사람이 있나니

19 友人を欺く者はそれに等しい。しかも、「ふざけただけではないか」と言う。
유우진오 아자무쿠모노와 소레니 히토시이. 시카모, 후자케타다케데와 나이카 토이우.
자기의 이웃을 속이고 말하기를 내가 희롱하였노라 하는 자도 그러하니라

20 木がなければ火は消える。陰口を言う者が消えればいさかいは鎮まる。
키가나케레바 히와키에루.카게구치오 이우모노가 키에레바 이사카이와 시즈마루.
나무가 다하면 불이 꺼지고 말쟁이가 없어지면 다툼이 쉬느니라

---

16 怠け者は自分を賢者だと思い
   なま もの じしん けんじゃ おも
込む／聡明な答えのできる人
こ そうめい こた ひと
七人にもまさって。
にん

17 通行人が自分に関係のない争
   つうこうにん じぶん かんけい あらそ
いに興奮するのは／犬の耳を
こうふん いぬ みみ
つかむようなものだ。

18 分別を失った者が、火矢を、
   ふんべつ うしな もの ひや
死の矢を射る。
し や い

19 友人を欺く者はそれに等し
   ゆうじん あざむ もの ひと
い。しかも、「ふざけただけで
はないか」と言う。
い

20 木がなければ火は消える。陰
   き ひ き かげ
口を言う者が消えればいさか
づち い もの き
いは鎮まる。
しず

단어장

答え[こたえ]대답	等しい[ひとしい]같다
通行人[つうこうにん]통행인	木[き]나무
興奮[こうふん]흥분	消える[きえる]사라짐
耳[みみ]귀	鎮め[しずめ]진정

21 炎には炭、火には木／争い
を燃え上がらせるのはいさ
かい好きな者。
호노오니와 스미, 히니와 키
아라소이오 모에아가라세루노
와 이사카이 스키나모노.
숯불 위에 숯을 더하는 것과
타는 불에 나무를 더하는 것
같이 다툼을 좋아하는 자는 시
비를 일으키느니라

22 陰口は食べ物のように呑み
込まれ／腹の隅々に下って
行く。
카게구치데 타베모노노요우니
노미코마레 하라노 스미즈미
니 쿠닷테이쿠.
남의 말 하기를 좋아하는 자의
말은 별식과 같아서 뱃속 깊은
데로 내려가느니라

23 唇は燃えていても心に悪意
を抱いている者は／混じり
もののある銀で覆った土器
のよう。
쿠치비루와 모에테이테모 코
코로니 아쿠이오 이다이테이
루모노와 마지리모노노아루
긴데 오옷타 도키노요우.
온유한 입술에 악한 마음은 낮
은 은을 입힌 토기니라

24 唇をよそおっていても憎悪
を抱いている者は／腹に欺
きを蔵している。
쿠치비루오 요소옷테이테모
조우오오 이다이테이루 모노
와 하라니 아자무키오 조우시
테이루.
원수는 입술로는 꾸미고 속으
로는 속임을 품나니

25 上品な声を出すからといっ
て信用するな／心には七つの
忌むべきことを持っている。
죠우힌나코에오 다스카라토
잇테 신요우스루나 코코로니
와 나나츠노 이무베키 코토오
못테이루.
그 말이 좋을지라도 믿지 말
것은 그 마음에 일곱 가지 가
증한 것이 있음이니라

21 炎には炭、火には木／争いを
ほのお　　ひ　　　き　　あらそ
燃え上がらせるのはいさかい
も　あ
好きな者。
す　　もの

22 陰口は食べ物のように呑み込
かげぐち　た　もの　　　　　　の　こ
まれ／腹の隅々に下って行
はら　　すみずみ　くだ　　い
く。

23 唇は燃えていても心に悪意を
くちびる　も　　　　　こころ　あくい
抱いている者は／混じりもの
いだ　　　　　もの　　ま
のある銀で覆った土器のよ
ぎん　おお　　どき
う。

24 唇をよそおっていても憎悪を
くちびる　　　　　　　　ぞうお
抱いている者は／腹に欺きを
いだ　　　　　もの　　はら　あざむ
蔵している。
ぞう

25 上品な声を出すからといって
じょうひん　こえ　だ
信用するな／心には七つの忌
しんよう　　　　こころ　　　　　い
むべきことを持っている。
も

26 憎しみはごまかし隠しても／その悪は会衆の中で露見する。

ニクシミ와 고마카시 카쿠시테모 소노아쿠와 카이슈우노 나카데 로켄스루.

속임으로 그 미움을 감출지라도 그의 악이 회중 앞에 드러나리라

27 穴を掘る者は自分がそこに落ち／石を転がせばその石は自分に返ってくる。

아나오 호루모노와 지분가 소코니 오치루 이시오 코로가세바 소노이시와 지분니 카엣테쿠루.

함정을 파는 자는 그것에 빠질 것이요 돌을 굴리는 자는 도리어 그것에 치이리라

28 うそをつく舌は憎んで人を砕き／滑らかな舌はつまずきを作る。

우소오 츠쿠시타와 니쿤데 히토오 쿠다키 나메라카나 시타와 츠마즈키오 츠쿠루.

거짓말 하는 자는 자기가 해한 자를 미워하고 아첨하는 입은 패망을 일으키느니라

---

26 憎しみはごまかし隠しても／
にく　　　　　　　　　　かく

その悪は会衆の中で露見す
あく　　　かいしゅう　なか　　ろけん

る。

27 穴を掘る者は自分がそこに落
あな　ほ　もの　じしん　　　　　　お

ち／石を転がせばその石は自
いし　ころ　　　　　　　　いし　じ

分に返ってくる。
ぶん　かえ

28 うそをつく舌は憎んで人を砕
した　にく　　ひと　くだ

き／滑らかな舌はつまずきを
なめ　　　　　した

作る。
つく

どんなことでも、思い煩うのはやめなさい。
おも　わずら

何事につけ、感謝を込めて祈りと願いをささげ、
なにごと　　　かんしゃ　こ　　いの　　ねがい

求めているものを神に打ち明けなさい。
もと　　　　　　かみ　う　あ

아무 것도 염려하지 말고 다만 모든 일에 기도와 간구로,
너희 구할 것을 감사함으로 하나님께 아뢰라

(빌립보서 4:6)

煩う[わずらう]번민하다　　　祈り[いのり]기도

단어장

土器[どき]토기	会衆[かいしゅう]회중
憎悪[ぞうお]증오	露見[ろけん]탄로
上品[じょうひん]상품	穴[あな]구멍
信用[しんよう]신용	掘る[ほる]파다

1 明日のことを誇るな。一日のうちに何が生まれるか知らないのだから。

아스노코토오 호코루나. 이치니 치노우치니 나니가 우마레루카 시라나이노다카라.

너는 내일 일을 자랑하지 말라 하루 동안에 무슨 일이 일어날는지 네가 알 수 없음이니라

2 自分の口で自分をほめず、他人にほめてもらえ。自分の唇でではなく、異邦人にほめてもらえ。

지분노쿠치데 지분오 호메즈, 타닌니 호메테모라에. 지분노쿠치비루데데와나쿠, 이호우진니 호메테모라에.

타인이 너를 칭찬하게 하고 네 입으로는 하지 말며 외인이 너를 칭찬하게 하고 네 입술로는 하지 말지니라

3 石は重く、砂も目方がかかる。無知な者が不機嫌なのはどちらよりも重い。

이시와 오모쿠, 스나모 메카타가 카카루.무치나모노가 후켄손나노와 도치라요리모오모이.

돌은 무겁고 모래도 가볍지 아니하거니와 미련한 자의 분노는 이 둘보다 무거우니라

4 憤りは残忍、怒りは洪水。ねたみの前に誰が耐ええようか。

이키도오리와 잔닌, 오코리와 코우즈이. 네타미노 마에니 다레가 타에요우카.

분은 잔인하고 노는 창수 같거니와 투기 앞에야 누가 서리요

5 あらわな戒めは、隠された愛にまさる。

아라와나 이마시메와,카쿠사레타 아이니마사루.

면책은 숨은 사랑보다 나으니라

---

1 明日(あす)のことを誇(ほこ)るな。一日(いちにち)のうちに何(なに)が生(う)まれるか知(し)らないのだから。

2 自分(じぶん)の口(くち)で自分(じぶん)をほめず、他人(たにん)にほめてもらえ。自分(じぶん)の唇(くちびる)でではなく、異邦人(いほうじん)にほめてもらえ。

3 石(いし)は重(おも)く、砂(すな)も目方(めかた)がかかる。無知(むち)な者(もの)が不機嫌(ふきげん)なのはどちらよりも重(おも)い。

4 憤(いきどお)りは残忍(ざんにん)、怒(いか)りは洪水(こうずい)。ねたみの前(まえ)に誰(だれ)が耐(た)ええようか。

5 あらわな戒(いまし)めは、隠(かく)された愛(あい)にまさる。

단어장

明日[あす]내일   砂[すな]모래
洪水[こうずい]홍수   他人[たにん]타인

6 -愛する人の与える傷は忠実
さのしるし／憎む人は数多
くの接吻を与える。

アイスルヒトノ アタエルル キズ
ワ チュウジツサノ シルシ ニクム
ヒトワ カズオオクノ セッぷンオ ア
タエル。

친구의 아픈 책망은 충직으로
말미암는 것이나 원수의 잦은
입맞춤은 거짓에서 난 것이니라

7 飽き足りている人は蜂の巣
の滴りも踏みつける。飢えて
いる人には苦いものも甘い。

アキタリテイルヒトワ ハチノ
スノ シタタリモ フミツケル。ウ
エテイル ヒトニワ ニガイ モノ
モ アマイ。

배부른 자는 꿀이라도 싫어하
고 주린 자에게는 쓴 것이라도
다니라

8 鳥が巣から飛び去るよう
に／人もその置かれたとこ
ろから移って行く。

トリガ スカラ トビサルヨウニ
ヒトモ ソノオカレタ トコロカ
ラ ウツテイク。

고향을 떠나 유리하는 사람은
보금자리를 떠나 떠도는 새와
같으니라

9 香油も香りも心を楽しませ
る。友人の優しさは自分の
考えにまさる。

コウユモ カオリモ ココロオ タ
ノシマセル。ユウジンノ ヤサシサ
ワ ジブンノ カンガエニ マサル。

기름과 향이 사람의 마음을 즐
겁게 하나니 친구의 충성된 권
고가 이와 같이 아름다우니라

10 あなたの友人、父の友人を
捨てるな。災いの日に、あ
なたの兄弟の家には行く
な。近い隣人は遠い兄弟に
まさる。

アナタノユウジン、チチノトモ
オ ステルナ。ワザワイノヒニ、
アナタノ キョウダイノ イエニ
ワ イクナ。チカイリンジンワ トオ
イ キョウダイニマサル。

네 친구와 네 아비의 친구를
버리지 말며 네 환난 날에 형
제의 집에 들어가지 말지어다
가까운 이웃이 먼 형제보다 나
으니라

6 愛する人の与える傷は忠実さの
しるし／憎む人は数多くの接吻
を与える。

7 飽き足りている人は蜂の巣の滴
りも踏みつける。飢えている人
には苦いものも甘い。

8 鳥が巣から飛び去るように／人
もその置かれたところから移っ
て行く。

9 香油も香りも心を楽しませる。
友人の優しさは自分の考えにま
さる。

10 あなたの友人、父の友人を捨
てるな。災いの日に、あなた
の兄弟の家には行くな。近い
隣人は遠い兄弟にまさる。

11 わが子よ、知恵を得てわた
  しの心を楽しませよ。そう
  すれば/わたしを嘲る者に
  言葉を返すことができる。
  와가코요, 치에오에테 와타시
  노코코로오 타노시마세요. 소
  우스레바 와타시오 아자케루
  모노니 코토바오 카에스코토
  가데키루.
  내 아들아 지혜를 얻고 내 마
  음을 기쁘게 하라 그리하면 나
  를 비방하는 자에게 내가 대답
  할 수 있으리라

12 思慮深い人は災難が来ると
  見れば身を隠す。浅はかな
  者は通り抜けようとして痛
  い目に遭う。
  시료부카이히토와 사이난가쿠
  루토 미레바 미오카쿠스. 아사
  하카나 모노와 토오리누케요
  우토시테 이타이메니 아우.
  슬기로운 자는 재앙을 보면 숨
  어 피하여도 어리석은 자들은
  나가다가 해를 받느니라

13 他国の者を保証する人から
  は着物を預かれ。他国の女
  を保証する人からは抵当を
  取れ。
  타코쿠노 모노오 호쇼우스루
  히토카라 키모노오 아즈카레
  타코쿠노 온나오 호쇼우스루
  히토카라와 테이토우오 토레.
  타인을 위하여 보증 선 자의
  옷을 취하라 외인들을 위하여
  보증 선 자는 그의 몸을 볼모
  잡을 지니라.

14 友人への祝福も、早朝に大
  声でするなら/それは呪い
  と見なされる。
  유우진헤노 슈쿠후쿠모, 소우
  쵸우니 오오고에데스루나라
  소레와 노로이토 미나사레루.
  이른 아침에 큰 소리로 자기
  이웃을 축복하면 도리어 저주
  같이 여기게 되리라

15 降りしきる雨の日に滴り続
  けるしずくと/いさかい好
  きな妻は似ている。
  후리시키루 아메노히니 시타
  타리츠즈케루 시즈쿠토 이사
  카이 즈키나 츠마와 니테이루.
  다투는 여자는 비 오는 날에
  이어 떨어지는 물방울이라

11 わが子よ、知恵を得てわたし
  の心を楽しませよ。そうすれ
  ば/わたしを嘲る者に言葉を
  返すことができる。

12 思慮深い人は災難が来ると見
  れば身を隠す。浅はかな者は通り
  抜けようとして痛い目に遭う。

13 他国の者を保証する人からは
  着物を預かれ。他国の女を保
  証する人からは抵当を取れ。

14 友人への祝福も、早朝に大声
  でするなら/それは呪いと見
  なされる。

15 降りしきる雨の日に滴り続け
  るしずくと/いさかい好きな
  妻は似ている。

16 彼女を制する者は風をも制する。彼は香油をその右の手の力と呼ぶ。

카노죠오 세이스루모노와 카제오모세이스루. 카레와 코우유오 소노이시노테노 치카라토요부.

그를 제어하기가 바람을 제어하는 것 같고 오른손으로 기름을 움키는 것 같으니라

17 鉄は鉄をもって研磨する。人はその友によって研磨される。

테츠와 테츠오못테 켄마스루. 히토와 소노토모니욧테 켄마사레루.

철이 철을 날카롭게 하는 것 같이 사람이 그의 친구의 얼굴을 빛나게 하느니라

18 いちじくの番人はいちじくを食べる。主人を守る者は名誉を得る。

이치지쿠노 반닌와 이치지쿠오타베루. 슈진오 마모루모노와 메이요오 에루.

무화과나무를 지키는 자는 그 과실을 먹고 자기 주인에게 시중드는 자는 영화를 얻느니라

19 水が顔を映すように、心は人を映す。

미즈가 카오오 우츠스요우니, 코코로와 히토오 우츠스.

물에 비치면 얼굴이 서로 같은 것 같이 사람의 마음도 서로 비치느니라

20 陰府も滅びの国も飽き足りることがない。人間の目も飽き足りることがない。

요미모 호로비노쿠니모 아키타리루코토와나이. 닌겐노메모 아키타리루코토와나이.

스올과 아바돈은 만족함이 없고 사람의 눈도 만족함이 없느니라

---

16 彼女(かのじょ)を制(せい)する者(もの)は風(かぜ)をも制(せい)する。彼(かれ)は香油(こうゆ)をその右(みぎ)の手(て)の力(ちから)と呼(よ)ぶ。

17 鉄(てつ)は鉄(てつ)をもって研磨(けんま)する。人(ひと)はその友(とも)によって研磨(けんま)される。

18 いちじくの番人(ばんにん)はいちじくを食(た)べる。主人(しゅじん)を守(まも)る者(もの)は名誉(めいよ)を得(え)る。

19 水(みず)が顔(かお)を映(うつ)すように、心(こころ)は人(ひと)を映(うつ)す。

20 陰府(よみ)も滅(ほろ)びの国(くに)も飽(あ)き足(た)りることがない。人間(にんげん)の目(め)も飽(あ)き足(た)りることがない。

단어장

香油[こうゆ]향유	番人[ばんにん]파수꾼
右[みぎ]오른쪽	守る[まもる]지키다
鉄[てつ]철	顔[かお]얼굴
研磨[けんま]연마	映[うつす]비추다

21 銀にはるつぼ、金には炉。人は称賛によって試される。

긴니와루츠보, 킨니와 로. 히토와 쇼우산니욧테 타메사레루.

도가니로 은을, 풀무로 금을, 칭찬으로 사람을 단련하느니라

22 無知な者を臼に入れて／穀物と共に杵でついても／無知は彼を去らない。

무치나모노오 우즈니 이레테 코쿠모츠토 토모니 키네데 츠이테모 무치와 카레오 사라나이.

미련한 자를 곡물과 함께 절구에 넣고 공이로 찧을지라도 그의 미련은 벗겨지지 아니하느니라

23 あなたの羊の様子をよく知っておけ。群れに心を向けよ。

아나타노 히츠지노 요우스오 요쿠 싯테오케. 무레니 코코로오 무케요.

네 양 떼의 형편을 부지런히 살피며 네 소 떼에게 마음을 두라

24 財産はとこしえに永らえるものではなく／冠も代々に伝わるものではない。

자이산와 토코시에니 나가라에루모노데와나쿠 칸무리모 요요니 츠타와루모노데와나이.

대저 재물은 영원히 있지 못하나니 면류관이 어찌 대대에 있으랴

25 草は刈り取られ、また青草が現れ／山々の牧草は集められる。

쿠사와카리토라레, 마타 아오쿠사가 아라와레 야마야마노 모쿠소우와 아츠메라레루.

풀을 벤 후에는 새로 움이 돋나니 산에서 꼴을 거둘 것이니라

21 銀にはるつぼ、金には炉。人は称賛によって試される。

22 無知な者を臼に入れて／穀物と共に杵でついても／無知は彼を去らない。

23 あなたの羊の様子をよく知っておけ。群れに心を向けよ。

24 財産はとこしえに永らえるものではなく／冠も代々に伝わるものではない。

25 草は刈り取られ、また青草が現れ／山々の牧草は集められる。

단어장

称賛[しょうさん]칭찬	財産[ざいさん]재산
試す[ためす]시험하다	代々[よよ]대대로
様子[ようす]모양	山々[やまやま]산들
群れ[むれ]무리	牧草[ぼくそう]목초

26 羊はあなたの着物となり／
　雄山羊は畑の代価となる。
　히츠지와 아나타노 키모노토
　나리 오야기와 하타케노 다이
　카토나루.
　어린 양의 털은 네 옷이 되며
　염소는 밭을 사는 값이 되며
27 雌山羊の乳はあなたのパ
　ン、一家のパンとなり／あ
　なたに仕える少女らを養
　う。
　메야기노 치치와 아나타노 팡,
　잇카노 팡토나리 아나타니 츠
　카에루 쇼우죠라오 야시나우.
　염소의 젖은 넉넉하여 너와 네
　집의 음식이 되며 네 여종의
　먹을 것이 되느니라

26 羊はあなたの着物となり／雄
　　　　ひつじ　　　　　　　　きもの　　　　　　お

山羊は畑の代価となる。
やぎ　　はたけ　　だいか

27 雌山羊の乳はあなたのパン、
　　　めやぎ　　　ちち

一家のパンとなり／あなたに
いっか

仕える少女らを養う。
つか　　　しょうじょ　　やしな

惠みの倉である天を聞いて、
めぐ　くら　　　　てん　ひら

季節ごとにあなたの土地に雨を降らせ、あなたの手の業
きせつ　　　　　　　　　とち　あめ　ふ　　　　　　　　て　わざ

すべてを祝福される。あなたはそれゆえ、
しゅくふく

多くの国民に貸すようになるが、あなたが
おお　こくみん　か

貸してもらうことはないであろう。
か

여호와께서 너를 위하여
하늘의 아름다운 보고를 여시사
네 땅에 때를 따라 비를 내리시고
네 손으로 하는 모든 일에 복을 주시리니
네가 많은 민족에게 꾸어줄지라도
너는 꾸지 아니할 것이요
(신명기 28:12)

倉[くら]창고　　　　　　季節[きせつ]계절

단어장

羊[ひつじ]양　　　　　　　　雌山羊[めやぎ]암컷염소
着物[きもの]옷　　　　　　　乳[ちち]젖
雄山羊[おやぎ]수컷염소　　　仕える[つかえる]시중들다
代価[だいか]대가　　　　　　少女[しょうじょ]소녀

箴言28章 1節 ～ 28節

1 神に逆らう者は追う者もない
のに逃げる。神に従う人は若
獅子のように自信がある。
카미니 사카라우모노와 오우모
노모나이노니 니게루. 카미니
시타가우히토와 와카지시노요
우니 지신가아루.
악인은 쫓아오는 자가 없어도
도망하나 의인은 사자 같이 담
대하니라

2 反乱のときには国に首領と
なる者が多く出る。分別と
知識のある人ひとりによっ
て安定は続く。
한란노토키니니와 쿠니니 슈료우
토나루모노가 오오쿠데루. 훈베
츠토 치시키노아루히토 히토리
니욧테 안테이와 츠즈쿠.
나라는 죄가 있으면 주관자가
많아져도 명철과 지식 있는 사
람으로 말미암아 장구하게 되
느니라

3 貧しい者が弱者を搾取する
のは／雨が洗い流してパン
がなくなるようなものだ。
마즈시이모노가 쟈쿠샤오 사쿠슈
스루노와 아메가 아라이나가시테
팡가 나쿠나루요우나모노다.
가난한 자를 학대하는 가난한
자는 곡식을 남기지 아니하는
폭우 같으니라

4 教えを捨てる者は神に逆ら
う者を賛美し／教えを守る
者は彼らと闘う。
오시에오 스테루모노와 카미니
사카라우모노오 산비시 오시에
오 마모루모노와 카레라토 타타
카우.
율법을 버린 자는 악인을 칭찬
하나 율법을 지키는 자는 악인
을 대적하느니라

5 悪を行う者らは裁きを理解
しない。主を尋ね求める人
々はすべてを理解する。
아쿠오 오코나우모노라와 사바
키오 리카이시나이. 슈오 타즈
네 모토메루 히토비토와 스베테
오 리카이스루.
악인은 정의를 깨닫지 못하나
여호와를 찾는 자는 모든 것을
깨닫느니라

1 神に逆らう者は追う者もないの
　　かみ　　さか　　　　もの　　お　　もの
に逃げる。神に従う人は若獅子
　　に　　　　　　　かみ　　したが　ひと　　わかじし
のように自信がある。
　　　　　　　じしん

2 反乱のときには国に首領となる
　　はんらん　　　　　　　くに　　しゅりょう
者が多く出る。分別と知識のあ
もの　おお　で　　　　ふんべつ　　ちしき
る人ひとりによって安定は続く。
　　　　　　　　　　　あんてい　　つづ

3 貧しい者が弱者を搾取するのは
　　まず　　　　もの　じゃくしゃ　さくしゅ
／雨が洗い流してパンがなく
　　あめ　あら　なが
なるようなものだ。

4 教えを捨てる者は神に逆らう者
　おし　　す　　もの　かみ　さか　　もの
を賛美し／教えを守る者は彼ら
　　さんび　　　おし　　まも　もの　　かれ
と闘う。
　たたか

5 悪を行う者らは裁きを理解しな
　あく　おこな　もの　　さば　　りかい
い。主を尋ね求める人々はすべ
　　しゅ　たず　もと　　ひとびと
てを理解する。
　　　りかい

6 貧乏でも、完全な道を歩む
  人は／二筋の曲がった道を
  歩む金持ちより幸いだ。
  빈보우데모, 칸젠나미치오 아유
  무히토와 후타스지노 마갓타미
  치오 카네모치요리사이와이다.
  가난하여도 성실하게 행하는
  자는 부유하면서 굽게 행하는
  자보다 나으니라

7 教えを守るのは分別のある
  子。放蕩者と交わる者はそ
  の父を辱める。
  오시에오 마모루노와 훈베츠노
  아루코. 호우토우모노토 마지와
  루모노와 소노치치오 하즈카시
  메루.
  율법을 지키는 자는 지혜로운
  아들이요 음식을 탐하는 자와
  사귀는 자는 아비를 욕되게 하
  는 자니라

8 利息、高利で財産を殖やす
  者は／集めても、弱者を憐れ
  む人に渡すことになろう。
  리소쿠, 코우리데 자이산오 후
  야스모노와 아츠메테모, 쟈쿠샤
  오 아와레무히토니 와타스코토
  니나로우.
  중한 변리로 자기 재산을 늘이
  는 것은 가난한 사람을 불쌍히
  여기는 자를 위해 그 재산을 저
  축하는 것이니라

9 教えに耳をそむけて聞こう
  としない者は／その祈りも忌
  むべきものと見なされる。
  오시에니 미미오 소무케테 키코
  우토 시나이모노와 소노이노리
  모 이무베키모노토 미나사레루.
  사람이 귀를 돌려 율법을 듣지
  아니하면 그의 기도도 가증하
  니라

10 正しい人を悪の道に迷い込
   ませる者は／自分の掘った
   穴に落ちる。無垢な人々は
   良い嗣業を受ける。
   타다시이히토오 와루이미치니
   마요이코마세루모노와 지분
   노 홋타 아나니 오치루. 무쿠나
   히토비토와 요이 시교우오 우
   케루.
   정직한 자를 악한 길로 유인하
   는 자는 스스로 자기 함정에
   빠져도 성실한 자는 복을 받느
   니라

6 貧乏でも、完全な道を歩む人
  びんぼう　　　かんぜん　みち　あゆ　ひと
  は／二筋の曲がった道を歩む金
  　ふたすじ　ま　　　みち　あゆ　かね
  持ちより幸いだ。
  も　　　さいわ

7 教えを守るのは分別のある子。
  おし　まも　　　ふんべつ　　　こ
  放蕩者と交わる者はその父を辱
  ほうとうもの　まじ　もの　　　　ちち　はずかし
  める。

8 利息、高利で財産を殖やす者
  りそく　こうり　ざいさん　ふ　　もの
  は／集めても、弱者を憐れむ人
  　あつ　　　　　じゃくしゃ　あわ　　ひと
  に渡すことになろう。
  わた

9 教えに耳をそむけて聞こうとし
  おし　みみ　　　　　　き
  ない者は／その祈りも忌むべき
  もの　　　　いの　　　い
  ものと見なされる。
  み

10 正しい人を悪の道に迷い込ま
   ただ　ひと　あく　みち　まよ　こ
   せる者は／自分の掘った穴に
   もの　　　じぶん　ほ　　あな
   落ちる。無垢な人々は良い嗣
   お　　　むく　ひとびと　よ　　し
   業を受ける。
   ぎょう　う

11 金持ちは自分を賢いと思い
込む。弱くても分別ある人
は彼を見抜く。
カ네모치와 지분오 카시코이
토 오모이코무. 요와쿠테모 훈
베츠아루히토와 카레오 미누
쿠.
부자는 자기를 지혜롭게 여기
나 가난해도 명철한 자는 자기
를 살펴 아느니라

12 神に従う人々が喜び勇むと
輝きは増し／神に逆らう者
が興ると人は身を隠す。
카미니 시타가우 히토비토와
요로코비 이사무토 카가야키와
마시 카미니 사카라우모노가
오코루토 히토와 미오카쿠스.
의인이 득의하면 큰 영화가 있
고 악인이 일어나면 사람이 숨
느니라

13 罪を隠している者は栄えな
い。告白して罪を捨てる者
は憐れみを受ける。
츠미오 카쿠시테이루모노와
사카에나이. 하쿠죠우시테 츠
미오 스테루모노와 아와레미
오 우케루.
자기의 죄를 숨기는 자는 형통
하지 못하나 죄를 자복하고 버
리는 자는 불쌍히 여김을 받으
리라

14 いかに幸いなことか、常に
恐れを抱いている人。心の
頑な者は苦難に陥る。
이카니 사이와이나코토카, 츠
네니 오소레오 이다이테이루
히토. 코코로노 카타쿠나나 모
노와 쿠난니 오치이루.
항상 경외하는 자는 복되거니
와 마음을 완악하게 하는 자는
재앙에 빠지리라

15 獅子がうなり、熊が襲いか
かる。神に逆らう者が弱い
民を支配する。
시시가우나리,쿠마가 오소이
카카루. 카미니 사카라우모노
가 요와이타미오 시하이스루.
가난한 백성을 압제하는 악한
관원은 부르짖는 사자와 주린
곰 같으니라

---

11 金持ちは自分を賢いと思い込
む。弱くても分別ある人は彼
を見抜く。
かねも　　　じぶん　　かしこ　　　おも　こ
よわ　　　　　ふんべつ　　　ひと　　かれ
みぬ

12 神に従う人々が喜び勇むと輝
きは増し／神に逆らう者が興
ると人は身を隠す。
かみ　　　した　　ひとびと　　よろこ　いさ　　　　かがや
ま　　　　かみ　さか　　　　もの　　おこ
ひと　み　　かく

13 罪を隠している者は栄えな
い。告白して罪を捨てる者は
憐れみを受ける。
つみ　　かく　　　　　　もの　　さか
こくはく　　　　つみ　す　　　　もの
あわ　　　　　う

14 いかに幸いなことか、常に恐
れを抱いている人。心の頑な
さいわ　　　　　　　　つね　おそ
いだ　　　　　　ひと　こころ　かたくな
者は苦難に陥る。
もの　くなん　おちい

15 獅子がうなり、熊が襲いかか
る。神に逆らう者が弱い民を
しし　　　　　　　くま　おそ
かみ　さか　　　　もの　　よわ　たみ
支配する。
しはい

단어장

憐れむ[あわれむ]불쌍히여기다　熊[くま]곰
頑な[かたくな]완고한　　　　支配[しはい]지배

16 指導者に英知が欠けると搾取が増す。奪う人を憎む人は長寿を得る。

시도우샤니 에이치가 카케루토 사쿠슈가 마스. 우바우히토오 오시무히토와 쵸우쥬오 에루.

무지한 치리자는 포학을 크게 행하거니와 탐욕을 미워하는 자는 장수하리라

17 流血の罪の重荷を負う者は、逃れて墓穴に至る。だれも彼を援助してはならない。

류케츠노 츠미노 오모니오 오우모노와, 노가레테 하카아나니 이타루. 다레모 카레오 엔죠 시테와나라나이.

사람의 피를 흘린 자는 함정으로 달려갈 것이니 그를 막지 말지니라

18 完全な道を歩む人は救われる。二筋の曲がった道を歩む者は直ちに倒れる。

칸젠나미치오 아유무히토와 스쿠와레루. 후타스지노 마갓타 미치오 아유무모노와 타다치니 타오레루.

성실하게 행하는 자는 구원을 받을 것이나 굽은 길로 행하는 자는 곧 넘어지리라

19 自分の土地を耕す人はパンに飽き足りる。空を追う者は乏しさに飽き足りる。

지분노 토치오 타가야스히토와 팡니 아키타리루. 쿠우오 오우모노와 토보시사니 아키타리루.

자기의 토지를 경작하는 자는 먹을 것이 많으려니와 방탕을 따르는 자는 궁핍함이 많으리라

20 忠実な人は多くの祝福を受ける。富むことにはやる者は罰せられずには済まない。

츄우지츠나히토와 오오쿠노 슈쿠후쿠오 우케루. 토무코토니 하야루모노와 밧세라레즈니와 스마나이.

충성된 자는 복이 많아도 속히 부하고자 하는 자는 형벌을 면하지 못하리라

---

16 指導者（しどうしゃ）に英知（えいち）が欠（か）けると搾取（さくしゅ）が増（ま）す。奪（うば）う人（ひと）を憎（にく）む人（ひと）は長寿（ちょうじゅ）を得（え）る。

17 流血（りゅうけつ）の罪（つみ）の重荷（おもに）を負（お）う者（もの）は、逃（のが）れて墓穴（はかあな）に至（いた）る。だれも彼（かれ）を援助（えんじょ）してはならない。

18 完全（かんぜん）な道（みち）を歩（あゆ）む人（ひと）は救（すく）われる。二筋（ふたすじ）の曲（ま）がった道（みち）を歩（あゆ）む者（もの）は直（ただ）ちに倒（たお）れる。

19 自分（じぶん）の土地（とち）を耕（たがや）す人（ひと）はパンに飽（あ）き足（た）りる。空（くう）を追（お）う者（もの）は乏（とぼ）しさに飽（あ）き足（た）りる。

20 忠実（ちゅうじつ）な人（ひと）は多（おお）くの祝福（しゅくふく）を受（う）ける。富（と）むことにはやる者（もの）は罰（ばっ）せられずには済（す）まない。

단어장

搾取[さくしゅ]착취	重荷[おもに]무거운 짐
奪う[うばう]빼앗다	援助[えんじょ]원조

21 人を偏り見るのはよくない。だれでも一片のパンのために罪を犯しうる。
히토오 카타요리 미루노와 요쿠나이. 다레데모 잇뻰노 팡노 타메니 츠미오 오카시우루.
사람의 낯을 보아 주는 것이 좋지 못하고 한 조각 떡으로 말미암아 사람이 범법하는 것도 그러하니라

22 貪欲な者は財産を得ようと焦る。やって来るのが欠乏だとは知らない。
돈요쿠나 모노와 자이산오 에요우토 아세루. 야갓테 쿠루노가 케츠보우다토와 시라나이.
악한 눈이 있는 자는 재물을 얻기에만 급하고 빈궁이 자기에게로 임할 줄은 알지 못하느니라

23 人を懲らしめる者は／舌の滑らかな者より喜ばれる。
히토오 코라시메루모노와 시타노 나메라카나 모노요리 요로코바레루.
사람을 경책하는 자는 혀로 아첨하는 자보다 나중에 더욱 사랑을 받느니라

24 父母のものをかすめて／「これは罪ではない」と言う者は／滅ぼそうとたくらむ者の仲間だ。
치치하하노모노오 카스메테 코레와 츠미데와나이 토 이우 모노와 호로보소우토 타쿠라무 모노노 나카마다.
부모의 물건을 도둑질하고서도 죄가 아니라 하는 자는 멸망 받게 하는 자의 동류니라

25 貪欲な者はいさかいを引き起こす。主に依り頼む人は潤される。
돈요쿠나 모노와 이사카이오 히키오코스. 슈니 요리타노무 히토와 우루오사레루.
욕심이 많은 자는 다툼을 일으키나 여호와를 의지하는 자는 풍족하게 되느니라

---

21 人を偏り見るのはよくない。
ひと かたよ み

だれでも一片のパンのために
ぺん

罪を犯しうる。
つみ おか

22 貪欲な者は財産を得ようと焦る。／やって来るのが欠乏だとは知らない。
どんよく もの ざいさん え あせ く けつぼう し

23 人を懲らしめる者は／舌の滑らかな者より喜ばれる。
ひと こ もの した なめ もの よろこ

24 父母のものをかすめて／「これは罪ではない」と言う者は／滅ぼそうとたくらむ者の仲間だ。
ちちはは つみ い ほろ もの なかま

25 貪欲な者はいさかいを引き起こす。主に依り頼む人は潤される。
どんよく もの ひ お しゅ よ たの ひと うるお

단어장

偏り[かたより]치우침	貪欲[どんよく]탐욕
犯す[おかす]범하다	焦る[あせる]초조해지다

26 自分の心に依り頼む者は愚か者だ。知恵によって歩む人は救われる。

지분노코코로니 요리타노무모노와 오로카모노다. 치에니욧테 아유무히토와 스쿠와레루.

자기의 마음을 믿는 자는 미련한 자요 지혜롭게 행하는 자는 구원을 얻을 자니라

27 貧しい人に与える人は欠乏することがない。目を覆っている者は多くの呪いを受ける。

마즈시이히토니 아타에루히토와 케츠보우스루코토가나이. 메오 오웃테이루모노와 오오쿠노 노로이오 우케루.

가난한 자를 구제하는 자는 궁핍하지 아니하려니와 못 본 체하는 자에게는 저주가 크리라

28 神に逆らう者が興ると人は身を隠し／彼らが滅びると神に従う人がふえる。

카미니 사카라우모노가 오코루토 히토와 미오 카쿠스 카레라가 호로비루토 카미니 시타가우히토가 후에루.

악인이 일어나면 사람이 숨고 그가 멸망하면 의인이 많아지느니라

---

26 自分の心に依り頼む者は愚か者だ。／知恵によって歩む人は救われる。
じぶん　こころ　よ　たの　もの　おろ　もの　ちえ　あゆ　ひと　すく

27 貧しい人に与える人は欠乏することがない。目を覆っている者は多くの呪いを受ける。
まず　ひと　あた　ひと　けつぼう　め　おお　もの　おお　のろ　う

28 神に逆らう者が興ると人は身を隠し／彼らが滅びると神に従う人がふえる。
かみ　さか　もの　おこ　ひと　み　かく　かれ　ほろ　かみ　したが　ひと

目覚めた人々は大空の光のように輝き／
めざ　ひとびと　おおぞら　ひかり　かがや
多くの者の救いとなった人々は／
おお　もの　すく　ひとびと
とこしえに星と輝く。
ほし　かがや

지혜 있는 자는 궁창의 빛과 같이 빛날 것이요
많은 사람을 옳은 데로 돌아오게 한 자는
별과 같이 영원토록 빛나리라

(다니엘 12:3)

大空[おおぞら]넓은 하늘　　輝く[かがやく]빛나다

단어장

頼む[たのむ]부탁하다　　　欠乏[けつぼう]결핍
愚か者[おろかもの]미련한 놈　多く[おおく]많이
歩む[あゆむ]걷다　　　　　呪い[のろい]저주
救う[すくう]구하다　　　　隠す[かくす]　숨기다

箴言29章 1節 ～ 27節

1 懲らしめられることが多い
と人は頑固になる。彼は突
然打ち砕かれ、もう癒すこ
とはできない。
코라시메라레루코토가 오오이
히토와 칸코니나루. 카레와 토
츠젠 우치쿠다카레, 모우 이야
스코토와데키나이.
자주 책망을 받으면서도 목이
곧은 사람은 갑자기 패망을 당
하고 피하지 못하리라

2 神に従う人が大いになると
民は喜び／神に逆らう人が
支配すると民は嘆く。
카미니 시타가우히토가 오오이
니나루토 타미와 요로코비 카미
니 사카라우히토가 시하이스루
토 타미와 나게쿠.
의인이 많아지면 백성이 즐거
워하고 악인이 권세를 잡으면
백성이 탄식하느니라

3 知恵を愛する人は父を喜ば
せる。遊女を友とする者は
財産を失う。
치에오 아이스루히토와 치치오
요로코바세루. 유우죠오 토모토
스루모노와 자이산오 우시나우.
지혜를 사모하는 자는 아비를
즐겁게 하여도 창기와 사귀는
자는 재물을 잃느니라

4 王が正しい裁きによって国を
安定させても／貢ぎ物を取り
立てる者がこれを滅ぼす。
오우가 타다시이 사바키니욧테
쿠니오 안테이사세테모 미츠기
모노오 토리타테루 모노가 코레
오 호로보스.
왕은 정의로 나라를 견고하게
하나 뇌물을 억지로 내게 하는
자는 나라를 멸망시키느니라

5 友にへつらう者は／彼の一
歩一歩に網を仕掛ける者。
토모니 헤츠라우모노와 카레노
잇뽀잇뽀니 아미오 시카케루모
노.
이웃에게 아첨하는 것은 그의
발 앞에 그물을 치는 것이니라

---

1 懲らしめられることが多いと人
は頑固になる。彼は突然打ち砕
かれ、もう癒すことはできな
い。

2 神に従う人が大いになると民は
喜び／神に逆らう人が支配する
と民は嘆く。

3 知恵を愛する人は父を喜ばせ
る。遊女を友とする者は財産を
失う。

4 王が正しい裁きによって国を安
定させても／貢ぎ物を取り立て
る者がこれを滅ぼす。

5 友にへつらう者は／彼の一歩一
歩に網を仕掛ける者。

6 悪を行う者は罪の罠にかか
　る。神に従う人は喜びの叫
　びをあげる。
　ア쿠오 오코나우모노와 츠미노
　와니카카루. 카미니 시타가우
　히토와 요로코비노 사케비오 아
　게루.
　악인이 범죄하는 것은 스스로
　올무가 되게 하는 것이나 의인
　은 노래하고 기뻐하느니라
7 神に従う人は弱者の訴えを
　認める。神に逆らう者はそ
　れを認めず、理解しない。
　카미니 시타가우히토와 쟈쿠샤
　노 웃타에오 미토메루. 카미니
　사카라우모노와 소레오 미토메
　즈, 리카이시나이.
　의인은 가난한 자의 사정을 알
　아 주나 악인은 알아 줄 지식이
　없느니라
8 不遜な者らが町に騒動を起
　こす。知恵ある人々は怒り
　を静める。
　후손나모노라가 마치니 소우도
　우오 오코스. 치에아루히토비토
　와 이카리오 시즈메루.
　거만한 자는 성읍을 요란하게
　하여도 슬기로운 자는 노를 그
　치게 하느니라
9 知恵ある人が無知な者と裁
　きの座で対すると／無知な
　者は怒り、嘲笑い、静まる
　ことがない。
　치에아루히토가 무치나 모노토
　사바키노 자데 타이스루토 무치
　나 모노와 이카리, 아자와라이,
　시즈마루코토와나이.
　지혜로운 자와 미련한 자가 다
　투면 지혜로운 자가 노하든지
　웃든지 그 다툼은 그침이 없느
　니라
10 無垢な人を憎み、その血を
　　流そうとする者がある。正
　　しい人々はその命を助けよ
　　うとする。
　　무쿠나 히토오 니쿠미, 소노치
　　오 나가소우토스루 모노가아
　　루. 타다시이히토비토와 소노
　　이노치오 타스케요우토스루.
　　피 흘리기를 좋아하는 자는 온
　　전한 자를 미워하고 정직한 자
　　의 생명을 찾느니라

6 悪を行う者は罪の罠にかかる。
　あく　おこな　もの　つみ　わな
神に従う人は喜びの叫びをあげ
かみ　したが　ひと　よろこ　さけ
る。

7 神に従う人は弱者の訴えを認め
かみ　したが　ひと　じゃくしゃ　うった　みと
る。神に逆らう者はそれを認め
かみ　さか　もの　みと
ず、理解しない。
りかい

8 不遜な者らが町に騒動を起こ
ふそん　もの　まち　そうどう　お
す。知恵ある人々は怒りを静め
ちえ　ひとびと　おこ　しず
る。

9 知恵ある人が無知な者と裁きの
ちえ　ひと　むち　もの　さば
座で対すると／無知な者は怒
ざ　たい　むち　もの　いか
り、嘲笑い、静まることがない。
あざわら　しず

10 無垢な人を憎み、その血を流
むく　ひと　にく　ち　なが
そうとする者がある。正しい
もの　ただ
人々はその命を助けようとす
ひとびと　いのち　たす
る。

11 愚か者は自分の感情をさらけ出す。知恵ある人はそれを制し静める。

오로카모노와 지분노 칸죠우 오 사라케다스. 치에아루히토 와 소레오 세이시 시즈메루.

어리석은 자는 자기의 노를 다 드러내어도 지혜로운 자는 그것을 억제하느니라

12 支配者が偽りの言葉に耳を貸すなら／仕える人は皆、逆らう者となる。

시하이샤노 이츠와리노 코토바니 미미오 카스나라 츠카에루히토와 미나, 사카라우모노토나루.

관원이 거짓말을 들으면 그의 하인들은 다 악하게 되느니라

13 貧しい人と虐げる者とが出会う。主はどちらの目にも光を与えておられる。

마즈시이히토토 시이타게루모노토가 데아우. 슈와 도치라노 메니모 히카리오 아타에테오라레루.

가난한 자와 포학한 자가 섞여 살거니와 여호와께서는 그 모두의 눈에 빛을 주시느니라

14 弱い人にも忠実な裁きをする王。その王座はとこしえに堅く立つ。

요와이히토니모 츄우지츠나 사바키오 스루 오우. 소노 오우자와 토코시에니 카타쿠타츠.

왕이 가난한 자를 성실히 신원하면 그의 왕위가 영원히 견고하리라

15 懲らしめの杖は知恵を与える。放任されていた子は母の恥となる。

코라시메노 츠에와 치에오 아타에루. 호우닌사레테이타코와 하하노 하지토나루.

채찍과 꾸지람이 지혜를 주거늘 임의로 행하게 버려 둔 자식은 어미를 욕되게 하느니라

---

11 愚か者は自分の感情をさらけ出す。知恵ある人はそれを制し静める。

12 支配者が偽りの言葉に耳を貸すなら／仕える人は皆、逆らう者となる。

13 貧しい人と虐げる者とが出会う。主はどちらの目にも光を与えておられる。

14 弱い人にも忠実な裁きをする王。その王座はとこしえに堅く立つ。

15 懲らしめの杖は知恵を与える。放任されていた子は母の恥となる。

단어장

感情[かんじょう]감정　　虐げる[しいたげる]학대하다
偽り[いつわり]거짓　　放任[ほうにん]방임

16 神に逆らう者が多くなると罪も増す。神に従う人は彼らの滅びるさまを見るであろう。

カミニ 사카라우모노가 오오쿠나루토 츠미모 마스. 카미니 시타가우히토와 카레라노 호로비루사마오 미루데아로우.

악인이 많아지면 죄도 많아지나니 의인은 그들의 망함을 보리라

17 あなたの子を論すなら、安心していられる。彼はあなたの魂に楽しみを与える。

아나타노코오 사토스나라, 안신시테이라레루. 카레와 아나타노 타마시이니 타노시미오 아타에루.

네 자식을 징계하라 그리하면 그가 너를 평안하게 하겠고 또 네 마음에 기쁨을 주리라

18 幻がなければ民は堕落する。教えを守る者は幸いである。

마보로시가나케레바 타미와 다라쿠스루. 오시에오 마모루모노와 사이와이데아루.

묵시가 없으면 백성이 방자히 행하거니와 율법을 지키는 자는 복이 있느니라

19 僕を言葉で論すことはできない。理解したとしても、答えないであろう。

시모베오 코토바데 사토스코토와 데키나이. 리카이시타토 시테모,코타에나이데아로우.

종은 말로만 하면 고치지 아니하나니 이는 그가 알고도 따르지 아니함이니라

20 軽率に話す者を見たか。彼よりは愚か者にまだ望みがある。

케이소츠니 하나스모노오 미타카. 카레요리와 오로카모노니 마다 노조미가아루.

네가 말이 조급한 사람을 보느냐 그보다 미련한 자에게 오히려 희망이 있느니라

16 神に逆らう者が多くなると罪も増す。神に従う人は彼らの滅びるさまを見るであろう。

17 あなたの子を諭すなら、安心していられる。彼はあなたの魂に楽しみを与える。

18 幻がなければ民は堕落する。教えを守る者は幸いである。

19 僕を言葉で諭すことはできない。理解したとしても、答えないであろう。

20 軽率に話す者を見たか。彼よりは愚か者にまだ望みがある。

단어장

| 幻[まぼろし]환상 | 軽率[けいそつ]경솔 |
| 堕落[だらく]타락 | 望み[のぞみ]소망 |

21 僕を幼いときから甘やかし
ているど／後には手のつけ
られないものになる。
시모베오 오사나이 토키카라
아마야카시테이루토 아토니와
테노츠케라레나이모노니나루.
종을 어렸을 때부터 곱게 양육
하면 그가 나중에는 자식인 체
하리라

22 怒りやすい人はいさかいを
引き起こし／激しやすい人
は多く罪を犯す。
이카리야스이히토와 이사카이
오 히키오코시 게키시야스이
히토와 오오쿠 츠미오 오카스.
노하는 자는 다툼을 일으키고
성내는 자는 범죄함이 많으니라

23 驕る者は低くされ／心の低
い人は誉れを受けるように
なる。
오고루모노와 히쿠쿠사레 코
코로노 히쿠이히토와 호마레
오 우케루요우니나루.
사람이 교만하면 낮아지게 되
겠고 마음이 겸손하면 영예를
얻으리라

24 盗人にくみする者は自分の
魂を憎む者／呪いが聞こえ
ても黙っている。
누스비토니 쿠미스루모노와
지분노 타마시이오 니쿠무모
노 노로이가 키코에테모 다맛
테이루.
도둑과 짝하는 자는 자기의 영
혼을 미워하는 자라 그는 저주
를 들어도 진술하지 아니하느
니라

25 人は恐怖の罠にかかる。主
を信頼する者は高い所に置
かれる。
히토와 쿄우후노 와나니카카
루. 슈오 신라이스루모노와 타
카이토코로니 오카레루.
사람을 두려워하면 올무에 걸
리게 되거니와 여호와를 의지
하는 자는 안전하리라

21 僕を幼いときから甘やかして
いると／後には手のつけられ
ないものになる。
しもべ　おさな　　　　　あま
　　　　　　　あと　て

22 怒りやすい人はいさかいを引
き起こし／激しやすい人は多
く罪を犯す。
いか　　　　ひと　　　　　　　ひ
　　お　　　げき　　　　ひと　おお
つみ　おか

23 驕る者は低くされ／心の低い
人は誉れを受けるようにな
る。
おご　もの　ひく　　　　こころ　ひく
ひと　ほま　う

24 盗人にくみする者は自分の魂
を憎む者／　呪いが聞こえても
黙っている。
ぬすびと　　　　　もの　じぶん　たましい
　にく　もの　　のろ　き
だま

25 人は恐怖の罠にかかる。主を
信頼する者は高い所に置かれ
る。
ひと　きょうふ　わな　　　　　しゅ
しんらい　　　もの　たか　ところ　お

단어장

幼い[おさない]어리다	誉れ[ほまれ]명예
驕る[おごる]교만하다	盗人[ぬすびと]도둑

26 支配者の御機嫌をうかがう
者は多い。しかし、人を裁
くのは主である。
시하이샤노 고키겐오 우카가
우모노와 오오이. 시카시,히토
오 사바쿠노와 슈데아루.
주권자에게 은혜를 구하는 자
가 많으나 사람의 일의 작정은
여호와께로 말미암느니라

27 神に従う人は悪を行う者を
憎む。神に逆らう者は正し
く歩む人を憎む。
카미니 시타가우히토와 아쿠
오 오코나우모노오 니쿠무. 카
미니 사카라우모노와 타다시
쿠 아유무히토오 니쿠무.
불의한 자는 의인에게 미움을
받고 바르게 행하는 자는 악인
에게 미움을 받느니라

26 支配者の御機嫌をうかがう者
しはいしゃ　　ごきげん　　　　　　　もの
は多い。しかし、人を裁くの
おお　　　　　　　　　　ひと　　さば
は主である。
しゅ

27 神に従う人は悪を行う者を憎
かみ　したが　ひと　あく　おこな　もの　　にく
む。神に逆らう者は正しく歩
かみ　さか　　もの　　ただ　　　あゆ
む人を憎む。
ひと　　にく

その日、人々はエルサレムに向かって言う。
ひ　ひとびと　　　　　　　　　　　　　　い
「シオンよ、恐れるな／力なく手を垂れるな。
おそ　　　　ちから　て　た
お前の主なる神はお前のただ中におられ
まえ　しゅ　かみ　　まえ　　　なか
勇士であって勝利を与えられる。
ゆうし　　　　　しょうり　あた
主はお前のゆえに喜び楽しみ／
しゅ　　まえ　　　　よろこ　たの
愛によってお前を新たにし
あい　　　　　まえ　あら
お前のゆえに喜びの歌をもって楽しまれる。」
まえ　　　　よろこ　うた　　　　　たの

그 날에 사람이 예루살렘에 이르기를 두려워하지 말라
시온아 네 손을 늘어뜨리지 말라
너의 하나님 여호와가 너의 가운데에 계시니
그는 구원을 베푸실 전능자이시라 그가 너로 말미암아
기쁨을 이기지 못하시며 너를 잠잠히 사랑하시며
너로 말미암아 즐거이 부르며 기뻐하시리라 하리라
(스바냐 3:16-17)

勇士[ゆうし]용사　　　　勝利[しょうり]승리

단어장

支配者[しはいしゃ]지배자　　従う人[したがうひと]따르는 사람
機嫌[きげん]기분　　　　　　憎む[にくむ]미워하다
多い[おおい]많다　　　　　　逆らう[さからう]거역하다
裁く[さばく]재판하다　　　　正しく[ただしく]바르게

1 ヤケの子アグルの言葉。託宣。この人は言う、神よ、わたしは疲れた。神よ、わたしは疲れ果てた。
야케노코 아구르노 코토바. 타쿠센. 코노히토와 이우, 카미요, 와타시와 츠카레타. 카미요, 와타시와 츠카레하테타.
이 말씀은 야게의 아들 아굴의 잠언이니 그가 이디엘 곧 이디엘과 우갈에게 이른 것이니라

2 まことに、わたしはだれよりも粗野で／人間としての分別もない。
마코토니, 와타시와 다레요리모 소야데 닌겐토시테노 훈베츠모나이.
나는 다른 사람에게 비하면 짐승이라 내게는 사람의 총명이 있지 아니하니라

3 知恵を教えられたこともなく／聖なる方を知ることもできない。
치에오 오시에라레타코토모나쿠 세이나루 카타오 시루코토모 데키나이.
나는 지혜를 배우지 못하였고 또 거룩하신 자를 아는 지식이 없거니와

4 天に昇り、また降った者は誰か。／その手の内に風を集め／その衣に水を包むものは誰か。地の果てを定めたものはだれか。その名は何というのか。／その子の名は何というのか。あなたは知っているのか。
텐니노보리, 마타 쿠닷타모노와 다레카, 소노테노 우치니 카제오 아츠메 소노 코로모니 미즈오 츠츠무모노와 다레카. 치노하테오 사다메타모노와 다레카. 소노나와 난토이우노카. 소노코노나와 난토이우노카.아나타와 싯테이루노카.
하늘에 올라갔다가 내려온 자가 누구인지, 바람을 그 장중에 모은 자가 누구인지, 물을 옷에 싼 자가 누구인지, 땅의 모든 끝을 정한 자가 누구인지, 그의 이름이 무엇인지, 그의 아들의 이름이 무엇인지 너는 아느냐

1 ヤケの子アグルの言葉。託宣。この人は言う、神よ、わたしは疲れた。神よ、わたしは疲れ果てた。

2 まことに、わたしはだれよりも粗野で／人間としての分別もない。

3 知恵を教えられたこともなく／聖なる方を知ることもできない。

4 天に昇り、また降った者は誰か。その手の内に風を集め／その衣に水を包むものは誰か。地の果てを定めたものは誰か。その名は何というのか。その子の名は何というのか。あなたは知っているのか。

5 神の言われることはすべて
清い。身を寄せればそれは
盾となる。
カミノ 이와레루코토와 스베테
키요이. 미오 요세레바 소레와
타테토나루.
하나님의 말씀은 다 순전하며
하나님은 그를 의지하는 자의
방패시니라

6 御言葉に付け加えようとする
な。責められて／偽る者と断
罪されることのないように。
미코토바니 츠케쿠와에요우토
스루나. 세메라레테 이츠와루모
노토 단자이사레루코토노나이
요우니.
너는 그의 말씀에 더하지 말라
그가 너를 책망하시겠고 너는 거
짓말하는 자가 될까 두려우니라

7 二つのことをあなたに願いま
す。わたしが死ぬまで、それ
を拒まないでください。
후타츠노 코토오 아나타니 네가
이마스. 와타시가 시누마데, 소
레오 코바마나이데쿠다사이.
내가 두 가지 일을 주께 구하였
사오니 내가 죽기 전에 내게 거
절하지 마시옵소서

8 むなしいもの、偽りの言葉
を／わたしから遠ざけてくだ
さい。貧しくもせず、金持ち
にもせず／わたしのために定
められたパンで／わたしを
養ってください。
무나시이모노, 이츠와리노 코토
바오 와타시카라 토오자케테쿠
다사이. 마즈시쿠모세즈, 카네
모치니세즈 와타시노타메니 사
다메라레타 팡데 와타시오 야시
낫테쿠다사이.
곧 헛된 것과 거짓말을 내게서
멀리 하옵시며 나를 가난하게
도 마옵시고 부하게도 마옵시
고 오직 필요한 양식으로 나를
먹이시옵소서

9 飽き足りれば、裏切り／主
など何者か、と言うおそれ
があります。貧しければ、
盗みを働き／わたしの神の
御名を汚しかねません。
아키타리레바, 우라기리 슈나도
나니모노카, 토이우오소레가아
리마스. 마즈시케레바, 누스미
오 하타라키 와타시노 카미노
미나오 케가시카네마셍.

5 神の言われることはすべて清
い。身を寄せればそれは盾とな
る。

6 御言葉に付け加えようとする
な。責められて／偽る者と断罪
されることのないように。

7 二つのことをあなたに願いま
す。わたしが死ぬまで、それを
拒まないでください。

8 むなしいもの、偽りの言葉を／
わたしから遠ざけてください。
貧しくもせず、金持ちにもせ
ず／わたしのために定められた
パンで／わたしを養ってください。

9 飽き足りれば、裏切り／主など
何者か、と言うおそれがありま

혹 내가 배불러서 하나님을 모른다 여호와가 누구냐 할까 하오며 혹 내가 가난하여 도둑질하고 내 하나님의 이름을 욕되게 할까 두려워함이니이다.

10 僕のことを主人に中傷してはならない。彼はあなたを呪い、あなたは罪に定められる。

시모베노코토오 슈진니 츄우쇼우시테와 나라나이. 카레와 아나타오 노로이. 아나타와 츠미니사다메라레루.

너는 종을 그의 상전에게 비방하지 말라 그가 너를 저주하겠고 너는 죄책을 당할까 두려우니라

11 父を呪い、母を祝福しない世代

치치오 노로이, 하하오 슈쿠후쿠시나이세다이

아비를 저주하며 어미를 축복하지 아니하는 무리가 있느니라

12 自分を清いものと見なし／自分の汚物を洗い落とさぬ世代

지분오 키요이모노토미나시 지분노 오부츠오 아라이 오토사누세다이

스스로 깨끗한 자로 여기면서도 자기의 더러운 것을 씻지 아니하는 무리가 있느니라

13 目つきは高慢で、まなざしの驕った世代

메츠키와 코우만데, 마나자시노 오곳타세다이

눈이 심히 높으며 눈꺼풀이 높이 들린 무리가 있느니라

14 歯は剣、牙は刃物の世代／それは貧しい人を食らい尽くして土地を奪い／乏しい人を食らい尽くして命を奪う。

하와 츠루기, 키바와 하모노노세다이 소레와 마즈시이히토오 쿠라이 츠쿠시테 토치오우바이. 토보시이히토오 쿠라이 츠쿠시테 이노치오우바우.

앞니는 장검 같고 어금니는 군도 같아서 가난한 자를 땅에서 삼키며 궁핍한 자를 사람 중에서 삼키는 무리가 있느니라

す。貧しければ、盗みを働き／

わたしの神の御名を汚しかねません。

10 僕のことを主人に中傷してはならない。彼はあなたを呪い、あなたは罪に定められる。

11 父を呪い、母を祝福しない世代

12 自分を清いものと見なし／自分の汚物を洗い落とさぬ世代

13 目つきは高慢で、まなざしの驕った世代

14 歯は剣、牙は刃物の世代／それは貧しい人を食らい尽くして土地を奪い／乏しい人を食

15 蛭の娘はふたり。その名は
「与えよ」と「与えよ。」
飽くことを知らぬものは三
つ。十分だと言わぬものは
四つ。

히루노 무스메와 후타리. 소노
나와 아타에요 토 아타에요. 아
쿠코토오 시라누모노와 밋츠.
쥬우분다토 이와누모노와 욧츠.
거머리에게는 두 딸이 있어 다
오 다오 하느니라 족한 줄을
알지 못하여 족하다 하지 아니
하는 것 서넛이 있나니

16 陰府、不妊の胎、水に飽い
たことのない土地／決して
十分だと言わない火。

요미,후닌노타이, 미즈니 아이
타코토노나이토치 켓시테 쥬
우분다토 이와나이 히.
곧 스올과 아이 배지 못하는 태
와 물로 채울 수 없는 땅과 족
하다 하지 아니하는 불이니라

17 父を嘲笑い、母への従順を侮
る者の目は／谷の烏がえぐり
出し、鷲の雛がついばむ。

치치오 아자와라이, 하하헤노
쥬우쥰오 아나도루 모노노메
와 타니노토리가 에구리다시,
와시노히나가 츠이바무.
아비를 조롱하며 어미 순종하
기를 싫어하는 자의 눈은 골짜
기의 까마귀에게 쪼이고 독수
리 새끼에게 먹히리라

18 わたしにとって、驚くべき
ことが三つ／知りえぬこと
が四つ。

와타시니 톳테, 오도로쿠베키코
토가 밋츠 시리에누코토가 욧츠
내가 심히 기이히 여기고도 깨
닫지 못하는 것 서넛이 있나니

19 天にある鷲の道／岩の上の蛇
の道／大海の中の船の道／
男がおとめに向かう道。

텐니아루 와시노 미치 이와노
우에노 헤비노미치 오오우미
노 나카노 후네노 미치 오토코
가 오토메니 무카우 미치.
곧 공중에 날아다니는 독수리
의 자취와 반석 위로 기어 다
니는 뱀의 자취와 바다로 지나
다니는 배의 자취와 남자가 여
자와 함께 한 자취며

らい尽くして命を奪う。

15 蛭の娘はふたり。その名は
「与えよ」と「与えよ。」飽
くことを知らぬものは三つ。
十分だと言わぬものは四つ。

16 陰府、不妊の胎、水に飽いた
ことのない土地／決して十分
だと言わない火。

17 父を嘲笑い、母への従順を侮
る者の目は／谷の烏がえぐり
出し、鷲の雛がついばむ。

18 わたしにとって、驚くべきこ
とが三つ／知りえぬことが四つ。

19 天にある鷲の道／岩の上の蛇
の道／大海の中の船の道／男が
おとめに向かう道。

20 そうだ、姦通の女の道も。食べて口をぬぐい／何も悪いことはしていないと言う。
소우다, 칸츠우노 온나노미치모. 타베테 쿠치오누구이 나니모 와루이코토와 시테이나이토 이우.
음녀의 자취도 그러하니라 그가 먹고 그의 입을 씻음 같이 말하기를 내가 악을 행하지 아니하였다 하느니라

21 三つのことに大地は震え／四つのことに耐ええない。
밋츠노 코토니 다이치와 후루에 욧츠노 코토니 타에에나이.
세상을 진동시키며 세상이 견딜 수 없게 하는 것 서넛이 있나니

22 奴隷が王となること／神を知らぬ者がパンに飽き足りること
도레이가 오우토나루코토 카미오 시라누모노가 팡니 아키타리루코토
곧 종이 임금된 것과 미련한 자가 음식으로 배부른 것과

23 憎むべき女が夫を持つこと／はしためが女主人を継ぐこと。
니쿠무베키 온나가 옷토오 모츠코토 하시타메가 온나슈징오 츠구코토.
미움 받는 여자가 시집 간 것과 여종이 주모를 이은 것이니라

24 この地上に小さなものが四つある。それは知恵者中の知恵者だ。
코노치죠우니 치이사나모노가 욧츠아루. 오레와 치에샤츄우노 치에샤다.
땅에 작고도 가장 지혜로운 것 넷이 있나니

25 蟻の一族は力はないが／夏の間にパンを備える。
아리노 이치조쿠와 치카라와 나이가 나츠노 아이다니 팡오 소나에루.
곧 힘이 없는 종류로되 먹을 것을 여름에 준비하는 개미와

---

20 そうだ、姦通（かんつう）の女（おんな）の道（みち）も。食（た）べて口（くち）をぬぐい／何（なに）も悪（わる）いとはしていないと言（い）う。

21 三（みっ）つのことに大地（だいち）は震（ふる）え／四（よっ）つのことに耐（た）ええない。

22 奴隷（どれい）が王（おう）となること／神（かみ）を知（し）らぬ者（もの）がパンに飽（あ）き足（た）りること

23 憎（にく）むべき女（おんな）が夫（おっと）を持（も）つこと／はしためが女主人（おんなしゅじん）を継（つ）ぐこと。

24 この地上（ちじょう）に小（ちい）さなものが四（よっ）つある。それは知恵者（ちえしゃ）中（ちゅう）の知恵（ちえ）者（しゃ）だ。

25 蟻（あり）の一族（いちぞく）は力（ちから）はないが／夏（なつ）の間（あいだ）にパンを備（そな）える。

단어장

姦通[かんつう]간통	憎む[にくむ]미워하다
震え[ふるえ]떨림	継ぐ[つぐ]잇다
耐える[たえる]견디다	地上[ちじょう]지상
奴隷[どれい]노예	一族[いちぞく]일족

26 岩狸の一族は強大ではないが／その住みかを岩壁に構えている。

이와다누키노 이치조쿠와 쿄우다이데와나이가 소노 스미카오 이와카베니 카마에테이루.

약한 종류로되 집을 바위 사이에 짓는 사반과

27 いなごには王はないが／隊を組んで一斉に出動する。

이나고니와 오우와 나이가 타이오 쿤데 잇사이니 슈츠도우스루.

임금이 없으되 다 떼를 지어 나아가는 메뚜기와

28 やもりは手で捕まえられるが／王の宮殿に住んでいる。

야모리와 테데 츠카마에라레루가 오우노 큐우덴니 순데이루.

손에 잡힐 만하여도 왕궁에 있는 도마뱀이니라

29 足取りの堂々としているものが三つ／堂々と歩くものが四つある。

아시도리노 도우도우토 시테이루모노가 밋츠 도우도우토 아루쿠모노가 욧츠아루.

잘 걸으며 위풍 있게 다니는 것 서넛이 있나니

30 獣の中の雄、決して退かない獅子

케모노노 나카노 유우, 켓시테 시리조카나이 시시

곧 짐승 중에 가장 강하여 아무 짐승 앞에서도 물러가지 아니하는 사자와

---

26 岩狸の一族は強大ではないが／その住みかを岩壁に構えている。
いわだぬき　いちぞく　きょうだい　す　いわかべ　そな

27 いなごには王はないが／隊を組んで一斉に出動する。
おう　たい　くん　いっさい　しゅつどう

28 やもりは手で捕まえられるが／王の宮殿に住んでいる。
て　つか　おう　きゅうでん　す

29 足取りの堂々としているものが三つ／堂々と歩くものが四つある。
あしど　どうどう　みっ　どうどう　ある　よっ

30 獣の中の雄、決して退かない獅子
けもの　なか　ゆう　けっ　しりぞ　しし

단어장

岩壁[いわかべ]암벽
構え[そなえ]준비
宮殿[きゅうでん]궁전
足取り[あしどり]발걸음

獣[けもの]짐승
雄[ゆう]수컷
決して[けっして]결코
退かない[しりぞかない]물러서지않다

31 腰に帯した男、そして雄山
羊／だれにも手向かいさせ
ない王。
コシニ オビシタ オトコ, 소시
테 오야기 다레니모 테무카이
사세나이오우.
사냥개와 숫염소와 및 당할 수
없는 왕이니라

32 増長して恥知らずになり／
悪だくみをしているなら、
手で口を覆え。
조우쵸우시테 하지시라즈니나
리 아쿠다쿠미오 시테이루나
라, 테데쿠치오 오오에.
만일 네가 미련하여 스스로 높
은 체하였거나 혹 악한 일을
도모하였거든 네 손으로 입을
막으라

33 乳脂を絞るとバターが出て
くる。鼻を絞ると血が出て
くる。怒りを絞ると争いが
出てくる。
뉴우시오 시보루토 바타아가
데테쿠루. 하나오 시보루토 치
가 데테쿠루. 이카리오 시보루
토 아라소이가 데테쿠루.
대저 젖을 저으면 엉긴 젖이
되고 코를 비틀면 피가 나는
것 같이 노를 격동하면 다툼이
남이니라

31
腰(こし)に帯(おび)した男(おとこ)、そして雄山(おや)
羊(ぎ)／だれにも手向(てむ)かいさせな
い王(おう)。

32
増長(ぞうちょう)して恥知(はじし)らずになり／悪(あく)
だくみをしているなら、手(て)で
口(くち)を覆(おお)え。

33
乳脂(にゅうし)を絞(しぼ)るとバターが出(で)てく
る。鼻(はな)を絞(しぼ)ると血(ち)が出(で)てく
る。怒(いか)りを絞(しぼ)ると争(あらそ)いが出(で)て
くる。

それから、わたしを呼(よ)ぶがよい。
苦難(くなん)の日(ひ)、わたしはお前(まえ)を救(すく)おう。
そのことによって
お前(まえ)はわたしの栄光(えいこう)を輝(かが)かすであろう。」
환난 날에 나를 부르라 내가 너를 건지리니
네가 나를 영화롭게 하리로다
(시편 50:15)

苦難[くなん]고난　　栄光[えいこう]영광

단어장

腰[こし]허리	鼻[はな]코
帯[おび]띠	血[ち]피
乳脂[にゅうし] 유지	怒り[おこり]화
絞る[しぼる]짜다	争い[あらそい]싸움

箴言31章 1節 ～ 31節

1 マサの王レムエルが母から
　受けた諭しの言葉。
　마사노 오우 레무에르가 하하카
　라 우케타 사토시노 코토바.
　르무엘 왕이 말씀한 바 곧 그의
　어머니가 그를 훈계한 잠언이라

2 ああ、わが子よ／ああ、わ
　が腹の子よ／ああ、わが誓
　いの子よ。
　아아, 와가코요 아아, 와가하라노
　코요 아아, 와가 치카이노 코요.
　내 아들아 내가 무엇을 말하랴
　내 태에서 난 아들아 내가 무엇
　을 말하랴 서원대로 얻은 아들
　아 내가 무엇을 말하랴

3 あなたの力を女たちに費や
　すな。王さえも抹殺する女
　たちに／あなたの歩みを向
　けるな。
　아나타노 치카라오 온나타치니
　츠이야스나. 오우사마모 맛사츠
　스루 온나타치니 아나타노 아유
　미오 무케루나.
　네 힘을 여자들에게 쓰지 말며
　왕들을 멸망시키는 일을 행하
　지 말지어다

4 レムエルよ／王たるものに
　ふさわしくない。酒を飲む
　ことは、王たるものにふさ
　わしくない。強い酒を求め
　ることは／君たるものにふ
　さわしくない。
　레무에르요 오우타루모노니 후
　사와시쿠나이.사케오 노무코토
　와 오우타루모노니 후사와시쿠
　나이.츠요이 사케오 모토메루
　코토와 키미타루모노니 후사와
　시쿠나이.
　르무엘아 포도주를 마시는 것
　이 왕들에게 마땅하지 아니하
　고 왕들에게 마땅하지 아니하
　며 독주를 찾는 것이 주권자들
　에게 마땅하지 않도다

5 飲めば義務を忘れ／貧しい者
　の訴えを曲げるであろう。
　노메바 기무오 와스레 마즈시이
　모노노 웃타에오 마게루데아로
　우.
　술을 마시다가 법을 잊어버리
　고 모든 곤고한 자들의 송사를
　굽게 할까 두려우니라

1 マサの王レムエルが母から受け
た諭しの言葉。

2 ああ、わが子よ／ああ、わが腹
の子よ／ああ、わが誓いの子
よ。

3 あなたの力を女たちに費やす
な。王さえも抹殺する女たち
に／あなたの歩みを向けるな。

4 レムエルよ／王たるものにふさ
わしくない。酒を飲むことは、
王たるものにふさわしくない。
強い酒を求めることは／君たる
ものにふさわしくない。

5 飲めば義務を忘れ／貧しい者の
訴えを曲げるであろう。

6 強い酒は没落した者に／酒は苦い思いを抱く者に与えよ。

츠요이사케와 보츠라쿠시타모노니 사케와 니가이 오모이오 이다쿠 모노니 아타에요.

독주는 죽게 된 자에게, 포도주는 마음에 근심하는 자에게 줄지어다

7 飲めば貧乏を忘れ／労苦を思い出すこともない。

노메바 빈보우오 와스레 로우쿠오 오모이다스 코토모나이.

그는 마시고 자기의 빈궁한 것을 잊어버리겠고 다시 자기의 고통을 기억하지 아니하리라

8 あなたの口を開いて弁護せよ／ものを言えない人を／犠牲になっている人の訴えを。

아나타노 쿠치오 히라이테 벤고세요 모노오 이에나이 히토오 기세이니닛테이루히토노 웃타에오.

너는 말 못하는 자와 모든 고독한 자의 송사를 위하여 입을 열지니라

9 あなたの口を開いて正しく裁け／貧しく乏しい人の訴えを。

아나타노 쿠치오 히라이테 타다시쿠 사바케 마즈시쿠 토보시이 히토노 웃타에오.

너는 입을 열어 공의로 재판하여 곤고한 자와 궁핍한 자를 신원할지니라

10 有能な妻を見いだすのは誰か。真珠よりはるかに貴い妻を。

유우노우나 츠마오 미이다스노와 다레카. 신쥬요리 하루카 토우토이 츠마오.

누가 현숙한 여인을 찾아 얻겠느냐 그의 값은 진주보다 더 하니라

---

6 強い酒は没落した者に／酒は苦い思いを抱く者に与えよ。
つよ さけ ぼつらく もの さけ にが おも いだ もの あた

7 飲めば貧乏を忘れ／労苦を思い出すこともない。
の びんぼう わす ろうく おも だ

8 あなたの口を開いて弁護せよ／ものを言えない人を／犠牲になっている人の訴えを。
くち ひら べんご い ひと ぎせい ひと うった

9 あなたの口を開いて正しく裁け／貧しく乏しい人の訴えを。
くち ひら ただ さば まず とぼ ひと うった

10 有能な妻を見いだすのは誰か。真珠よりはるかに貴い妻を。
ゆうのう つま み だれ しんじゅ とうと つま

단어장

没落[ぼつらく]몰락	思い出す[おもいだす]생각나다
抱く[いだく]품다	弁護[べんごう]변호
忘れる[わすれる]잊다	犠牲[ぎせい]희생
労苦[ろうく]노고	訴える[うったえる]호소하다

11 夫は心から彼女を信頼して
いる。儲けに不足すること
はない。

옷토와 코코로카라 카노죠오
신라이시테이루. 모우케니 후
소쿠스루코토와나이.

그런 자의 남편의 마음은 그를
믿나니 산업이 핍절하지 아니
하겠으며

12 彼女は生涯の日々／夫に幸
いはもたらすが、災いはも
たらさない。

카노죠와 쇼우가이노 히비 옷
토노 사이와이와 모타라스가,
와자와이와 모타라사나이.

그런 자는 살아 있는 동안에
그의 남편에게 선을 행하고 악
을 행하지 아니하느니라

13 羊毛と亜麻を求め／手ずか
ら望みどおりのものに仕立
てる。

요우모우토 아마오 모토메 테
즈카라 노조미도오리노 모노
니 시타테루.

그는 양털과 삼을 구하여 부지
런히 손으로 일하며

14 商人の船のように／遠くか
らパンを運んで来る。

쇼닌노 후네노요우니 토오쿠
카라 팡오 하콘데 쿠루.

상인의 배와 같아서 먼 데서
양식을 가져 오며

15 夜の明ける前に起き出し
て／一族には食べ物を供
し／召し使いの女たちには
指図を与える。

요노 아케루마에니 오키다시
테 이치조쿠니와 타베모노오
쿄우시 메시츠카이노 온나타
치니와 사시즈오 아타에루.

밤이 새기 전에 일어나서 자기
집안 사람들에게 음식을 나누
어 주며 여종들에게 일을 정하
여 맡기며

---

11 夫は心から彼女を信頼してい
おっと こころ かのじょ しんらい
る。儲けに不足することはな
もう ふそく
い。

12 彼女は生涯の日々／夫に幸い
かのじょ しょうがい ひび おっと さいわ
はもたらすが、災いはもたら
わざわ
さない。

13 羊毛と亜麻を求め／手ずから
ようもう あま もと て
望みどおりのものに仕立て
のぞ した
る。

14 商人の船のように／遠くから
しょうにん ふね とお
パンを運んで来る。
はこ く

15 夜の明ける前に起き出して／
よ あ まえ お だ
一族には食べ物を供し／召し
いちぞく た もの きょう め
使いの女たちには指図を与え
つか おんな さしず あた
る。

단어장

儲け[もうけ]돈벌이	生涯[しょうがい]생애
不足[ふそく]부족	羊毛[ようもう]양모

16 熟慮して畑を買い／手ずから実らせた儲けでぶどう畑をひらく。

쥬쿠료시테 하타케오 카이 테즈카라 미노라세타 모우케데 부도우바타케오 히라쿠.

밭을 살펴 보고 사며 자기의 손으로 번 것을 가지고 포도원을 일구며

17 力強く腰に帯し、腕を強くする。

치카라즈요쿠 코시니오비시, 우데오 츠요쿠스루.

힘 있게 허리를 묶으며 자기의 팔을 강하게 하며

18 商売が好調かどうか味わい／灯は夜も消えることがない。

쇼우바이가 코우쵸우카 도우카 아지와이 토모시비와 요루모 키에루코토와나이.

자기의 장사가 잘 되는 줄을 깨닫고 밤에 등불을 끄지 아니하며

19 手を糸車に伸べ、手のひらに錘をあやつる。

테오 이토구루마니 노베, 테노히라니 츠무오 아야츠루.

손으로 솜뭉치를 들고 손가락으로 가락을 잡으며

20 貧しい人には手を開き、乏しい人に手を伸べる。

마즈시이 히토니와 테오히라키, 토보시이 히토니 테오 노베루.

그는 곤고한 자에게 손을 펴며 궁핍한 자를 위하여 손을 내밀며

---

16 熟慮して畑を買い／手ずから
じゅくりょ　　　　はたけ　か　　　て
実らせた儲けでぶどう畑をひ
みの　　　　　　もう　　　　　　　はたけ
らく。

17 力強く腰に帯し、腕を強くす
ちからづよ　こし　おび　　　　うで　　つよ
る。

18 商売が好調かどうか味わい／
しょうばい　こうちょう　　　　　　　あじ
灯は夜も消えることがない。
ともしび　よる　き

19 手を糸車に伸べ、手のひらに
て　いとぐるま　の　　　　て
錘をあやつる。
つむ

20 貧しい人には手を開き、乏し
まず　　　ひと　　て　ひら　　　とぼ
い人に手を伸べる。
ひと　て　の

熟慮[じゅくりょ]숙려	夜[よる]밤
商売[しょうばい]장사	消える[きえる]사라지다
好調[こうちょう]호조	糸車[いとぐるま]물레
灯[ともしび]등불	乏しい[とぼしい]모자라다

21 雪が降っても一族に憂いは
ない。一族は皆、衣を重ね
ているから。
유키가 훗테모 이치조쿠니 우
레이와나이. 이치조쿠와 미나,
코로모오 카사네테이루카라.
자기 집 사람들은 다 홍색 옷
을 입었으므로 눈이 와도 그는
자기 집 사람들을 위하여 염려
하지 아니하며

22 敷物を自分のために織り、
麻と紫の衣を着ている。
시키모노오 지분노타메니 오
리, 아사토 무라사키노 코로모
오 키테이루.
그는 자기를 위하여 아름다운
이불을 지으며 세마포와 자색
옷을 입으며

23 夫は名を知られた人で／そ
の地の長老らと城門で座に
着いている。
옷토와 나오 시라레타 히토데
소노치노 쵸우로우라토 죠우
몬데 자니 츠이테이루.
그의 남편은 그 땅의 장로들과
함께 성문에 앉으며 사람들의
인정을 받으며

24 彼女は亜麻布を織って売
り、帯を商人に渡す。
카노죠와 아마누노오 옷테 우
리, 오비오 쇼우닌니 와타스.
그는 베로 옷을 지어 팔며 띠
를 만들어 상인들에게 맡기며

25 力と気品をまとい、未来に
ほほえみかける。
치카라토 키힌오 마토이, 미라
이니 호호에미카케루.
능력과 존귀로 옷을 삼고 후일
을 웃으며

21 雪が降っても一族に憂いはな
 ゆき ふ   いちぞく うれ
い。一族は皆、衣を重ねてい
 いとぞく   みな ころも かさ
るから。

22 敷物を自分のために織り、麻
 しきもの じぶん   お あさ
と紫の衣を着ている。
 むらさき ころも き

23 夫は名を知られた人で／その
 おっと な し   ひと
地の長老らと城門で座に着い
 ち ちょうろう   じょうもん ざ つ
ている。

24 彼女は亜麻布を織って売り、
 かのじょ あまぬの お う
帯を商人に渡す。
 おび しょうにん わた

25 力と気品をまとい、未来にほ
 ちから きひん   みらい
ほえみかける。

단어장

憂い[うれい]근심	長老[ちょうろう]장로
重ね[かさね]겹침	織る[おる]짜다
敷物[しきもの]깔개	渡す[わたす]건네다
紫[むらさき]보라색	気品[きひん]기품

26 口を開いて知恵の言葉を語り／慈しみの教えをその舌にのせる。
쿠치오 히라이테 치에노코토바오 카타리 이츠쿠시미노 오시에오 소노시타니 노세루.
입을 열어 지혜를 베풀며 그의 혀로 인애의 법을 말하며

27 一族の様子によく目を配り／怠惰のパンを食べることはない。
이치조쿠노 요우스니 요쿠 메오 쿠바리 타이다노 팡오 타베루 코토와나이.
자기의 집안 일을 보살피고 게을리 얻은 양식을 먹지 아니하나니

28 息子らは立って彼女を幸いな人と呼び／夫は彼女をたたえて言う。
무스코라와 탓테 카노죠오 사이와이나히토토 요비 옷토와 카노죠오 타타에테 이우.
그의 자식들은 일어나 감사하며 그의 남편은 칭찬하기를

29 「有能な女は多いが／あなたはなお、そのすべてにまさる」と。
유우노우나 온나와 오오이가 아나타와 나오, 소노 스베테니 마사루 토.
덕행 있는 여자가 많으나 그대는 모든 여자보다 뛰어나다 하느니라

30 あでやかさは欺き、美しさは空しい。主を畏れる女こそ、たたえられる。
아데야카사와 아자무키, 우츠쿠시사와 무나시이. 슈오 오소레루 온나코소, 타타에라레루.
고운 것도 거짓되고 아름다운 것도 헛되나 오직 여호와를 경외하는 여자는 칭찬을 받을 것이라

---

26 口を開いて知恵の言葉を語り／慈しみの教えをその舌にのせる。
くち ひら ちえ ことば かた いつく おし した

27 一族の様子によく目を配り／怠惰のパンを食べることはない。
いちぞく ようす め くば たいだ た

28 息子らは立って彼女を幸いな人と呼び／夫は彼女をたたえて言う。
むすこ た かのじょ さいわ ひと よ おっと かのじょ い

29 「有能な女は多いが／あなたはなお、そのすべてにまさる」と。
ゆうのう おんな おお

30 あでやかさは欺き、美しさは空しい。主を畏れる女こそ、たたえられる。
あざむ うつく むな しゅ おそ おんな

단어장

慈しみ[いつくしみ] 자애	夫[おっと] 남편
舌[した] 혀	有能[ゆうのう] 유능
配る[くばる] 나누어줌	欺き[あざむき] 속임수
怠惰[たいだ] 나태함	畏れる[おそれる] 두려워하다

31 彼女にその手の実りを報い
　　よ。その業を町の城門でた
　　たえよ。

카노죠니 소노테노 미노리오
무쿠이요. 소노와자오 마치노
죠우몬데 타타에요.

그 손의 열매가 그에게로 돌아
갈 것이요 그 행한 일로 말미암
아 성문에서 칭찬을 받으리라

31 彼女にその手の実りを報い
かのじょ　　　　て　みの　　　むく

よ。その業を町の城門でたた
　　　　わざ　まち　じょうもん

えよ。

주기도문

だから、こう祈りなさい。
　　　　　　いの

『天におられるわたしたちの父よ、
　てん　　　　　　　　　　　ちち

御名が崇められますように。
みな　あが

御国が来ますように。御心が行われますように、
みくに　き　　　　　みこころ　おこな

天におけるように地の上にも。
てん　　　　　　　ち　うえ

わたしたちに必要な糧を今日与えてください。
　　　　　　ひつよう　かて　きょうあた

わたしたちの負い目を赦してください、／
　　　　　おめ　ゆる

わたしたちも自分に負い目のある人を／赦しましたように。
　　　　　じぶん　お　め　　　　　ひと　　　ゆる

わたしたちを誘惑に遭わせず、
　　　　　　ゆうわく　あ

／悪い者から救ってください。』
　わる　もの　　すく

그러므로 너희는 이렇게 기도하라
하늘에 계신 우리 아버지여
이름이 거룩히 여김을 받으시오며
나라가 임하시오며 뜻이 하늘에서 이루어진 것 같이
땅에서도 이루어지이다
오늘 우리에게 일용할 양식을 주시옵고
우리가 우리에게 죄 지은 자를 사하여 준 것 같이
우리 죄를 사하여 주시옵고
우리를 시험에 들게 하지 마시옵고
다만 악에서 구하시옵소서 나라와 권세와 영광이
아버지께 영원히 있사옵나이다 아멘
(마태복음 6:9-13)

糧[かて]양식　　　　　　　崇める[あがめる]숭배하다

단어장

手[て]손　　　　　　報い[むくい]응보
業[わざ]일　　　　　城門[じょうもん] 성문

十戒
じっかい

神はこれらすべての言葉を告げられた。
かみ　　　　　　　　　ことば　つ

「わたしは主、あなたの神、あなたをエジプトの国、奴隷の家から導き出した神である。
しゅ　　　かみ　　　　　　　　　　くに　どれい　いえ　みちび　だ　かみ

あなたには、わたしをおいてほかに神があってはならない。
かみ

あなたはいかなる像も造ってはならない。上は天にあり、下は地にあり、
ぞう　つく　　　　　　　うえ　てん　　　　した　ち

また地の下の水の中にある、いかなるものの形も造ってはならない。
ち　した　みず　なか　　　　　　　　　　　　かたち　つく

あなたはそれらに向かってひれ伏したり、それらに仕えたりしてはならない。
む　　　　ふ　　　　　　　　つか

わたしは主、あなたの神。わたしは熱情の神である。
しゅ　　　かみ　　　　　　ねつじょう　かみ

わたしを否む者には、父祖の罪を子孫に三代、四代までも問うが、
いな　もの　　ふそ　つみ　しそん　だい　　だい　　　　と

わたしを愛し、わたしの戒めを守る者には、幾千代にも及ぶ慈しみを与える。
あい　　　　　いまし　まも　もの　　いくせんだい　　およ　いつく　　あた

あなたの神、主の名をみだりに唱えてはならない。
かみ　しゅ　な　　　　　　とな

みだりにその名を唱える者を主は罰せずにはおかれない。
な　とな　　もの　しゅ　ばっ

安息日を心に留め、これを聖別せよ。
あんそくび　こころ　と　　　　　　せいべつ

六日の間 働いて、何であれあなたの仕事をし、
むいか　あいだ はたら　　なん　　　　　　　しごと

七日目は、あなたの神、主の安息日であるから、いかなる仕事もしてはならない。
なのかめ　　　　　　かみ　しゅ　あんそくび　　　　　　　　しごと

あなたも、息子も、娘も、男女の奴隷も、家畜も、あなたの町の門の中に寄留する人々も同様である。
むすこ　　むすめ　だんじょ　どれい　　かちく　　　　　　まち　もん　なか　きりゅう　ひとびと　どうよう

六日の間に主は天と地と海とそこにあるすべてのものを造り、七日目に休まれたから、
むいか　あいだ しゅ てん　ち　うみ　　　　　　　　　つく　　なのかめ　やす

主は安息日を祝福して聖別されたのである。
しゅ　あんそくび　しゅくふく　　せいべつ

あなたの父母を敬え。
ちちはは　うやま

そうすればあなたは、あなたの神、主が与えられる土地に長く生きることができる。
かみ　しゅ　あた　　　とち　なが　い

殺してはならない。
ころ

姦淫してはならない。
かんいん

盗んではならない。
ぬす

隣人に関して偽証してはならない。
りんじん　かん　　ぎしょう

隣人の家を欲してはならない。
りんじん　いえ　ほっ

隣人の妻，男女の奴隷、牛、ろばなど隣人のものを一切 欲してはならない。」
りんじん　つま　だんじょ　どれい　うし　　　　　　りんじん　　　　いっさい ほっ

(出エジプト記 20:1-17)

십계명

하나님이 이 모든 말씀으로 말씀하여 이르시되

나는 너를 애굽 땅, 종 되었던 집에서 인도하여 낸 네 하나님 여호와니라

너는 나 외에는 다른 신들을 네게 두지 말라

너를 위하여 새긴 우상을 만들지 말고 또 위로 하늘에 있는 것이나 아래로 땅에 있는 것이나 땅 아래 물 속에 있는 것의 어떤 형상도 만들지 말며 그것들에게 절하지 말며 그것들을 섬기지 말라

나 네 하나님 여호와는 질투하는 하나님인즉 나를 미워하는 자의 죄를 갚되 아버지로부터 아들에게로 삼사 대까지 이르게 하거니와

나를 사랑하고 내 계명을 지키는 자에게는 천 대까지 은혜를 베푸느니라

너는 네 하나님 여호와의 이름을 망령되게 부르지 말라

여호와는 그의 이름을 망령되게 부르는 자를 죄 없다 하지 아니하리라

안식일을 기억하여 거룩하게 지키라

엿새 동안은 힘써 네 모든 일을 행할 것이나

일곱째 날은 네 하나님 여호와의 안식일인즉 너나 네 아들이나 네 딸이나 네 남종이나 네 여종이나 네 가축이나 네 문안에 머무는 객이라도 아무 일도 하지 말라

이는 엿새 동안에 나 여호와가 하늘과 땅과 바다와 그 가운데 모든 것을 만들고 일곱째 날에 쉬었음이라 그러므로 나 여호와가 안식일을 복되게 하여 그 날을 거룩하게 하였느니라

네 부모를 공경하라

그리하면 네 하나님 여호와가 네게 준 땅에서 네 생명이 길리라

살인하지 말라

간음하지 말라

도둑질하지 말라

네 이웃에 대하여 거짓 증거하지 말라

네 이웃의 집을 탐내지 말라

네 이웃의 아내나 그의 남종이나 그의 여종이나 그의 소나 그의 나귀나 무릇 네 이웃의 소유를 탐내지 말라

(출애굽기 20:1-17)

한·일 성경 목차 대조표

구약전서	旧約聖書	신약전서	新約聖書
창세기	創世記	마태복음	マタイによる福音書
출애굽기	出エジプト記	마가복음	マルコによる福音書
레위기	レビ記	누가복음	ルカによる福音書
민수기	民数記	요한복음	ヨハネによる福音書
신명기	申命記	사도행전	使徒言行録
여호수아	ヨシュア記	로마서	ローマの信徒への手紙
사사기	士師記	고린도전서	コリントの信徒への手紙一
룻기	ルツ記	고린도후서	コリントの信徒への手紙二
사무엘상	サムエル記上	갈라디아서	ガラテヤの信徒への手紙
사무엘하	サムエル記下	에베소서	エフェソの信徒への手紙
열왕기상	列王記上	빌립보서	フィリピの信徒への手紙
열왕기하	列王記下	골로새서	コロサイの信徒への手紙
역대상	歴代誌上	데살로니가전서	テサロニケの信徒への手紙一
역대하	歴代誌下	데살로니가후서	テサロニケの信徒への手紙二
에스라	エズラ記	디모데전서	テモテへの手紙一
느헤미야	ネヘミヤ記	디모데후서	テモテへの手紙二
에스더	エステル記	디도서	テトスへの手紙
욥기	ヨブ記	빌레몬서	フィレモンへの手紙
시편	詩編	히브리서	ヘブライ人への手紙
잠언	箴言	야고보서	ヤコブの手紙
전도서	コヘレトの言葉	베드로전서	ペトロの手紙一
아가	雅歌	베드로후서	ペトロの手紙二
이사야	イザヤ書	요한1서	ヨハネの手紙一
예레미야	エレミヤ書	요한2서	ヨハネの手紙二
예레미야애가	哀歌	요한3서	ヨハネの手紙三
에스겔	エゼキエル書	유다서	ユダの手紙
다니엘	ダニエル書	요한계시록	ヨハネの黙示録
호세아	ホセア書		
요엘	ヨエル書		
아모스	アモス書		
오바댜	オバデヤ書		
요나	ヨナ書		
미가	ミカ書		
나훔	ナホム書		
하박국	ハバクク書		
스바냐	ゼファニヤ書		
학개	ハガイ書		
스가랴	ゼカリヤ書		
말라기	マラキ書		

나의 이름을 쓰고 나에게 주신 마음 속의 다짐을 써보세요.

⟜ ＿＿＿＿＿＿＿＿ 의 다짐 ⟝

저자 : **이소정**

세종대학교 공공정책대학원 사회복지학과 (상담복지) 석사
일본 오차노미즈여자대학교 (お茶の水女子大学) 박사과정 수료
일본 동경예술대학교 (東京芸術大学) 방문연구원
현)세종여성심리상담연구소 소장

[개역개정] [新共同訳] 일본어로 잠언 따라쓰기

[일본어로 잠언 따라쓰기]는 일본어 필사를 통해 자연스럽게 일본어를
익힐 수 있으며, 솔로몬과 현인들의 교훈을 통해 지혜의 말씀을 얻을 수
있습니다. 읽기에 도움이 되도록 한자 밑에는 히라가나 표기를 하였고,
전체적으로 한국어 발음을 수록하였습니다.
부록으로「십계명」,「주기도문」을 포함한 마음의 등불이 되는 24개의
일본어 요절말씀을 함께 수록하였습니다. 지혜의 말씀으로 여러분들의
삶을 풍성하게 만드시기 바랍니다.

新共同訳
개역개정

잠언을 통해 지혜를 얻으며
동시에 일본어 마스터하기
일본어로 잠언 따라쓰기
箴言なぞり書きを通して知恵を得る
箴言(しんげん)なぞり書き

초판 1쇄 인쇄   2020년 12월 04일
초판 1쇄 발행   2020년 12월 14일
발행인   이소정
펴낸곳   보이스 팩토리
등록번호   510-97-01409 (2020년 8월 1일)
주소   서울시 성동구 행당로82, 111-1404
전화   070) 8098-3772
팩스   0504) 261-0741
메일   hananimu@naver.com
ISBN   979-11-972371-0-2 (03730)
교정   김영훈
요절말씀 발췌   김수현
디자인   김경진
총판   하늘유통 (031-947-7777)

『聖書 新共同訳』©共同訳聖書実行委員会，日本聖書協会1987・1988

✦ ✦ ✦

잠언을 통해 지혜를 얻으며 동시에 일본어 마스터하기!

부록으로 「십계명」과 「주기도문」을 포함한 24개의
일본어 요절말씀을 함께 수록하였습니다.
지혜의 말씀으로 여러분들의 삶을 풍성하게 만드시기 바랍니다.

イエスは言われた。

「『心を尽くし、精神を尽くし、思いを尽くして、

あなたの神である主を愛しなさい。』

これが最も重要な第一の掟である。

第二も、これと同じように重要である。

『隣人を自分のように愛しなさい。』

律法全体と預言者は、この二つの掟に基づいている。」

(マタイによる福音書 22：37-40)

예수께서 이르시되
네 마음을 다하고 목숨을 다하고 뜻을 다하여 주 너의 하나님을 사랑하라 하셨으니
이것이 크고 첫째 되는 계명이요
둘째도 그와 같으니 네 이웃을 네 자신 같이 사랑하라 하셨으니
이 두 계명이 온 율법과 선지자의 강령이니라

(마태복음 22:37-40)

03730

9 791197 237102

ISBN 979-11-972371-0-2
Printed in Korea 값 : 11,500원